지구시민권과 지구 거버넌스

지구시민권과 지구 거버넌스

인　　　쇄 ｜ 2009년 1월 22일
발　　　행 ｜ 2009년 1월 30일
편 저 자 ｜ 박재창
발 행 인 ｜ 부성옥
발 행 처 ｜ 도서출판 오름
등록번호 ｜ 제2-1548호 (1993. 5. 11)
주　　소 ｜ 서울특별시 서초구 서초동 1420-6
전　화 ｜ (02)585-9122, 9123　　　팩 스 ｜ (02)584-7952
E-mail ｜ oruem@oruem.co.kr
U R L ｜ http://www.oruem.co.kr

ISBN 978-89-7778-311-9　　　93340　　　　　　값 15,000원

* 잘못된 책은 교환해 드립니다.

지구시민권과 지구 거버넌스

박재창 편저

Global Citizenship and Global Governance

Edited by
Jai Chang Park

ORUEM Publishing House
Seoul, Korea
2009

서문

　우리는 이제 미국의 국내에서 발생한 서브프라임 사태가 지구촌 전역을 경제위기의 한파로 내모는 전대미문의 시대에 살게 되었다. 먼 나라, 다른 나라에서 벌어지는 금융상품의 가공과 그를 통해 개인의 탐욕을 채우려는 일이 어째서 우리의 일상을 뿌리째 흔들게 되는 것일까? 단순히 우리 모두가 오늘날 지구화 시대에 살게 되었기 때문이라고 설명하고 말기에는 무언가 적지 않은 부분이 우리의 가슴을 채우지 못한다. 우리의 일상이 그런 것이라고 한다면, 지구화 시대의 지구공동체 구성원이 지향해 나가야 할 덕목이 무엇인가에 대해 설명할 수 있어야 하지만, 어느 누구도 선뜻 대답하기가 쉽지 않기 때문일 것이다.

　간단히 생각하면 일상의 이웃에서 당면하는 과제들에 조응하듯 이를 단순히 지구차원의 광대역 공간에서 대처해 나가면 될 것이라고 말할 수도 있겠지만, 마을의 경계를 넘는 지구사회는 새로운 질서와 가치관을 필요로 하는 전인미답의 영역이라는 주장도 만만치 않다. 상황이 이렇다고 할 때, 오늘날의 지구화 시대를 살아가는 인류는 과연 어떤 존재여야 하는 것일까? 이런 원초적인 질문에 답을 구하는 일은 당연히 지구시민권에 대한 논의로부터 생각의 지평을 넓혀 나가야 한다. 이런 문제의식으로 인해 이 책은 기획되었다.

인류의 역사를 돌이켜 보면, 마을의 경계를 넘는 지구화의 파도가 지구촌을 역습한 것이 결코 오늘날 처음 있는 일은 아니었다. 이미 15세기 말과 16세기 초엽에 걸쳐 포르투갈을 중심으로 한 유럽 국가들이 함포사격술을 내세워 지구탐험에 나서면서 유럽 대륙의 지리적인 경계가 지구 전역으로 확장된 바 있었다. 세계 최초로 범선을 타고 지구를 일주할 수 있게 되었다는 사실은 당시의 관점에서 볼 때, 오늘날 인터넷을 통해 지구의 여러 곳과 교통하게 되었다는 것만큼이나 새롭고 경이로우며 또한 도전적인 과제였을 것이다.

이런 약탈과 정복의 역사가 지구촌 전역으로 확대되는 현상이 마젤란 시대에만 있었던 것은 아니다. 그 이전의 로마제국이나 페르시아 제국 그리고 중국의 한(漢)나라를 중심으로 한 실크로드의 개척 시대에도 교역과 교류를 통한 정복과 복속의 관계망 확장은 문화적 장막의 경계를 훨씬 더 초월하는 것이었다. 19세기에 들어서면서부터는 서구 열강에 의해 식민지가 건설되거나 플랜테이션이 개발되면서 북아프리카와 미국이 지구공동체에 편입되는 과정을 밟기도 했다. 제2차 세계대전 이후 국제교역의 장애물을 제거하기 위한 것이라는 명목으로 GATT, WTO, 우루과이 라운드, NAFTA 등이 구축된 것도 지구교역의 증대와 그에 따라 지구관계망의 혁신적 확대를 가져오는 새로운 조류였다.

그러나 오늘날 우리가 목격하고 있는 지구화 현상은 이런 이전의 국제교류나 지구관계망 확장과는 그 본질에 있어 사뭇 다르다. 예컨대 산업화 시대의 지구화 현상은 인식론적 차원에서 볼 때 이분법적 사고에 기초한 것이었다. 이기심과 이타심, 민족주의와 세계시민주의, 자유와 평등, 개인과 공동체, 시민사회와 국가, 공적 서비스의 생산자와 소비자, 지도자와 추종자, 기획과 집행 등 기본적으로 경계개념을 토대로 하는 이분법적 분류를 통해 사물을 구속하거나 구분하는 것이었으며, 그렇기 때문에 오늘날의 지구화 과정이 내포하는 역동성을 정교하게 반영하거나 포착하기가 어려웠다.

정보화 사회의 유동성 증대는 더 이상 지구화 현상을 이분법적 경계 개념을 토대로 인식하거나 분석하는 일을 허용하지 않는다. 일국주의 차원에서 수집되는 정보나 지식을 단순히 집적하는 것만으로는 일국의 경계를 넘나드는 상호작용으로서의 지구화 현상을 포착하거나 반영하기가 어렵게 된 것이다. 이에 따라 일원주의적 총합적 관점(holistic perspective)을 통해 지구화 현상을 바라보거나 이해하지 않고서는 경계개념 사이의 상호작용이나 역동성을 파악하기가 쉽지 않을 것이라는 각성에 이르게 되었다.

이런 인식론상의 변화는 당연히 지구시민의 원형에 대한 인식 자체도 재구성하도록 재촉한다. 지구시민은 일국수준의 시민처럼 단순히 지구화로부터 자유로워야 마땅한 불간섭적 존재도 아니며 그렇다고 해서 지구화로부터 수혜를 받아 마땅한 피동적 존재도 아니다. 반원자적이면서 동시에 반집합적이기도 한 지구시민은 공화주의적 공동체주의와 시민 개개인의 주관적 덕성이 교류하는 가운데 구체화되며, 적극적 참여의 과정에서 비로소 빚어지는 가변적 존재다. 자율성과 공공성, 개인의 자유와 시민적 책임성이 교류하는 과정에서 형상화되는 지구시민은 그렇기 때문에 선험적으로 규정되는 고정적 정체성을 갖지 않는다.

그런 만큼 이런 지구시민에 의해 견인되는 지구사회의 구조적 변화는 과거의 것에 비해 훨씬 더 근본적이고 총체적일 수밖에 없다. 기존의 질서를 순응하거나 연장하는 선상에서 사회관계를 재설정하려는 것이 아니기 때문이다. 민족국가 간의 교류가 보다 더 심화되거나 광역화하는 양적 변화가 아니라 민족국가의 경계를 넘어 빚어지는 지구질서를 새롭게 추가하자면, 이는 당연히 질적 변화를 동반하는 것일 수밖에 없다. 그런 만큼 지구화에 따른 사회구조의 변화나 영향력의 도달범위도 매우 다원적이고 또 다면적이다.

정치적으로는 국제기구나 국제 NGO 또는 민족국가 간의 협력과 경쟁을 초월하는 지구 거버넌스 체제의 등장을 불러왔으며, 문화적으로는 민족국가 간의 개별적 정체성을 뛰어넘는 접촉과 교류가 확대되면서 지구문화라고 하는 새로운 차원의 가치질서를 창출하는 과정에 있다. 생태적으로는 국제적 협력이나 공조 없이는 해결하기 어려운 환경오염 예컨대 기후변화, 온난화 현상, 과도한 어류의 남획, 종의 변화 등 다양한 문제를 불러왔다. 사회적으로는 인구의 이동을 범지구적으로 확장하면서 문화적 다양성과 이문화에 대한 새로운 인식의 틀을 확산시켰다. 경제적으로는 사회적 양극화를 심화시키면서 국가 간의 층위를 보다 더 분명히 하는 결과를 낳았다. 인종적으로는 문화적 동화의 촉진과 다문화 사회의 확산을 유도하면서 오히려 개별 문화의 정체성을 훼손하는 문화파괴 현상을 낳고 있다.

지구화는 지구 위에 사는 인간들의 관계, 특히 경제적 관계에서 실로 다양한 과제를 새롭게 야기할 뿐만 아니라 지구 자체의 지속가능성이라는 새로운 차원의 문제를 제기한다. 이렇게 지구화에 따른 사회적 충격파에 주목하는 경우 이를 누가 왜 어떻게 극복해야 하느냐에 대한 답을 찾아 나서야 할 것은 당연한 이치다. 지구화에 대한 비관론자들에 따르면 지구화는 사회경제적 갈등의 고조, 민주주의의 와해, 환경의 급속한 파괴, 가난과 소외의 확산, 질병과 기아의 편중과 심화를 불러오는 원흉이라는 것이다. 무엇보다도 사회 열등세력을 보다 더 열등화하고 우등세력에게는 보다 더 우월적 권력을 제공하는 기존질서의 극적 확대기능을 동반한다는 평가다.

바로 이런 지구화가 동반한다고 믿어지는 기존질서의 극적 과장 능력(dramatizer role)은 특히 사회관계망의 주변인에 해당하는 청소년에게 있어 치명적이다. 아직 사회관계의 주도세력으로 성장하기 이전 단계에 있는 청소년에게 지구화가 동반하는 착취와 억압의 구조는 매우 거부하기 어려운 폭압으로 작용하기 마련인 까닭이다. 종교 간 갈등의 전사로 고용된 소년병이나 자폭 테러 자원자, 극심한 노동력의 착취에 시달리는 소년 노동자, 성적 학대와 유린의 대상이 되어 있는 유소녀 등 지구화의 거센 물결이 지구의 미래 새싹에게 미치는 암울한 영향은 가히 결정적이다.

그러나 다른 한편에서 보면 지구화에 따른 역기능을 극복하고 새로운 세계문화 질서를 창출해 나가는 데 있어 청소년이야말로 가장 효과적이며, 강력한 수단이자 대안이다. 청소년은 기존의 질서에 순치되거나 오염되기 이전 단계에 있기 때문에 기존의 문화를 단순히 이식하거나 연장하는 차원의 지구화가 아니라 전혀 새로운 복음으로서의 신질서를 창출하는 작업으로 지구화를 선도하는 데 있어 실로 역동적인 변화의 역군으로 작용할 수 있을 것이기 때문이다. 바로 이 점이 지구시민교육을 청소년을 대상으로 펼쳐야 하는 이유 가운데 하나다.

그렇다면 이들에게 가장 먼저 가르쳐야 할 과제는 무엇일까? 지구화 시대의 사회변화 가운데 가장 먼저 당면하게 되는 현상은 당연히 이(異)문화에의 노출 증대다. 지구화는 그것 자체가 다문화 사회로의 이행을 뜻하는 것이기 때문이다. 따라서 차이와 다름에 대한 이해와 함께 이를 토대로 상대의 문화적 정체성과 다양성을 존중하는 일이야말로 가장 선행적인 지구화 시대의 과제일 것이다. 다문화 간의 공존과 상생의 문제는 일국주의 경계 내에서도 이미 핵심적 과제가 된 지 오래다. 바로 이 점은 일국수준에서와 같이 지구차원에서도 민주주의가 지구시민들의 관계를 규율하는 최상위 가치로 자리매김해야 하는 이유이기도 하다.

이런 점들을 감안하여 이 책에서는 지구시민권의 사상적 원류를 조명하고(제1장), 지구 차원에서 형성 운용되는 지구시민사회의 구조적 특성과 과제를 검토하며(제2장), 나아가 지구시민사회에 대응하기 위한 청소년 교육과 다문화 교육이 감당해야 할 영역이 무엇인지를 살펴보고자 한다(제3장). 지구시민사회화 과정에서 유의해야 할 지구차원의 시민사회운동 과제로는 환경보존과 경제적 격차의 시정문제를

다루고자 한다(제4장). 아무쪼록 이를 계기로 우리사회에서도 지구시
민의 일상에 대한 논의가 보다 더 활발하게 전개되기를 고대한다.

　그러나 반도에 갇혀 살아온 우리에게 있어 일국주의의 폐쇄성을 극
복하고 세계시민주의의 대양으로 진입하는 일은 자기 정체성의 전환
과정을 요구하는 일인 만큼 결코 쉬운 과제는 아닐 것이다. 그렇지만
이미 일국주의의 경계를 지키는 일 자체가 불가능하게 되었다는 인식
은 보다 빠를수록 좋은 것이 아닐까? 산업사회의 도래 과정에서 소외
된 우리는 지난 세기 동안 참으로 힘든 인고의 세월을 견뎌야 했다. 정
보사회의 도래로 인한 지구화 시대에서만큼은 이를 선도하여 지구중
심국가로 부상하도록 서로를 격려해나가야 하지 않겠는가?

　이런 생각에 공감하는 시민사회 운동가와 이 분야 관련 학자들이
모여 논의를 거듭하는 가운데 이 책 저술의 동기와 토대가 마련되었
다. 그 결과 이 책은 지구화 시대의 시민사회운동을 기획하고자 하는
실천가, 지구시민사회라는 현재진행형 미래사회를 조망해 보고자 하
는 유토피언, 지구화 시대의 사회공동체를 역동적으로 추적해 보고자
하는 사회과학자, 주제의 혁신성이나 계몽효과 내지는 의제 선점력에
동감하는 언론인, 이런 이들을 염두에 두고 기획되었다.

　그러나 논제가 개척적이었던 만큼 관련 필자를 찾는 일이 쉽지 않
았다. 특히 시민운동의 일선에서 활동하는 이들의 참여를 독려하기가
어려웠다. 논제의 추상성이나 규범적 요소에 비추어 지구화 시대의
사회운동 일선에서 활동하는 이들의 경험적 성찰이 절실히 요구되었
지만 활동가들이 여가를 내어 자신의 운동경험을 정리하기가 쉽지 않
았던 까닭이다. 그러나 보다 더 본질적인 이유는 오늘날 우리가 경험
하고 있는 이 지구화 현상 자체가 과거의 유사한 경험과는 크게 다른
성질의 것이기 때문이기도 했다.

　이런 가운데에서도 경희대학교 사이버 대학의 서유경 교수, 광주
YMCA의 남부원 사무총장, 한국미래정부연구회의 권정연 연구원은
많은 지혜와 수고를 아끼지 않고 나누어 주셨다. 그러나 이 책의 부족

한 부분은 전적으로 편자의 아둔함에서 비롯된 것이었음을 먼저 밝혀 두고자 한다. 다양한 관점과 과제를 다원적 차원에서 접근하여 전체로서의 지구시민권을 조망해 보고자 했기 때문에 지구시민권의 다면성과 다양성을 조명하는 데 있어 유용했을지는 모르지만 통일성이나 일관성을 유지하는 데에는 다소 무리가 있었다.

예를 들자면, 논자에 따라 민족국가와 국민국가를 혼용하여 쓰고 있으며, 지구화와 세계화 같은 핵심적인 용어에 대해서도 이를 엄격히 구분하는 논자와 그렇지 않은 사례가 있었다. 그러나 이들을 어떤 통일된 원리에 따라 정리하지 않은 이유 가운데 하나는 바로 이들 용어가 지니고 있는 다면성과 다의성 때문이었다. 논의의 맥락에 따라서는 지금과 같이 논자들이 자신의 판단에 따라 선택한 용어의 적실성이나 타당성 정도가 오히려 더 높다고 보아 이를 존중하고자 했다.

끝으로 개척서의 출판에 흔쾌히 동의해 주신 도서출판 오름의 부성옥 사장과 편집진 여러분께 이 자리를 빌리어 심심한 감사의 말씀을 올린다.

2009년 원단(元旦)
필진을 대표하여, 박재창

차례

제3편 지구시민권 교육

제4편 지구시민권 운동

제1편 지구시민권 사상

시민성의 고전적 의미*

곽준혁

I. 서론

만약 우리가 시민을 어떤 '도시'에서 법적 권리를 향유하며 동시에 공동체 구성원으로서의 의무를 가진 사람이라고 정의한다면, 시민성 또는 시민권으로 번역되는 영어의 시티즌십(Citizenship)은 지구화시대 우리의 일상과 밀접한 관계가 있는 정치적 개념이다. 크게 두 가지 측면에서 이렇게 말할 수 있다.

첫째, 비록 민족국가의 경계를 넘어선 새로운 형태의 정체성에 대한 관심이 증폭되고 있는 것은 사실이지만, 지방-지역-지구 차원의 다층적이고 다면적인 통치행위와 집단적 정체성이 확인될 수 있는 최소

* 이 글은 『대한정치학회보』(2008) 16(2)에 게재될 "시민적 책임성: 고전적 공화주의와 시민성(citizenship)"을 수정, 보완해서 개론서에 맞도록 재구성한 것임을 밝힌다.

단위의 정치적 공동체로서 도시의 역할은 여전히 중요하기 때문이다. 이를 증명이라도 하듯 새로운 정치적 공동체의 출현으로 세계화를 이해하는 입장에서도, 그리고 인터넷과 같은 새로운 매체의 등장과 대규모 이주를 통해 민족국가가 궁극적으로는 종식될 것이라고 주장하는 경우에도, 도시는 인종적·종교적·문화적 갈등을 포용하는 지구적 정체성의 중심단위로 간주되고 있다(Sassen, 1999; Appadurai, 1996).

둘째, 새로운 형태의 집단적 연대감이 사회적 통합을 유도하던 기존의 정치적 단위를 부정 또는 대체하고 있지만, 법적·제도적 권리와 정치적·규범적 의무를 요구할 수 있는 최소한의 물리적 경계로서 도시는 여전히 유효하기 때문이다. 몇몇 후기 산업사회 비평가들이 주장하듯, 사건을 따라 즉흥적으로 형성되는 무정형의 집단적 귀속성이 인민이나 민족을 대체할 수 있는 새로운 형태의 연대감을 조성할 수도 있을 것이다(Hardt & Negri, 2004; Zolo, 1992). 그러나 이런 경우에도 지속적으로 권리를 요구하고 의무를 부과할 수 있는 정치적 환경으로서 도시의 현재적 의미는 부정할 수 없을 것이다.

도시를 중심으로 정의하지 않더라도, 시민성 또는 시민권이라는 개념은 여전히 유효한 정치적 개념이다. 권리와 의무가 민주적으로 제도화되는 단위로서 도시라는 개념이 우리의 기대와 상상력을 자극할 정도로 발전된 것은 사실이다. 그리고 최근 경제행위와 노동문화가 도시단위로 다원화되고 복잡해진 것도 사실이다. 그러나 자본의 흐름은 도시를 중심으로 이루어지지만, 이러한 자본이동은 동시에 민족국가의 틀 안에서 통제될 뿐 아니라 이러한 공간을 제공할 수 있는 도시도 지구적으로 몇몇 거대도시밖에 없다는 현실을 무시할 수는 없다. 또한 시민성을 단순히 국가로부터 동일한 대우를 받는 것에 국한하지 않고, 정치적 판단과 심의에 참여할 수 있는 실질적 힘의 제도적 보장으로 정의할 때, 그리고 이러한 제도적 조건이 민주적 절차를 통해 구성되고 유지되어야 한다고 말할 때, 도시중심의 세계질서의 재편에서 언급되는 인류보편의 권리 또는 국경이 없는 세계 시민사회의 일원이 갖는 특성만으로 시민성을 설명하려는 태도는 부적절해 보인다. 왜냐하면 최소 정의적 관점에서 민주주의를 정의한다고 하더라도, 시민성 또는 시민권의 개념이 기여해 온 것을 동등한 법적 자격의 향유라는 수동적인 권리개념만으로는 설명할 수 없기 때문이다(Gutmann, 2003; Benhabib, 2002; Dahrendorf, 1990). 그리고 분배적 정의를 포함한 다양한 형태의 권리와 의무가 민주적 절차를 통해 수렴되고 논의되는 과정에서 시민에게 요구되는 책임성은 인민주권이나 민족국가를 통해 달성했던 정치적 대표와 사회적 통합이 갖는 근대적 성취와 여전히 깊은 연관성을 갖고 있기 때문이다.

이렇듯 지구화시대 도시의 정치적 의미뿐만 아니라 민주화시대 일상의 정치적 행위에서 시민적 책임성(citizen responsibility)은 여전히 시민성 또는 시민권의 핵심적인 내용임에도 불구하고, 지구시민권과 세계 시민사회에 대한 최근 논의에서 시민적 책임성과 관련된 시민성 또는 시민권의 내용은 충분히 부각되지 못하고 있다. 다양한 민족적 · 종교적 · 인종적 집단들이 공존할 수 있는 정치적 원칙을 찾는 데에는 초점을 맞추고 있지만, 세계화가 초래한 복지국가 모델의 퇴조와 중산층 붕괴로 초래된 정치적 불안의 원인을 해소하는 데 기여할 일관된 판단의 근거를 제시하지 못하고 있다는 것이다(곽준혁, 2007). 사실 외국인 노동자의 기본 권리나 다민족 공존과 같은 소극적 시민성(passive citizenship)의 문제에 대해서는 관심이 집중되지만, 사회적 권리와 같은 민주적 시민성(democratic citizenship)이나 국제질서에서 빈부격차의 심화는 세계화시대 시민성과는 구별되는 주제로 취급되고 있다.

또한 민족국가 중심의 세계질서가 퇴조하고 있다는 전제에서 출발해서 일차적으로 집단적 책무를 기대할 수 없는 개인적 선택만을 강조하거나, 아니면 자율적인 경제 주체로서의 충분한 능력이 없는 시민들이 아무런 지원 없이 시장에 떠넘겨지는 것을 법률적 · 절차적 차원에서의 합의만으로 용인하는 모습을 보게 된다. 이런 가운데 우리는 시민적 책임성이 한편으로는 시민의 적극적인 정치참여를 통해 민주주의의 실질적인 의미를 회복하려는 사람들에게서 발견되는 아테네 민주주의에 대한 환상으로, 한편으로는 민족국가의 틀을 벗어나지 못한 시대착오적 집단주의의 다른 표현으로 치부되는 경향을 보게 되는 것이다.

　이런 문제의식에서 필자는 시민성 또는 시민권에 대한 개론적 지식을 제공하고, 지구화시대에 적합한 시민적 책임성의 내용과 이를 실현시킬 수 있는 정치적 원칙들을 검토해 보고자 한다. 크게 두 가지 과제가 수행된다. 첫째, 시민성 또는 시민권에 대한 지금까지의 지배적 견해들을 자유주의와 공동체주의 또는 시민적 공화주의(civic republicanism)라는 두 가지 전통으로 설명한 후, 두 가지 모두 시민적 책임성에 대해 지나치게 무관심하거나 지나치게 집단우위의 덕성과 동일시하는 오류를 범했다고 비판한 뒤, 이러한 문제점들을 극복하고 지구화시대에 적합한 시민성 또는 시민권의 내용을 구성할 수 있는 대안으로 고전적 공화주의(classical republicanism)를 제시한다. 둘째, 고전적 공화주의에서 시민성의 내용을 비지배적 조건이 보장된 상태에서 발현되는 시민적 책임성으로 정의하고, 그 내용을 아리스토텔레스의 진지한 시민, 마키아벨리의 시민적 견제력, 키케로의 품위로 구체화한 후, 개인의 선택의 문제로 시민적 책임성을 단순화시키지 않으면서도 개인의 자율성을 침해하는 집단주의를 방지할 수 있는 원칙으로 고전적 의미의 시민적 책임성을 재구성한다. 이때 시민적 책임성은 배려와 관용이라는 추상적 규범을 넘어 개인의 정치적 권리가 보장되면서 동시에 시민의 정치사회적 책임을 기대할 수 있는 정치적·도덕적 판단기준으로 전환된다.

II. 두 가지 전통: 자유주의와 공화주의

일반적으로 시민성 또는 시민권은 크게 세 가지 요소의 총합으로 이해된다(Carens, 2000). 첫 번째 요소는 정치사회적 권리로 정의되는 법적·제도적 지위로서의 시민의 권리(rights)이다. 여기에서 무엇보다 강조되는 것은 개별 시민들이 향유하고 보호받을 수 있는 법적 권리다. 법의 테두리 내에서 자유롭게 행동하고, 법으로부터 부여받은 불가침의 권리에 대해 스스로가 보호를 요청할 수 있는 제도적 보장을 그 내용으로 하는 것이다. 두 번째 요소는 시민으로서 자기가 소속된 정치공동체의 의사를 결정하고 그 책임을 공유하는 시민적 특성(ethos)이다. 첫 번째 요소인 법적·제도적 권리에서 정치공동체의 집단의사를 형성하는 과정보다 스스로에게 부여된 권리를 지키려는 소극적인 성격이 강조된다면, 두 번째 요소인 시민적 특성은 집단적 의사를 형성하는 데 참여함으로써 정책결정과정 또는 법적·제도적 장치를 구성하는 과정에 참여하는 시민적 역할을 강조하는 적극적인 의미를 강하게 내포하고 있다. 마지막 요소는 시민권 또는 시민성이 정치 공동체에 소속된 개개인의 일상을 통해 내면화된 결과로 나타나는 자기 정체성(identity)이다. 종종 '민족' 또는 '인민주권'과 동일한 의미로 사용되는 경우가 있지만, 시민적 정체성은 역사적으로는 더 오래된 개념이면서도 보다 넓게 적용될 수 있는 개념이다. 프랑스 혁명 이후 전개된 인민의 통치에 대한 요구가 '민족 자결'로 전환된 과정에서 시민적 정체성은 곧 민족적 정체성과 동일한 의미로 사용되었지만(곽준혁, 2006), 특정의 영토에서 공유된 신념과 상호 책임을 바탕으로 역사적으로 오랜 시간 동안 형성된 시민적 정체성은 고대 아테네의 도시국가(polis)에서부터 지구화시대의 거대도시에 이르기까지 모두 적용될 수 있는 심리적 경향성인 것이다.

세 가지 요소들 중 첫 번째와 두 번째 요소는 세 번째 요소와 달리 시간적 범주로 나누어 특정 전통의 전유물처럼 논의되기도 한다. 예를 들면 첫 번째의 시민권적 요소는 근대적이지만 두 번째의 시민적 책임성은 고대 도시국가적 현상이라고 말하는 것이다. 그러나 시민권 또는 시민성의 특성들을 이렇게 시대적 구분을 통해 설명하면 실제 내용을 왜곡할 가능성이 크다. 그 이유는 크게 두 가지다.

첫째, 비록 시민이 보장받아야 할 개인적 권리가 근대 자유주의 전통에서 크게 부각되기는 했지만, 법적·제도적 권리로서의 시민권은 이미 자유주의의 등장 이전에도 있었기 때문이다. 솔론(Solon)의 개혁이후 아테네에서도 노예와 구분되는 것으로서 법적·제도적으로 향유하고 보호받아야 할 시민(politēs)의 권리가 있었고, 이러한 권리는 isonomia(법의 적용에 있어 차별받지 않을 권리), isegoria(정치적 발언을 할 수 있는 권리), isogonia(출신성분을 이유로 차별받지 않을 권리), isokratia(정무에 참여할 권리)와 같은 원칙을 통해 구체화되었다(Manville, 1990).

둘째, 시민적 책임성을 도시국가와 같이 작은 규모의 정치 공동체에서나 가능하다고 전제하거나, 개인의 일방적 희생을 강요하는 전체 우위의 발상이라고 단정하는 것도 문제가 있다. 자유주의 전통에서도 공유된 시민적 덕성이 다양한 삶의 방식과 공존할 수 있다는 인식이 존재하고, 이때 시민적 책임성은 개인의 권리와 공공의 필요를 조율하는 데 필요한 상호존중이나 그 밖의 자유주의적 가치로 충분히 소화될 수 있다(Macedo, 1996; Galston, 2002). 또한 최근 민족국가나 광역의 지역단위보다 일상과 밀접한 도시를 통해서 시민적 책임성이 발현될 수 있다는 견해가 지배적이라는 점에서 볼 때, 기원전 5세기 30만 명의 거주자 중 2만 명 정도의 사람들이 시민이었던 아테네만 시민적 책임성을 기대할 수 있는 면대면(face-to-face) 사회라고 말하는 것은 지나치다고 할 것이다.

1. 자유주의와 공동체주의

반면 인식론적 · 정치사회적 이해의 차이에 따라 자유주의와 공동체주의 또는 시민적 공화주의 전통으로 구분해서 살펴보는 것은 큰 무리가 없다. 무엇보다 발생론적인 측면에서 본다면 예전부터 지금까지 존재하는 시민성 또는 시민권에 대한 다양한 변형들을 두 전통이 포괄할 수 있다는 장점이 있다. 예를 들면, 적극적인 정치참여보다 법적 · 제도적 보장을 강조하는 자유주의적 전통은 이른바 로마 제국에서 시민들이 향유했던 시민권으로부터 유래되었다(Walzer, 1989). 즉 도시(civitas)에 기초했던 로마 공화국의 시민(civis)은 삶의 조건을 공유하면서 정치과정에 직간접적으로 참여하는 정치적 행위자였지만, 제국으로 영토가 팽창한 이후 정치 공동체의 일원으로 담당하는 자기 역할보다 법적으로 보장받는 권리가 더 강조될 수밖에 없었던 상황이 근대 초기 로마법 독해를 통해 재정립된 것이다(Sherwin-White, 1973). 따라서 인식론적 · 정치사회적 측면의 구분을 사용한다면, 시대적 구분과 무관하게 강조점에 따라 입장의 차이를 분명하게 구별할 수 있는 것이다.

아울러 지금 진행되고 있는 논쟁들이 두 가지 전통을 둘러싸고 전개되기에, 이론적 긴장을 효과적으로 정리할 수 있을 뿐만 아니라 앞으로 어떤 내용의 시민성 또는 시민권의 논의가 바람직한 지를 토의하는 데도 매우 유용하다는 장점이 있다. 시민권 또는 시민성을 둘러싼 학계의 본격적인 논쟁이 자유주의적 시민권의 개념이 협소하다는 비판에서부터 시작되었고, 시민의 정치참여를 강조하는 공동체주의 또는 시민적 공화주의자들의 입장이 가장 유력한 대안으로 간주되기에, 최근의 시민권 또는 시민성과 관련된 논쟁까지도 두 전통의 대립의 연장선에서 크게 벗어나지 못했다고 말해도 과언이 아니다. 사실 민족국가라는 범위를 고집하지 않더라도, 법적 · 제도적으로 보장된 소극적 권리를 강조하느냐 아니면 공동체 구성원으로서 시민의 적극적인 정치참여를 강조하느냐는 여전히 중요한 문제인 것이다.

비록 두 전통 사이에는 수많은 변형들이 존재하지만, 시민권 또는 시민성을 바라보는 자유주의와 공동체주의 전통의 차이는 크게 인식론적인 부분과 정치사회적 부분으로 나뉜다. 첫 번째 인식론적 차이는 자유주의적 시민권에서 강조되는 독립된 개인과 공동체주의의 상호의존적 인간으로부터 비롯된다. 실제로 전자의 대표적인 사상가 홉스(Thomas Hobbes)의 표현을 빌자면 인간은 생존(zen)을 위해 정치사회를 구성하고, 후자의 입장은 아리스토텔레스의 인간은 '좋은 삶(eu zen)'을 위해 군집한다는 언급에 기초한다. 따라서 전자에서 인간은 독립적이고 본질적으로 비사회적이라면, 후자에게서는 인간은 상호의존적이며 본질적으로 사회를 통해 자신을 발현할 수밖에 없다(곽준혁, 2008).

따라서 자유주의 전통에서 시민은 궁극적으로 사회로부터 고립된 개인에서 출발해서 개인으로 남는다. 사적 영역과 공적 영역은 뚜렷하게 구분되고, 시민권을 취득하는 과정이나 행사하는 과정에서도 개인의 이익추구는 항상 최우선 순위의 과제가 되며, 시민들은 그 어떤 경우에라도 본인의 의사와 반대되는 정치참여를 강요받지 않는 것이다. 반면 〈표 1〉에서 보다시피, 시민적 공화주의 전통에서 시민은 적극적인 정치참여를 통해 스스로의 본성을 발현해야만 행복을 성취할 수 있는 존재이지 고립된 존재가 아니다. 이런 이유에서 자유주의 전통에서는 공적 영역에 적극적으로 참여하지 않는 사람을 시민과 반대되는 개념으로서 '개인적인 인간(idios anthropos)'이라는 표현을 사용할 수 없지만, 시민적 공화주의가 꿈꾸는 공동체에서는 페리클레스가 그러했듯이 시민적 책임을 다하지 못하는 사람들을 공개적으로 '무용지물'이라고 부를 수 있는 것이다(Thucydides, 2.40).

두 번째 차이는 바로 시민적 권리(rights)에 초점을 두느냐 아니면 시민적 덕성(virtue)에 초점을 두느냐에 달려 있다. 보다 구체적으로 말하자면 두 입장은 정치권력과 정치과정의 이해에서 큰 차이를 보이

〈표 1〉 자유주의와 공동체주의(시민적 공화주의)

	자유주의	공동체주의(시민적 공화주의)
인식론적 차이	(a) 인간은 분리되어 있고, 고립되어 있으며, 독립적이다. (b) 이들이 사회를 구성함으로써 추구하는 것은 군집하는 동물과 유사 또는 동일하다. 즉 안전(security)이다.	(a) 인간은 본질적으로 사회적이며, 상호의존적이고, 따라서 관계성 속에 존재한다. (b) 이들이 추구하는 것은 생존이 아니라 잘 사는 것(eu zen), 즉 행복(eudaimonia)이다.
정치사회적 관점의 차이	(a) 시민권은 정치권력으로부터 자유로운 법적·제도적 권리이다. (b) 정치참여는 개인의 권리를 지키기 위한 수단이다. (c) 시민권은 불가침의 인간의 권리가 제도화된 것이며, 정치과정에서 정치적 평등으로 구체화된다.	(a) 시민성은 정치권력을 구성하는 과정에서 요구되고 형성되는 시민적 덕성이다. (b) 정치참여는 자연성의 회복이자 필연적인 것이다. (c) 시민권은 정치과정을 통해 형성되는 것이며, 정치과정에서 시민적 덕성으로 구체화된다.
지구시민권에 대한 관점의 차이	(a) 보편주의: 인간의 보편성을 상정한다. 문화적 차이와 상관없이 인간이 추구하는 바는 똑같다. (b) 주관주의: 최종 판단은 개인에게 귀속된다. 따라서 모든 선택은 개인의 의사가 우선이다. (c) 인류 보편적 권리를 중심으로 법적·제도적으로 구성된다면, 지구 시민권은 충분히 실현될 수 있다.	(a) 특수주의: 공동체로부터 벗어난 인간이 없듯, 공동체에 소속된 사람들은 각기 다르며, 문화적 차이를 갖는다. (b) 객관주의: 인간은 직관적으로, 공동체에 소속되면, 그 공동체가 추구하는 목적을 인지하며, 이를 통해 자기 정체성을 갖는다. (c) 지구 시민권은 특수한 맥락에서 형성된 시민적 덕성과 상충될 수 있다.

고 있다. 자유주의에서 정치권력은 시민이 갖는 권리와 종종 대립되는 개념으로 이해된다. 로마법을 통해 자유로운 시민의 권리를 재해석했던 시점부터, 그리고 자유주의가 봉건적이고 위계적인 차별에 대한 대안으로 등장했던 시점부터, 자유주의에서 인간은 자연적으로 부여받은 불가침의 권리를 가지고 있다고 이해되었고, 이러한 불가침의 권리를 지키기 위해서는 일차적으로 정치권력을 법적·제도적으로 '제한(limit)' 해야 된다는 신념을 갖고 있었다. 이후 자본주의의 발달

과 민족주의의 흐름을 거쳐 시민권이 곧 민족국가의 정체성으로 인식되기까지, 자유주의에서 시민권은 정치권력으로부터 자유로운 개인의 영역(area)이면서 동시에 정치과정에서 자기 목소리를 낼 수 있는 정치적 평등을 의미하는 것이었다(Heater, 1999).

반면 〈표 1〉에서 보듯 공동체주의에서는 시민권 또는 시민성이 정치권력이나 정치과정으로부터 독립된 것으로 간주되지 않는다. 공동체주의자들에게 시민권은 정치권력으로부터 보호받아야 할 불가침의 영역이 아니라 시민들이 정치과정에 적극적으로 참여하여 얻어낸 일종의 정치적 성취이고, 이때 이상적(ideal)인 모델로 묘사되는 시민은 정치권력을 형성하거나 견제하는 주요한 정치적 행위자다(Pocock, 1989). 아울러 정치참여는 인간성의 발현이며, 시민권은 자연적으로 부여되는 권리가 아니라 정치과정에 적극적으로 참여함으로써 얻어지는 시민적 자격으로 이해된다. 요약하면, 자유주의가 법적 · 제도적으로 보장받아야 할 시민의 권리에 주목한다면, 공동체주의는 심의와 정책결정과정에 적극적으로 참여함으로써 발현되는 시민의 덕성에 초점을 맞추는 것이다.

두 전통의 차이는 지구시민권과 관련된 논의에서도 발견된다. 자유주의 입장에서는 지구시민권이 법적 · 제도적 권리로 합의될 경우 실현 가능하다는 태도를 취한다면, 공동체주의 진영에서는 지구시민권이 실현 가능성이 없거나 시민적 덕성과 충돌할 수 있다는 우려를 갖고 있다. 이러한 차이는 자유주의가 문화적 차이를 넘어선 보편성에 기초한 주관주의를 표방하는 반면, 공동체주의는 공동체의 축적된 삶의 총체로서 문화적 특수성과 공동체 구성원의 직관에 호소하는 객관주의를 표방하기에 나타난다. 복잡한 도식으로 보이지만, 실제로는 매우 간단하다. 우선 자유주의는 인간이라면 누구나 공통의 요소들을 가지고 있다는 보편주의를 견지하고, 동일한 이유에서 개인이 최종적인 판단을 내리는 주관주의를 견지한다. 따라서 시민권과 마찬가지로 지구시민권도 법적 · 제도적 권리로 구체화될 수 있다고 보고, 지구시민권을 구체화하는 작업에서 인류 보편의 잣대가 집단 또는 국가의 차이를 극복하는 데 크게 기여할 것으로 보는 것이다.

반면 공동체주의는 고유한 문화적 특수성으로부터 비롯된 집단 간의 차이를 강조하고, 어떤 집단의 구성원이라면 직관적으로 무엇이 공공선인지를 파악할 수 있다는 전제에서 공적 이익의 객관적 기준을 제시할 수 있다는 입장을 견지한다. 이러한 특수주의와 객관주의의 결합은 집단 또는 국가의 경계를 넘어서 개인의 기본 권리와 시민적 자유를 동시에 보장할 수 있는 보편적 원칙을 거부한다. 따라서 소속된 정치적 공동체에 대한 맹목적 충성을 시민적 덕성 또는 애국심이라고 정당화하거나, 공동체가 공유하는 가치와 이익을 위해 헌신할 의무가 공동체의 정체성과 구성원간의 연대를 유지할 책임과 상충된다면 지구시민권은 시민이 가져야 할 핵심적인 도덕적 덕성으로 구체화될 수 없다고 본다.

2. 신로마 공화주의와 시민적 책임성

시민권을 둘러싼 자유주의와 공동체주의의 긴장은 '신로마' 공화주의로 대표되는 고전적(classical) 공화주의의 출현으로 새로운 국면을 맞고 있다. 1960년대 참여 민주주의 연구를 통해 고대 아테네 민주주의를 모델로 한 적극적 시민성(active citizenship)이 부각되었고, 1980년대 자유민주주의 비판을 통해 공동체의 이익 또는 연대를 강조하는 입장이 공동체주의로 정리되었다. 이후 공동체주의는 공화주의 전통을 대표하는 것처럼 인식되어왔고, 공화주의는 곧 개인보다 공공성을 우선시하고 적극적인 정치참여를 강조하는 입장으로 설명되어 왔다. 그러나 1990년대 후반부터 공화주의 내부에서 다양한 입장들이 논쟁적으로 등장하면서 공동체주의는 여러 공화주의 중 하나인 시민적(civic) 공화주의로 재정립되고, 자유주의와는 달리 반원자적(anti-atomist)이면서도 공동체주의와는 달리 반집합적(anti-collective)인

〈표 2〉 시민적 공화주의와 신로마 공화주의

	공동체주의(시민적 공화주의)	신로마 공화주의
인간관	(a) 상호의존적, (b) 군집의 필연성과 자연성 (인간은 사회를 통해 개개인이 부여받은 본성을 실현한다. 이 본성은 자연적으로 사회적·공동체적이다.)	(a) 상호의존적, (b) 군집의 자연성을 거부 (인간의 개인적인 욕망을 실현시키기 위해 공동체가 필요하다. 본성은 필연적으로 사회적일 필요는 없다.)
정치사회적 관점	(a) 참여는 자연성의 회복이자 필연적인 것, (b) 정치참여 그 자체가 목적.	(a) 참여는 자유를 지키기 위한 수단, (b) 자신의 목소리를 내려는 것이 목적.
시민적 덕성	(a) 직관적으로 인지할 수 있는 실체, (b) 명백하고, 자명하며, 전정치적(pre-political) 의무.	(a) 비지배적 조건에 대한 경험에 기초한 자유에 대한 애착(shared good), (b) 정치적 산물이며, 심의를 통한 정치적 판단이 요구됨.

신로마 공화주의가 새롭게 주목을 받기 시작했다. 여기에서 신로마 공화주의란 아리스토텔레스와 아테네 민주주의에서 전형을 찾고 있는 시민적 공화주의와는 달리 마키아벨리로부터 거슬러 올라가서 로마 공화국을 지탱했던 정치적 원칙들로부터 공화주의의 근원을 찾고자 하기에 붙여진 이름이다. 또한 신로마 공화주의는 개인의 이기심을 배제하지 않고 정치참여를 시민성의 핵심으로 말하지 않는다는 점에서 자유주의적 공화주의(liberal republicanism)의 일종으로 평가받고 있다(곽준혁, 2007).

〈표 2〉에서 보듯, 세 가지 이유 때문이다. 인식론적으로 개개인이 상호 의존적일 수밖에 없다는 것을 인정하지만 인간이 본성적으로 사회적이라는 전제는 상정하지 않고, 정치영역에의 참여를 통한 자율(self-rule)을 이상으로 간주하기보다 개인이 가지는 다양한 욕구를 충족시킬 수 있는 하나의 조건으로 이해하며, 시민적 덕성이 공동체 구성원에 의해 직관적으로 인지될 수 있는 객관적 목적으로 구성되기보다 시민의 자율성과 다양성이 보장된 상태에서 심의를 통한 정치적 판단을 통해 구성된다고 이해한다는 것이다.

여기에서 특히 주목해야 할 부분은 다음 두 가지다.

첫째, 신로마 공화주의의 등장이 갖는 정치사회적 의미다. 신로마 공화주의의 등장은 자유민주주의의 승리라는 지구적 현상 속에 법적·제도적 권리로만 시민성을 이해하는 편견이 초래하는 문제에 대한 응답이다. 물론 시민적 공화주의도 이러한 문제에 대한 응답의 하나다. 그러나 신로마 공화주의는 시민적 공화주의와 문제의식은 공유하지만 매우 다른 새로운 형태의 응답이다. 인식론적 측면에서는 군집의 자연성을 거부함으로써 시민적 공화주의의 집단성을 탈색시키고, 정치사회적 측면에서는 정치참여의 수단적 의미를 강조함으로써 시민적 공화주의의 전체주의적 경향성을 차단했다. 즉 이기심에서 출발해서 개인적 욕망과 공공성을 연결시키는 방법, 즉 방법론적으로 개인에 바탕을 둔 자유주의적 태도를 견지하고, 목적으로는 공공성에 바탕을 둔 공화주의의 전통을 접목시킨 것이다.

둘째, 신로마 공화주의가 개인의 자유를 시민적 책임성의 조건으로 승화시켰다는 점이다. 이사야 벌린(Isaiah Berlin)의 구분을 따른다면, 신로마 공화주의의 자유는 '간섭의 부재'를 의미하는 '소극적(negative)' 자유도 정치참여를 통한 '시민적 능력의 행사'를 의미하는 '적극적(positive)' 자유도 아니다(Berlin, 1969). 신로마 공화주의의 자유는 '타인의 자의적 지배로부터의 해방'을 의미하는 비지배(non-domination)를 의미하고, 이때 시민적 책임성은 비지배적 조건을 향유한 개인들이 일상에서 자연스럽게 발현하는 시민적 덕성이다. 즉 신로마 공화주의에서 시민적 책임성이란 비지배 자유를 유지하려는 시민들의 정치행위의 결과이고, 국가 또는 공동체의 개입과 이러한 개입에 대한 저항까지 비지배라는 조건을 통해 충족시키기 위한 노력인 것이다(Pettit, 1997).

자율성과 공공성의 긴장과 개인적 자유와 시민적 책임성의 긴장이 해결되는 방식을 근대 이전의 정치사상에서 찾아야 하는 이유를 신로마 공화주의가 잘 설명하고 있다는 점에는 큰 이견이 없다. 그러나 신로마 공화주의가 곧 근대 이전의 공화주의, 즉 고전적 공화주의를 모두 포괄한다고 말하는 것은 무리가 있다. 아리스토텔레스, 키케로, 그리고 마키아벨리의 정치사상을 중심으로 서술하는 것이 고전적 공화주의의 일반적 추세인데, 동일한 사상가를 두고도 해석이 충돌하는 경우가 있기 때문이다.

예를 들면, 비롤리(Maurizio Viroli)와 같은 학자는 아리스토텔레스를 고전적 공화주의의 전통에서 제외하고(Viroli, 2002), 듀발(Tim Duvall)과 닷슨(Paul Dotson)은 아리스토텔레스로부터 공동체주의를 연관시키는 해석 자체를 거부한다(Duvall & Dotson, 1998). 이렇게 고전적 공화주의의 주요 사상가에 대한 해석상의 차이는 단순히 해석상의 상반된 입장에서 비롯된 것이 아니다. 보다 근본적인 이유는 시민들의 자발적인 정치참여를 강조하는 측면과 소수의 대표에 의한 심의의 불가피성을 강조하는 측면이 모두 고전적 공화주의의 주요한 내용이기에 어디에 강조점을 두느냐에 따라 다른 해석의 여지가 항상 존재한다는 것이다. 이런 맥락에서 볼 때, 신로마 공화주의가 시민들의 활동적인 정치참여를 통한 견제와 시민적 책임성에 초점을 둔 고전적 공화주의자들의 집중포화를 받는 것은 그리 놀랄만한 일이 아니다. 왜냐하면 신로마 공화주의의 경우는 정치참여의 수단적 성격을 강조하고, 집단으로서 시민의 정치참여를 선거를 통한 대표의 선출로 제한하는 자유주의적 경향 또는 해석을 일관되게 견지하고 있기 때문이다.

신로마 공화주의에 대한 다양한 비판들 중, 시민적 책임성과 관련된 지적은 짚고 넘어갈 필요가 있다. 신로마 공화주의는 비지배적 조건을 보장함으로써 시민들이 자연적으로 시민적 책임성을 가지게 된다고 주장한다. 그렇지만 비지배적 조건이 보장되면 시민들이 자동적으로 견제력을 행사하고 투철한 시민의식을 갖게 된다는 말은 그다지 설득력이 없다. 다음 두 가지 측면에서 신로마 공화주의의 주장은 보완될 필요가 있다.

첫째, 법적·제도적 비지배 자유의 보장만으로 시민적 책임성이 고양될 수 있다는 주장은 자유주의에서 시민권이 내포하고 있는 정치적 소극성을 크게 벗어나지 못한다는 것이다. 신로마 공화주의자들의 시민성이 갖는 개념적 틀은 법을 통해 인간의 이기적 속성을 제어하고, 시민적 덕성을 강제하며, 집단 간의 갈등을 순화해야 한다는 주장을 통해 구체화된다(Skinner, 1991:48; Pettit, 1997:172-183). 그러나 이런 법적·제도적 주장들은 비지배 자유라는 개념을 통해 보다 심의적이고, 포용적이며, 반응성이 높은 시민적 책임성을 구성하고자 하는 일반적인 수준의 고전적 공화주의자들의 기대에는 미치지 못한다. 법적·제도적 보장이 일정 정도 시민성의 형성에 기여할 것이지만, 법과 제도를 구성하는 정치적 행위자로서 시민이 담당해야할 책임에 대해 침묵하는 것은 부적절하다고 보는 것이다.

둘째, 정치참여가 비지배 자유라는 조건을 지키기 위한 수단적 성격을 갖고 있다는 점은 큰 무리가 없지만, 정치의 수단적 성격이 개인의 이기심(selfishness)에 기초하고 있다는 점은 근대 자유주의적 요소를 지나치게 여과없이 수용한 것이다. 고전적 공화주의는 이기심과 자기애(self-love)를 엄격하게 구분한다. 전자는 물질에 대한 욕구를 의미하고, 후자는 인간에 대한 사랑을 의미한다는 것이다. 보다 상세하게 말하자면, 물질에 대한 욕구에서 발현될 수 있는 상호성(reciprocity)의 가장 시민적 형태는 일종의 계약적 상호수혜 정도지만, 인간에 대한 사랑에 기초한 상호성은 상대방이 자신을 어떻게 인식하느냐를 고민하는 가운데 형성되는 상호주관적 의사수렴과정과 이 과정에서 구성된 호혜적인 시민적 기풍과 유대라는 형태로 나타난다는 것이다. 이러한 두 가지 측면에서의 보완이 없다면, 신로마 공화주의의 자유주의적 시민권과 시민적 공화주의의 시민성 간에 가교의 역할을 수행할 수 있는 시민적 책임성을 기대하는 것은 어렵다고 생각된다.

III. 고전적 공화주의와 시민적 책임성

신로마 공화주의와는 달리 고전적 공화주의는 세 가지 점에서 시민적 책임성을 구성하는 데 보다 유효한 틀이라고 볼 수 있다.

첫째, 군집의 자연성을 거부하는 신로마 공화주의의 입장을 지나치게 근대적 필요에 의해 경도된 것으로 이해하고, 인간의 군집성은 인간의 약함이 아니라 자연이 부여한 어떤 씨앗(quasi semina)으로부터 비롯된다고 본다. 즉 단순히 개인의 생존을 위한 경쟁뿐만이 아니라 공공의 안녕(communem salutem)에 대한 열망도 중요하며, 공공의 안녕이 달성될 수 있는 하나의 방편으로 비지배적 조건에 기초한 정의 또는 법의 구성방식을 강조하는 것이다(*Re Publica*, 1.39). 이때 비지배적 조건의 법적 · 제도적 구현으로서 시민권이 삶의 조건을 공유함으로써 나타나는 상호이해와 이에 기초한 시민적 책임성과 특별한 제도적 장치가 없이도 무난하게 연결되게 된다.

둘째, 물질중심에서 인간중심적 사고로의 전환이 필요하다. 고전적 공화주의가 강조하는 '인지의 욕구(love of recognition)' 라고 정의되는 주제에서 나타나듯, 자기사랑은 자기가 다른 사람에게 인지되는 방법과 내용에 대한 염려를 통해 조정해가는 상호 주관적 관계가 핵심이다. 시민이 누구냐의 논쟁은 단순히 물리적 공간점유나 법적 · 제도적 보장만으로 이야기할 수 없다. 바로 정치적 논쟁의 주제이고, 단순히 특정 지역에 거주한다고 해서 시민이라고 부를 수는 없는 일이다. 고전적 공화주의에서 시민의 정치적 견제력은 시민적 신뢰(fides)에 기초한 동반자적 관계를 전제하고, 동반자적인 관계는 단순히 집단으로서 인민의 직접적인 정치참여의 배제가 아니라 선출된 대표의 권위와 시민의 자유가 형성하는 실질적인 균형에 기초하며, 실질적 균형은 비지배적 조건에서 행해지는 민주적 심의의 조건으로 전환된다.

이런 맥락에서 필자는 고전적 공화주의의 시민성을 크게 세 가지 차원으로 구체화하고자 한다. 구체적으로, 개인적 수준에서는 비지배

<표 3> 신로마 공화주의와 고전적 공화주의

	신로마 공화주의	고전적 공화주의
인간에 대한 인식론	(a) 상호의존적, (b) 군집의 자연성을 거부.	(a) 상호의존적, (b) 군집의 자연성을 부분적으로 인정.
정치사회적 관점	(a) 참여는 자유를 지키기 위한 수단적 의미를 갖는 것, (b) 정치참여는 개인의 이기심(selfishness)의 발현-정치의 수단적 성격을 강조.	(a) 참여는 자유를 지키기 위한 수단적 의미를 갖는 것, (b) 정치참여는 개인의 자기애(self-love)의 발현-정치의 수단적 성격보다 자기실현성을 강조.

자유가 상호간에 호혜적으로 적용될 수 있는 조건을 창출할 수 있는 근거, 국가적 수준에서는 집단 간의 첨예한 대립을 통해 정치체제의 지속적인 변화와 비지배적 조건을 유지할 수 있는 제도적 장치, 국제적 수준에서는 지구적 차원의 통치체가 부재한 상황에서도 논의의 장을 형성 · 지속시킬 수 있는 합의의 기준이다.

1. 개인적 수준: 아리스토텔레스의 진지한 시민

신로마 공화주의자들은 공화주의의 전통을 아리스토텔레스로부터 찾는 것을 시민적 공화주의의 실수 또는 문헌학적 오류라고 폄하하지만(Viroli, 1995:171), 아리스토텔레스는 고전적 공화주의를 이해하는 데 필수적이다. 왜냐하면 공화주의 전통에서 아리스토텔레스가 로마 공화국의 사상가들과 르네상스시대의 시민적 휴머니스트(Civic Humanist)들에게 미친 영향은 결코 과소평가될 수 없기 때문이다. 물론 아리스토텔레스가 전체 위주의 공동체 의식이나 시민적 덕성만을 다루었다고 본다면, 공동체주의가 제시하는 자기 부정적 희생 이상의 시민적 책임성을 논의하기는 힘들 것이다. 그러나 아리스토텔레스의 정치사상은 개인의 자율성과 공동체의 선을 조화시킬 수 있는 다양한 자산을 가지고 있다(곽준혁, 2003). 특히 고전적 공화주의에서 개인적

수준의 시민적 책임성을 구체화할 때, 아리스토텔레스의 '좋은 시민'
과 '좋은 사람'과 관련된 논의는 어떻게 개인의 정치사회적·도덕적
잣대가 공공선으로 승화될 수 있느냐는 질문에 대답할 수 있는 매우
중요한 논거가 된다.

　일반적으로 아리스토텔레스가 『정치학』 3권에서 논의한 좋은 시민
과 좋은 사람의 구분은 정치와 도덕의 차이 또는 시민에게 요구되는
탁월한 덕성과 인간으로서 요구되는 덕성의 차이로 해석되면서 두 가
지 상이한 도덕적 가치의 긴장으로 묘사된다. 그러나 엄밀하게 말하
자면 두 가지 도덕적 잣대의 충돌이 아니라 다른 성격의 덕성이라고
할 수 있다. 왜냐하면 아리스토텔레스가 구분한 것은 '좋은 사람'과
'진지한' 또는 '책임감 있는 시민'이라는 구분이기 때문이다. 즉 다
른 영역의 탁월성에 대한 구분이지, 두 가지 상반된 가치의 충돌이 아
니라는 점이다(*Politics*, 1276b17). 전자의 경우는 정치체제의 성격이
나 정치공동체가 당면한 문제와 무관하게 적용될 수 있는 잣대가 요
구되지만, 후자의 경우는 정치체제의 성격에 따라 요구되는 것이 다
르기에 하나의 성격으로 구체화된 잣대가 성립될 수 없다는 것이다.

　이렇듯 좋은 사람과 좋은 시민이 동일한 탁월성을 가지는가에 대한
질문이 좋은(agathos) 사람과 책임감 있는(spoudaios) 시민으로 전환
되었을 때, 개인적 차원에서 요구되는 시민적 책임성은 사람 그 자체
가 가지는 규범적 특성이 아니다. 도덕적 탁월성이 아니라 정치사회
적 행위자로서 개인이 수행하는 삶의 방식이 초점이 되고, 이러한 정
치적 삶의 방식을 규정하는 정치체제의 성격에 따라 요구되는 정치사
회적 책임이 다르기 때문에 시민적 책임성은 곧 정치체제의 성격과
연관된다(*Politics*, 1277a4). 즉 시민적 책임감은 개인의 윤리적·철학
적 판단에 기초하는 것이 아니라 개인이 소속된 정치체제의 성격과
밀접한 연관성을 갖고 있으며, 동일한 이유에서 시민적 책임성에 대
한 논의는 행복한 삶을 누릴 수 있는 정치체제의 내용과 관련되는 것
이다.

아리스토텔레스에게서 시민적 책임감과 행복한 삶을 누릴 수 있는 정치체제를 동시에 읽을 수 있는 주제는 바로 정치적 우애(philia politike)다. 아리스토텔레스의 정치적 우애는 공동체주의자들에 의해서는 공동선에 대한 포괄적 합의를 전제한 시민적 연대라고 주장되지만(MacIntyre, 1984:155-156), 최근 고전학자들이 주장하듯 이타적 헌신에 기초하기보다 상호 이해 또는 상호 존중에 초점을 둔 연대감이라고 정의하는 데 큰 무리가 없다(Yack, 1993:109-127). 이렇게 정치적 우애를 정의했을 때, 우리가 주의해야 할 점은 아리스토텔레스가 정치적 우애를 단순히 효용이나 경쟁을 통한 타협의 산물로 보지 않았다는 점이다. 그에게 합의는 최소한 사려 깊은(epieikes) 사람, 즉 서로를 배려할 줄 아는 사람들 사이에서 만들어질 수 있는 관계다(*NE*, 1167b4-14, 1166a31).

여기에서는 타인을 희생시키면서까지 자기의 이익을 추구하는 사람이나 자기 스스로는 결코 선한 행동을 할 수 없는 사람들은 배제된다. 아리스토텔레스가 정의한 사려 깊은 사람들의 관계는 곧 도시에서 삶을 공유하는 구성원을 자기와 동일하게 배려하는 자세를 요구한다. 물론 성인군자와 같은 덕성이나, 자연적으로 주어진 공동체 연대의식을 요구하는 것은 아니다. 그러나 정치적 우애는 단순히 효용에만 기초한 상업적 계약관계가 아니다. 최소한 관계의 지속을 전제로 서로를 이해하려는 자세, 이러한 자세 속에서 배양되는 상호간의 신뢰, 또 대립이 있을 경우 다른 사람의 필요를 이해하려고 노력하는 자세가 요구된다. 이러한 관계가 형성된 곳이 사려 깊은 사람들이 행복을 추구할 수 있는 정치체제라면, 책임감 있는 시민은 곧 사려 깊은 사람과 동일시되게 되는 것이다.

아리스토텔레스의 '진지한' 또는 '책임감 있는 시민'에 기초한다면, 공화주의에서도 자유주의에서 제시하는 관용과 상호 존중이 강조된다고 할 수 있다. 그러나 내용은 차이가 있다. 우선 자유주의에서 발견되는 수용, 무관심, 승인은 모두 관용과 무관한 것으로 이해된다.

수용이란 차이에 대한 거부감을 일차적으로 내포하고 있다는 점에서, 무관심은 어떤 특정 선호가 존재하지 않는다는 점에서, 승인이란 같이 살아가겠다는 의지가 없어도 가능하다는 점에서 거부된다. 공화주의에서의 관용 또는 존중은 차이의 거부감이 아니라 인지와 이해에 기초하고, 뚜렷한 선호를 가지고 있으며, 차이에도 불구하고 같이 살아가려는 의지를 요구한다는 점에서 다른 것이다. 수용, 무관심, 그리고 승인과 구별 없이 사용되는 자유주의적 관용을 개인의 이기심이나 도덕적 판단에서 비롯된 행위중심의 덕성이라고 본다면, 공화주의에서의 관용은 정치사회적 원칙에 기초한 조건 중심의 덕성이라는 점이 무엇보다 다르다. 즉 공화주의에서 시민적 책임성은 인간 그 자체의 존엄성(dignitas)이라는 추상적이고 윤리적인 교감에 그치는 것이 아니라 비지배적 조건의 호혜적 보장이라는 실제적이고 구체적인 실천을 요구하는 것이다.

2. 국가적 수준: 마키아벨리의 민주적 견제력

고전적 공화주의에서 시민적 책임성이 갖는 국가적 차원의 특징은 크게 두 가지다(곽준혁, 2008). 첫째, 고전적 공화주의도 공동체주의가 전제하는 상호 의존적 관계 설정이나 심의와 참여를 통한 민주주의의 심화를 고민한다. 그리고 정치 참여를 통한 시민성의 회복이나 이기적 욕망의 균형이 아니라 실질적인 심의를 통한 의지나 특성의 변화를 요구한다는 점에서도 유사하다. 그러나 심의와 참여를 통해 형성되는 다수의 의지 또는 공감대가 비지배적 상호성이라는 조건을 충족시켜야 한다고 주장하는 점, 그리고 이러한 조건에 배치되는 의지와 공감대에 대한 저항을 용인한다는 점에서 큰 차이가 있다. 둘째, 민주주의를 이성적 심의를 통한 의사 결정이라기보나 갈등하는 집단들 사이의 경쟁으로 파악한다는 점에서 현실주의나 쟁투적(agonistic) 민주주의를 언급하는 학자들의 지적을 일부 공유한다. 유사한 맥락에서 새로운 형태의 정치 체제의 틀이 필요하며, 이러한 틀마저도 바꿀 수 있는 제도적 방향을 고민한다는 점에서 담론적 전략과 국지적 저항을 논의하는 입장과도 일정 정도 공감대를 갖고 있다. 그러나 쟁투의 결과뿐만 아니라 과정까지도 비지배적 조건이 수립될 수 있는 제도를 고민한다는 점에서, 그리고 해체적 상대주의가 아니라 비지배적 조건이라는 뚜렷한 방향을 가지고 전략이나 저항을 의도한다는 점에서 고전적 공화주의는 포스트 모던적 사고방식과 일정 정도 거리를 두고 있다. 두 가지 특징을 종합하면, 국가적 차원에서의 시민적 덕성으로 가장 중요한 것은 비지배적 상호성을 유지 또는 관리하고자 하는 시민들의 견제와 감독이다. 견제의 경우는 무엇보다 제도적 지원이 필요한 부분이고, 감독의 경우는 일상 속에서 발견될 수 있는 습관화된 태도가 요구되는 부분이다(곽준혁, 2008).

국가적 차원의 시민적 책임성의 내용으로 시민의 견제력을 가장 강조했던 고전적 공화주의 사상가는 다름 아닌 마키아벨리(Machiavelli)다. 시민적 견제력과 관련된 그의 논의는 두 가지 목적을 갖고 있다. 첫째, 아리스토텔레스에게는 천박한 사람으로 분류될법한 사람들의 이기적 삶으로부터 공화주의 원칙들을 정립하겠다는 것이다. 마키아벨리는 이런 종류의 인간들이 어떻게 공동체에 대한 애착을 가지게 되고, 또 이들이 어떻게 공동체를 위해 자발적으로 헌신할 수 있을 것인가에 대한 새로운 추론과정과 결과를 보고자 한 것이다. 둘째, 정치적 우애나 조화보다 첨예한 갈등을 통해 최상의 공화정체로의 변화와 공공선의 실현이 가능하다는 것을 보여주겠다는 것이다. 이러한 가능성이 설득된다면, 자유롭지 못한 조국에 살고 있는 시민들이 추구해야 할 정치적 이상으로서 공화정체가 시민적 책임성의 대상으로 자리매김할 수 있을 것이라고 믿은 것이다.

우선 첫 번째 목적, 즉 탐욕스러운 개개인으로부터 어떻게 공동체의식이 발현되는가를 밝히기 위해 마키아벨리는 자유(libertà)란 공화주의적 삶의 목적이 아니라 공화주의적 삶의 조건이라는 점을 보여주는 데 주력한다. 이와 관련된 대표적인 서술이 『로마사 논고』 2권 2장에서 전개된다. 그는 로마인의 영광이 재현될 수 없다고 생각하는 동시대인들에게, 그리고 민주적 공화정체로는 강력한 외세에 맞설 수 없다고 말하는 귀족들에게 다음과 같이 말한다. '인간에게 자유는 원하는 것을 얻기 위한 최우선적 조건이며, 이 조건이 충족되지 않으면 시민적 책임성은 기대할 수 없다'는 것이다(Discorsi, 2.2.43-48). 즉 비지배 자유는 시민적 책임성의 조건이라는 점을 강조한 것이다. 두 번째 목적―갈등을 통한 공공선의 실현을 보여주려는 것―의 수행과정에서 국가적 수준에서의 시민적 책임성은 시민의 견제력으로 보다 구체화된다. 마키아벨리의 논리를 정리하자면 다음과 같다. (가)인민들의 지배받지 않으려는 욕구는 귀족의 지배욕에 대한 반응이다(Discorsi, 1.4.9). 물론 지배받지 않으려는 욕구는 자기기만적 선택으로 참주를 옹립하는 결과를 가져올 수도 있다(Discorsi, 1.16 & 1.37). 그러나 지배받지 않으려는 욕구는 다른 욕구로 대체되는 경우는 있어도, 그 자체가 위험스러운 경향은 아니다. (나)지배받지 않으려는 심리적 경향은 삶의 최소한의 조건으로서 자유를 지키려는 다수인민의 욕구다(Discorsi, 1.5.7). 따라서 소수의 지배욕과 다수의 욕구가 갈등 상태에 있을 때, 자유를 지키려는 다수인민의 욕구가 공공선이라고 할 수 있다. 마지막으로 (다)갈등을 통해 상호간에 가지게 된 균형을 유지하려는 것이 법이라고 했을 때(Discorsi, 1.3.7), 이러한 균형을 깨는 것은 주로 야망이 큰 귀족들의 오만(la insolenzia de' grandi)이다. 따라서 균형을 유지할 수 있도록 인민의 실질적인 힘이 보강될 때 비로소 두 집단적 경향들이 동적인 균형을 유지할 수 있으며, 만약 인민에게 이러한 실질적 힘을 보장할 수 없는 정치체제는 시민적 책임감을 기대할 수 없다는 것이다.

결국 고전적 공화주의에서 시민적 견제력은 수적으로는 다수지만 권력과 부에 있어 약자인 일반 시민들이 지배집단과 동일한 조건 속에서 상호 견제할 수 있도록 보장해 주는 제도로서의 호혜적 균형을 의미한다. 이러한 시민적 견제력은 자유로운 선거에서 다수가 소수를 선택하고, (과거 공산사회에서 보던 인민재판이 아니라) 다수를 선동하거나 헛소문으로 시민들을 기만하는 사람을 피해당사자인 다수가 직접 판단하도록 하는 제도를 통해, 그리고 적절한 대표기구를 통해 지배집단 또는 대표의 오만을 제어함과 동시에 다수인 인민이 스스로의 욕망을 조절할 수 있도록 함으로써 시민의 실질적인 정치적 능력이 제도적으로 보장될 때 실현된다. 이때 시민적 책임성은 삶의 조건으로서 소극적인 의미의 시민권의 보장으로부터, 힘의 불평등 관계 속에서도 쌍방이 동일한 조건에서 균형점을 찾을 수 있는 제도의 구현으로 전환된다. 그리고 이렇게 전환된 시민적 책임성은 바람직한 정치체제의 수립 또는 바람직한 정치체제로의 이행을 정당화할 수 있고, 동시에 조국을 노예상태에서 자유로운 상태로 전환시키려는 열정이 납득되는 정치적 · 도덕적 판단의 근거가 된다.

3. 국제적 수준: 키케로의 시민적 품위

고전적 공화주의의 시민적 책임성이 갖는 마지막 문제는 자국 중심의 배타성을 극복할 수 있는 정치적 원칙이 있느냐는 것이다. 일반적인 편견과는 달리, 고전적 공화주의는 이질적 문화를 포용하는 다원주의적 요소, 그리고 다문화 공존이라는 시대적 요구에 매우 적극적으로 반응하고 있다.

첫째, 세계 시민적 덕성을 요구하지 않는다는 점에서 자유주의적 접근과 일정 정도 거리가 있다. 무엇보다 민주적 심의와 견제로부터 독립된 도덕적 요구는 민주적 시민성의 내용이 될 수 없기 때문이다. 따라서 전 정치적(pre-political)인 절차 중심의 주권이나 문제 중심으로 뭉치는 군중들의 일체감은 정치 체제와 시민의 관련성, 그리고 비지배적 정치 체제의 유지와 운영의 책임을 요구하는 고전적 공화주의의 민주적 시민성에서는 결코 허용될 수 없다. 대신 비지배적 조건을 향유하는 개개인과 다른 공동체에 소속된 사람들의 관계나, 자기 영토 내에서 거주하는 사람들에게 비지배적 조건을 보장하는 제도와 태도는 매우 중요하다. 가장 큰 이유는 일상에서 비지배의 실천이 선택적이거나 자의적일 때, 궁극적으로 그 공동체 내부의 시민적 신뢰와 비지배적 조건이 훼손당할 수 있기 때문이다.

둘째, 보편적인 인간성 또는 인권에 대해서도 자유주의와 접근이 다소 상이하다. 보편적인 인간성과 자연권의 목록이나 내용은 공화주의에서는 존재하지 않는다. 인권은 다만 비지배적 조건이 보장되는 선에서 지속적인 심의와 공론의 대상일 뿐이다. 대신 공화주의는 궁극적으로 국제사회를 바라보는 시민들의 견해를 바꾸고자 시도한다. 일반적으로 국제 관계의 주류적 입장이라면 현실주의적 논의라고 할 수 있다. 안보의 불확실성을 줄이기 위해 끝없는 팽창을 요구하는 '공격적 현실주의'를 옹호하든, 힘의 균형을 통해 평화를 구축하려는 '방어적 현실주의'를 지지하든, 거의 대부분의 현실주의가 힘을 통해 국제 관계를 이해하는 경향을 가지고 있다. 공화주의는 힘으로 국제 정치를 사고하는 태도의 수정을 요구한다.

이러한 형태의 고전적 공화주의의 기원은 키케로(Cicero)의 품위(decorum)로부터 비롯된다. 키케로에게 품위는 시민으로서 가져야 할 최고의 덕성이고, 이때 품위는 삶의 터전과 이러한 삶을 공유하는 동료들에게 가지는 애정으로부터 비롯된다. 그가 품위를 애국심에서 찾는 것은 두 가지 이유 때문이다. 첫째, 키케로는 도시(civitas)에서 시민들이 가지는 유대는 인종, 부족 또는 민족(natio), 그리고 언어적 동질성보다 훨씬 강하고 더 친밀하다고 본다: "보다 더 친밀한 [유대]는 같은 도시[에 사는] 시민들의 것이다. 왜냐하면 시민들은 많은 것을 서로 공유하기 때문이다. 광장, 사원, 회랑, 도로, 법, 권리, 법정, 선거권, 그 밖에 많은 사회적 단체나 친목 단체, 그리고 많은 사람들과 체결하는 [사업적] 이해관계를 [공유하기 때문이다]"(Officiis, I.53). 둘째, 삶을 공유하는 조국(patria), 즉 공화국은 부모, 자식, 친척, 친구보다 더 소중하기 때문이다(I.57). 공적영역으로서의 조국의 이익을 고려하지 않는 사적 이익은 악이며, 이러한 목적을 위한 행동은 용기가 아니라 탐욕이며, 공익을 무시하고 탁월함을 추구하는 행위는 정의롭지 못하며, 결코 참된 영광을 얻을 수 없다(I.62-65; I.84). 반면 조국을 위해 죽음을 두려워하지 않는 것, 그리고 조국을 위해 일하는 것은 고귀한 의무이자 위대한 정신이다(I.57 & 61). 물론 공화국은 개인이 정치공동체로 결집하는 원초적 욕구, 즉 생명과 소유를 지키고자 하는 욕구를 충족시켜 주어야 한다(II.73). 그러나 이것 자체가 공익 없는 사익이 정당화될 수 있는 근거는 아니다. 개인은 공화국이 위기에 봉착했을 때, "반드시 힘을 합쳐 싸워야 하고, 노예가 되거나 불명예스러운 일을 당하느니 [차라리] 죽기를 원해야 한다"고 말한다(I.81). 이렇듯 키케로의 품위도 보편적인 인류애보다 특정 정치공동체와 그 구성원에 대한 애정을 우선시한다.

그럼에도 불구하고, 키케로에게는 국가적 수준에서나 국제적 수준에서나 동일하게 적용되는 비지배 원칙이 있다. 그의 비지배 원칙은 자연법(lege naturae) 또는 정의의 내용이 되는 인간사회의 법(ius humanae societatis)으로 표현되고, 세 가지 구성요소로 구체화된다.

첫째는 불간섭의 원칙으로, 자신의 이익을 위해 다른 사람들의 이익을 침해하는 행위나 다른 사람의 자유로운 활동을 방해할 수 없다는 것이다(III.21-22; I.20-21). 이 원칙을 위반하는 행위는 작게는 공동체 유대를 파괴함으로써 시민법(legius populorum)과 만민법(iure gentium)에 위배되고, 크게는 자연이성이 부여한 신과 인간의 법(lex divina et humana), 즉 자연법을 위반하는 것이다(III.23).

둘째는 상호의존에 기초한 비지배의 원칙으로, 서로를 위해 조력하고 필요를 충족시킴으로써 공익을 증진시켜야 할 의무가 시민에게 있다는 것이다(I.22; III.25). 이 원칙에서 볼 때, 불의한 일을 당하고 있는 사람을 지켜주지 않거나 그러한 불의를 막는데 무관심한 사람은 곧 부모, 친구, 그리고 조국을 버린 사람과 같이 부도덕한 인간일 뿐이다(I.23). 여기에서 공익을 위해 불간섭의 원칙을 위반하는 행위가 정당화되고(III.30), 참주는 출발점부터 공동체 구성원과 호혜적 유대가 전혀 없는 자의적 지배라는 이유로 멸시되며, 또 참주를 죽이는 것이 위대한 시민적 행위로 옹호된다(III.29 & 32).

셋째는, 어떠한 경우에도 일단 동의한 일은 지켜야 한다는 신뢰의 원칙이다. 이 원칙에 기초했을 때, 공화국의 보존이 모든 행위를 정당화하는 것은 아니다. 일방적인 이익을 위해 동맹을 파기하는 행위는 정당화될 수 없다(III.49). 앞서 제시된 두 가지 원칙들은 동료시민들뿐만 아니라 외국인들에게도 적용되어야 하고(III.28), 공동체의 생존이 걸린 전쟁이라 할지라도 잔인함과 야만성은 결코 용납될 수 없다. 외국인들에게 행하는 잔인함과 부정의, 그리고 국가간의 신뢰를 깨는 행위는 시민의식을 부패시켜 결국 공화국을 무질서에 빠지게 만든다(I.35). 키케로에게 이 세 가지 원칙은 자연이성과 개인의 욕구, 자연법과 애국심이 조화되는 길이며, 곧 선량한 시민의 자부심 곧 품위이자, 철학적 고매함을 가지지는 못했어도 신중함을 아는 좋은 사람들(boni viri)이 다른 사람들을 설득하고 또 지켜야 할 행위준칙이다.

최근 소수집단, 후발국가도 강대국과 동일한 조건에서 현안들을 논의할 수 있도록 보장하는 비지배 원칙에 대한 논의가 진전되고 있다. 예를 들면, 민족적 울타리를 넘어선 글로벌 민주주의를 제창하면서 지구적 차원의 민주적 절차를 통한 대표성과 책임의 확립을 통해 지역적 불균등을 최소화하는 노력이 필요하다고 주장하는 경우도 있고, 연방과 유사한 형태의 지구적 차원의 통치방식을 제시하면서 최소한의 일반절차에 대해서만 합의해서 기존의 불균등 관계의 재생산을 막고 상호협력이 가능할 수 있는 원칙으로 비지배의 원칙을 제시하는 경우도 있다. 이 모든 경우에 키케로의 품위가 포괄하는 국제적 차원의 시민적 책임성은 한편으로는 시민적 연대를 확보하면서 다른 한편으로는 배타적 소속감을 순화시키는 역할을 할 수 있으리라 기대된다. 비지배 관계를 통해 형성된 시민적 덕성인 품위가 개개인에게 내면화될 때, 그리고 품위의 내용들을 각자가 자율적으로 유지하려고 할 때, 시민적 덕성으로서의 품위는 국제 사회의 보편적 이성과 국가 단위의 삶의 특수성을 조화시키는 데 기여할 수 있다는 것이다.

IV. 결론

지금까지 필자는 시민성 또는 시민권에 대한 두 가지 전통을 소개하고, 지구화시대에 적합한 시민적 책임성의 구체적 내용으로 고전적 공화주의의 전통에서 정의된 시민성의 내용들을 검토해 보았다. 이 과정을 통해 두 가지 주장을 전개했다.

첫째, 자유주의와 공동체주의 또는 시민적 공화주의의 장점을 계승하고 단점을 보완하기 위해 등장한 신로마 공화주의는 시민성의 고전적 의미를 담아내기에 부족하다는 것이다. 기존의 자유주의는 법적·제도적 권리를 시민적 책임성보다 우선적으로 고려하고, 공동체주의는 개인의 자율성이 침해되지 않도록 조정할 수 있는 안전장치가 부재한 상황에서 지나치게 집단 우위적 덕성을 강조해 왔다. 반면 신로마 공화주의는 개인으로부터 출발해서 공공선을 달성할 수 있는 원칙을 고전적 의미의 '비지배' 자유로부터 찾음으로써 개인의 자율성과 함께 시민적 책임성을 논의할 수 있는 기반을 조성하는 데 큰 기여를 했다. 그러나 신로마 공화주의는 법적·제도적 조건에 지나치게 천착함으로써 자유주의에서 나타나는 문제점을 완전히 극복하지 못했다는 한계를 지닌다.

둘째, 군집의 자연성을 부분적으로 인정하고, 개인의 이기심이 아니라 자기애에 초점을 맞춘 고전적 공화주의가 시민적 책임성의 내용을 보다 풍부하게 만들 수 있다고 주장했다. 구체적으로 개인적 차원의 시민적 책임성은 아리스토텔레스의 '진지한' 시민에 대한 논의에 기초한 비지배적 호혜성으로 구체화했고, 국가적 차원의 시민적 책임

성은 마키아벨리의 공화주의 사상을 중심으로 사회적 약자에게 실질
적 힘이 부여될 수 있는 비지배적 제도가 기초하는 시민적 견제력으
로 개념화했으며, 국제적 차원의 시민적 책임성은 자국 중심의 배타
성을 넘어 국제적 수준까지 적용될 수 있는 키케로의 시민적 기풍을
통해 정리했다. 이러한 세 가지 원칙은 배려와 관용이라는 추상적 규
범을 넘어 개인의 정치적 권리가 보장되면서 동시에 시민의 정치사회
적 책임을 기대할 수 있는 시민적 책임성의 정치적 · 도덕적 근거가
될 수 있을 것이다.

고전적 의미의 시민성이라는 맥락에서 조명해 볼 때, 한국사회의
시민성과 관련된 일반적 논의들은 다음과 같은 결함을 여전히 갖고
있다.

첫째는, 민족성과 시민성을 혼동하는 것이다. 전자의 경우는 정치
체제의 성격과 밀접한 연관성이 없지만, 후자의 경우에 정치체제의
성격은 매우 중요하다. 또한 전자는 공동체에 대한 헌신 또는 일관된
정체성을 민족주의를 통해 요구하지만, 후자는 실제적 삶의 경험을
통해 만들어진 공유된 의식과 이러한 의식에 기초해서 유지 또는 변
경되는 정치체제의 활동을 통해 헌신이 좌우된다. 그러나 한국사회의
민주적 시민성에 대한 논의는 한편으로는 민족성을, 다른 한편으로는
시민성을 요구함으로써 정치체제와는 무관한 것처럼 논의되거나 아
니면 지나치게 헌신적이면서도 매우 활동적인 시민을 표준으로 제시
하는 경향이 있다.

둘째는, 시민성의 내용 자체가 경쟁적 심의의 대상임에도 불구하
고, 상이한 개념과 주장의 충돌을 조정할 수 있는 원칙 또는 조건에 대
한 논의가 부족하다는 것이다. 일반적으로 민주적 시민성 또는 민주
적 문화의 내용은 해당 정치적 공동체가 지향하는 민주주의 성격 또
는 내용에 따라 다를 수밖에 없다. 그리고 어떤 정치적 공동체이든 소
속된 구성원 모두가 동의하는 민주주의의 성격과 내용이 있을 수도
없다. 따라서 민주적 시민으로서 어떤 내용이 공유 또는 교육되어야

하고, 어떤 절차를 통해 그것이 수립 또는 요구되어야 하는 지도 심의의 대상일 수밖에 없다. 그러나 정치 권력이나 헌정 질서에 대한 논의에 있어 민주적 시민성에 대한 논의는 보조적이거나, 민주적 시민성의 내용을 백화점식으로 나열함으로써 가장 정치적인 부분을 가장 비정치적으로 요구하거나 교육하려는 실수를 반복하고 있다.

이런 맥락에서 필자는 고전적 공화주의의 시민성이 우리의 부족한 부분을 보완해 줄 수 있으리라 기대한다. 고전적 공화주의에서 시민성은 좋은 사람과 좋은 시민이 같을 수 있는 조건으로서 '진지한(spoudaios)' 태도를 요구했던 아리스토텔레스의 시민적 책임성이고, 파당적 이익으로부터 출발하지만 전체적 조망이 불가피한 갈등조정 메커니즘의 창출을 시민의 견제력과 민주적 리더의 신중함(pruden-zia)으로 표현했던 마키아벨리의 시민적 책임성이며, 시민적 품위(decorum)를 통해 공동체에 대한 사랑만큼이나 다른 공동체의 사람에 대한 배려를 요구한 키케로의 시민적 책임성이다.

민주정의 시민이 귀족정의 시민과 그 자격 요건과 향유하는 권리가 다르듯이, 그리고 법적 권리를 향유하면서 일정 지역에 거주한다는 사실만으로 시민적 헌신을 요구할 수 없듯이, 정치체제의 성격은 곧 시민적 특성을 규정한다. 그렇다면, 고전적 공화주의의 시민성은 비지배적 상호성에 기초한 개인적 수준에서의 호혜적 관계, 그리고 이러한 호혜적 관계가 제도적으로 보장될 수 있는 국가, 비지배적 관계의 국제적 확대를 통해 이질적 문화와 정체성이 새로운 형태의 시민적 연대로 발전할 수 있는 심의의 토대를 만들 수 있다고 생각된다. 만약 이런 시민성이 부재하다면, 고전적 공화주의의 시민성의 내용은 바람직한 정치체제를 만들기 위한 논의의 시작이 될 것이고, 이런 시민성이 형성될 수 있는 사회가 완성된다면 비지배적 상호성을 끊임없이 충족시켜줄 수 있는 제도에 대한 고민이 우리의 논의의 핵심이 될 것이다.

참고문헌

곽준혁. (2008). 왜 그리고 어떤 공화주의인가. 『아세아연구』. 51(1).

_____. (2007). 키케로의 공화주의. 『정치사상연구』. 13(2).

_____. (2005). 민주주의와 공화주의: 헌정체제의 두 가지 원칙. 『한국정치학회보』. 39(3).

_____. (2003). 민족주의 없는 애국심과 비지배 평화원칙. 『아세아연구』. 46(4).

Appadurai, Arjun. (1996). Modernity at Large, Cultural Dimensions of Globalization. Minneapolis: University of Minnesota Press.

Aristotle. (1985). Nicomachean Ethics. Trans. Terence Irwin. Indianapolis: Hackett.

_____. (1984). The Politics. Trans. Carnes Lord. Chicago: University of Chicago.

Baron, Marcia. (2002[1989]). Patriotism and "Liberal" Morality. In Igor Primoratz, ed. Patriotism. Amhest: Humanity.

Benhabib, Seyla. (2002). The Claims of Culture, Equality and Diversity in the Golden Era. Princeton: Princeton University Press.

Berlin, Isaiah. (2002). Liberty: Incorporating Four Essays on Liberty. New York: Oxford University Press.

Carens, Joseph. (2000). Culture, Citizenship, and Community: A Contextual Exploration of Justice as Evenhandedness. New York: Oxford University Press.

Cicero. (1968). De Officiis. Trans. Walter Miller. Cambridge: Harvard University.

Darendorf, Ralf. (1990). The Modern Social Conflict: An Essay on the Politics of Liberty. Berkeley: University of California Press.

Duvall, Tim, & Paul Dotson. (1998). Political Participation and Eudaimonia in Aristotle's Politics. History of Political Thought. 19(1):21-34.

Galston, William. (2002). Liberal Pluralism: The Implications of Value Pluralism for Political Theory and Practice. Cambridge: Cambridge Unviersity Press.

Gutmann, Amy. (2003). Identity in Democracy. Princeton: Princeton University Press.

Hardt, Michael, & Antonio Negri. (2004). Multitude: War and Democracy in the Age of Empire. New York: Penguine.

Heater, Derek. (2002). What is Citizenship? Maldon: Polity Press.

Macedo, Stephen. (1996). Liberal Virtues. New York: Oxford University Press.

Machiavelli, Niccol? (1996). Discorsi sopra la prima deca di Tito Livio. Gennaro Sasso (서문). Giorgio Inglese (주석). Milano: Rizzoli Editore.

MacIntyre, Alasdair. (1984). After Virtue. Nortre Dame: University of Nortre Dame.

Pettit, Philip. (1997). Republicanism: A Theory of Freedom and Government. New York: Oxford University.

Pocock, John. (1989). The Ideal of Citizenship since Classical Times. In Terence Ball, James Farr, Russell Hanson, eds. Political Innovation and Conceptual Change. New York: Cambridge University Press, 31-41.

Sassen, Sakia. (1999). Whose City Is It? Globalization and the Formation of New Claims. In James Holston, ed. Cities and Citizenship. Durham: Duke University Press.

Sherwin-White, Adrian Nicolas. (1973). The Roman Citizenship. Oxford: Oxford University Press.

Thucydides. (1972). History of the Peloponnesian War. Rex Warner, trans. New York: Penguin.

Viroli, Maurizio. (2002). Republicanism. New York: Hill and Wang.

Walzer, Michael. (1989). Citizenship. In Terence Ball, James Farr, Russell Hanson, eds. Political Innovation and Conceptual Change. Cambridge: Cambridge Unversity Press. 211-220.

Yack, Bernard. (1993). The Problems of A Political Animal, Community, Justice, and Conflict in Aristotelian Political Thought. Berkeley: University of California.

Zolo, Danilo. (1992). Democracy and Complexity. University Park: Penn. State Press.

지구화 시대의 시민권*

이동수

I. 서론

21세기 접어들면서 '지구화(globalization)'[1]는 점차 가속화되고 있다. 사람과 상품을 비롯해 거의 모든 것들이 국경을 초월해서 자유롭

---

* 이 글은 2005년 정부(교육인적자원부)의 재원으로 한국학술진흥재단의 지원을 받아 수행되었고 (KRF-2005-005-J08702), 이를 『한국정치학회보』(2008) 42(2)에 "지구화 시대 시민과 시민권: 무폐의 논의를 중심으로"의 제목으로 발표한 것을 전제했다.

1) 이 글에서는 globalization을 지구화로 번역하여 사용하고자 한다. 이는 국제화(internationalization)나 세계화(economic globalization)와는 구별되는 개념이다. 국제화란 국가 영역 간의 연계가 심화되는 과정을 가리키며, 여기서는 국가가 여전히 주요 정치적 단위로 간주된다. 반면 지구화란 국경을 초월한 초국가적 네트워크 망이라 정의되는데, 이것은 근대적 주권국가의 영역이 점차 약화되고 있음을 전제로 하는 것이다. 한편 경제적 차원의 지구화 현상을 지칭할 때에는 세계화라는 용어를 사용한다.

게 대규모로 이동한다. 국가 간의 울타리는 자꾸 낮아지고 세계는 순식간에 영향을 받으며 지구는 점점 좁아진다. 이제 사회적 관계를 영토적 지리에 국한시켜 논의할 때는 지났다. 지구화는 사회관계와 네트워크를 폭 넓게 확장시켜 사회생활의 다양한 국면에 걸쳐 강력하고 신속한 변화를 야기하고 있다.

물론 지구화 시대에도 국경은 엄연히 존재하며 국가의 주권은 여전하다. 뿐만 아니라 강대국의 무역장벽과 노동인구 유입을 제한하는 장벽은 오히려 높아지고 있다. 미국과 일본은 여행객들에게조차 자국에 입국할 때 과거보다 더 많은 개인정보를 요구하고 있고, 앞으로는 생체정보까지 제공할 것을 의무화하려 하고 있다. 이는 지구화에 역행하여 국가의 주권을 더욱 강화하려는 시도이다.

하지만 이런 노력들도 지구화라는 대세를 거스릴 수는 없어 보인다. 오히려 자국의 이익을 보호하려는 경향이 느는 것은 그만큼 지구화의 추세가 강력함을 반증한다. 현실적으로 지구촌 곳곳에서는 여러 정치적, 경제적, 사회적 변수들이 일국적, 지역적, 국제적 수준에서 다양한 세력과 주체들에 의해 교환되고 있으며, 삶의 기회와 그 성격을 결정짓는 근본적인 과정들은 오늘날 개별 국민국가의 범위를 넘어서고 있다. 따라서 우리의 사회생활은 더 이상 한 국가의 테두리 내에서만 논하기는 어렵게 되었다.

이런 지구화의 촉진은 국가가 제대로 작동하기 위한 필수 전제조건인 사회의 경계(boundary)를 급속하게 해체시키고 있다. 1648년 베스트팔렌 조약 이후 탄생한 근대국가체제는 사법적 관할권과 정치적 권위의 행사를 국가별로 나누어진 영토적 경계에 바탕을 두게 했으며, 그 공간 내에서의 배타적 주권은 영토 내의 국가가 갖게 되었다. 한편 1789년 프랑스 혁명 시대에 이르면 한 국가 내의 주권의 소재가 군주가 아닌 그 국가를 구성하는 국민에게 귀속됨으로써 국경 안의 모든 사람들은 국민으로서의 자격과 권리를 갖고 국가의 주체가 되었으며, 20세기 말까지 이런 국민국가는 동질적인 문화를 지닌 국민들로 이루어진 정치체제의 기본단위로 간주되었다. 하지만 지구화는 이런 근대적 질서와 국민국가 개념을 깨트리고 국가 간의 경계선을 무의미하게 만들고 있다.

이런 상황 속에서 이제 전통적 의미의 국민이나 국적 문제는 재고를 필요로 한다. 오늘날 국민이란 용어보다 시민이란 용어를 더 선호하는데, 이는 시민이란 용어로서 한 국가에 배타적으로 속하는 국민이라는 근대적 용어를 대체하고자 하기 때문이다. 지구화시대 시민은 국민국가의 틀을 넘어 세계시민이라는 틀 내에서 이해된다. 예컨대 헬드(David Held)는 '범세계적 시민(cosmopolitan citizen)'의 출현을 옹호하면서, 시민들의 권리가 자신이 속한 국민국가에 의해 침해될 경우 그들이 호소할 수 있는 범세계적인 민주주의 입법의 필요성을 논한다(Held, 1995). 또한 포크(Richard Falk)는 자신의 희망과 꿈으로 이루어진 보이지 않는 공동체에 충성을 바치는 '시민순례자(citizen pilgrims)'를 개념화한다(Falk, 1995).

그러나 이와 같은 세계시민의 관점에 대한 비판적인 시각도 존재한다. 특히 시민공화주의 입장에서는 세계시민 개념에 매우 회의적이며, 특히 이런 관점이 민주적 정부의 형태를 위태롭게 할 것이라고 의심한다. 왜냐하면 추상적이고 선언적인 세계시민의 의미에 몰두한 나머지 자국 내에서의 실제적인 민주주의의 촉진을 소홀히 할 우려가 있기 때문이다. 시민공화주의자들은 국민국가를 여전히 시민성의 필수적인 소재지로 보고, 범세계적 시민성이라는 개념에는 내재적인 모순이 존재한다고 주장한다(Mouffe, 2000a:37).

하지만 오늘날 우리가 고려해야 하는 것은 시민이라는 말은 국민이라는 말이 갖고 있는 수동적이고 부정적인 이미지를 넘어서 민주사회의 능동적이고 주체적인 구성원으로서의 함의를 갖는다는 점이다. 1980년대 말 동구권이 몰락한 이후 민주주의는 전 세계적으로 확산되었으며, 민주적 시민이란 개념은 이제 한 국가의 일원이라는 의미를 넘어서 민주사회를 형성하는 일반적인 구성원으로 이해된다.

이와 같은 새로운 환경, 즉 지구화 시대에 살고 있는 우리는 어떤 사회적 존재로서의 아이덴티티를 갖는가? 아리스토텔레스가 인간은 정치적·사회적 존재라고 설파한 이래, 우리를 단순히 한 개인으로만 규정하는 것은 바람직하지 않다. 그렇다고 해서 대한민국 국민이라는 점만 강조해서는 현 상황을 적절하게 반영하지 못한다. 지구화와 더불어 오늘날 개인들은 자신의 개별성을 잃지 않은 채 한 국가의 일원으로서뿐만 아니라 지구촌의 한 시민으로서의 의식도 강하게 느끼고 있다.

그런 점에서, 근대 국민국가의 국민관을 넘어서 지구화 시대의 시민과 시민권의 문제를 다시 검토해볼 필요가 있다. 이에 필자는 '근본적이고 다원적인 민주주의(radical plural democracy)' [2] 입장에서 민주사회의 시민과 시민권을 논하고 있는 무페(Chantal Mouffe)의 논의가 중요한 시사점을 던져준다고 보고, 이 글에서 무페의 논의를 살펴보고자 한다. 그녀는 오늘날 주류를 이루고 있는 자유주의적(liberalistic) 시민관과 그 문제점을 피력하는 데서 비롯된 공동체주의적(communitarian) 시민관 모두 지구화 시대에 적절하지 않다고 비판하고, 민주주의의 특성을 근본적이고 다원적인 차원에서 살피면서, 이런 민주주의에 알맞은 것으로서 오크쇼트(M. Oakeshott)가 말하는 소키에타스(societas)적 사회의 구성원으로서의 시민관, 비규정적 아이덴티티를 지닌 시민관을 그 대안으로 제시하고 있다. 그러면 다음에서 무페의 입장에 대해 본격적으로 알아보기로 한다.

---

2) 무페는 자유주의와 사회주의적 민주주의에 모두 반대하면서, 반정초주의 입장에서 다양한 형태의 합리성을 인정하고 이런 다양성이 경쟁하는(agonistic) 다원적 체제를 '근본적이고 다원적인 민주주의' 라고 부른다 (Chantal Mouffe, 1993).

II. 자유주의와 공동체주의 시민관 비판

오늘날 자유민주주의 사회가 전거(典據)하는 시민이나 시민권 개념은 개인의 자유를 근간으로 하는 자유주의적 관점에 입각해 있다. 반면 공동체주의자들은 이런 자유주의적 시민관이 초래하는 폐해를 공동선에 대한 강조를 통해 해결하려는 의도에서 공동체적 시민관의 회복을 주장한다. 하지만 무페는 두 시민관 모두 현대사회에 적합한 시민과 시민권 개념을 제공하지 못한다고 비판한다. 그녀가 생각하기에 지금 필요한 것은 개인의 자유가 우선하는가 혹은 공동체의 공동선이 우선하는가를 따지는 것이 아니라, 자유와 평등이라는 민주주의 원칙에 기초하여 보다 근본적인 의미의 시민과 그런 시민들로 이루어진 사회를 천착하는 일이다. 이 절에서는 자유주의와 공동체주의 시민관에 대한 무페의 비판을 자세히 살펴보기로 한다.

무페는 현대 자유주의자들 중 그나마 롤즈(John Rawls)가 시민권을 정의와 연관시켜 설명함으로써 그것을 단순히 개인적인 문제일 뿐만 아니라 사회적 문제로까지 파악한 자라고 본다. 롤즈는 민주주의 시민은 정의의 두 원칙으로 표현되는 '평등한 권리'의 관점에서 논의되어야 한다고 제안한다(Rawls, 1971). 보다 구체적으로, 시민이 자신을 자유롭고 평등한 자로 여기고 각자 다른 자신의 선(good)을 추구할 수 있으려면, 먼저 같은 종류의 기본적인 재화들(goods), 예컨대 수입이나 부, 자기존중과 같은 것은 말할 것도 없고 같은 종류의 기본적인 권리, 자유 및 기회의 제공이 필요하다는 것이다. 따라서 롤즈는 이런 재화들은 최소의 혜택을 받고 있는 자들에게 이익이 되지 않는 한 평등하게 분배되어야 한다고 주장한다.

여기서 롤즈는 선(good)보다 권리(right)를 우선시하고 있음을 알 수 있다. 무페가 보기에, 이 입장은 공리주의자들이 주장하는 바와 같이 여전히 개인의 권리가 일반 복지를 위해 희생될 수 없다는 것을 함의한다. 다만 그들과 다른 것은 정의의 원칙이 개인들 각자가 추구할 수 있도록 허락된 선의 개념을 제한할 수 있음을 포함하고 있다는 점이다. 하지만 이때 롤즈는 정의의 원칙이 어떤 특정한 선으로부터 독립되어 있다고 생각하며, 개인 각자는 이 원칙에 입각하여 자신의 선을 추구할 권리를 갖는다고 본다. 결국 롤즈는 이 과정에서 지나치게 권리의 우선성을 강조함으로써, 공동선이 존재하고 이를 사회적으로 함께 추구할 수 있다는 가능성을 부정하고 만다.[3]

무페는 이러한 자유주의적 관점에 입각한 시민권 개념은 "각자 자신이 정의한 선을 형성하고, 수정하고, 합리적으로 추구하기 위한 능력(capacity)"(Mouffe, 1993:61)을 지칭하는 것에 불과하다고 평가한다. 달리 말하면, 시민들은 타인의 권리를 존중해야 하는 절박한 사정이 있기 때문에 자신에게 부과된 제한은 인정하고, 그 범위 내에서는 얼마든지 자신의 이익을 증진시킬 수 있는 권리를 사용하는 자로 규정된다는 것이다.

따라서 자유주의는 모든 개인을 자유롭고 평등하게 태어난 존재라는 기본 전제 아래 보편적인 시민권 개념을 공식화하는 데 공헌한 반면, 시민권을 "단순히 개인들이 국가에 대항하여 견지할 수 있는 권리에서 출발하는 법적(legal) 지위에 관한 것"(Mouffe, 1993: 62)으로 국한시키는 우를 범하고 있다. 자유주의적 관점에서 시민권이 행사되는 방식은 그것이 법을 위반하거나 타인의 권리를 침해하지 않는 한 개인에게 맡겨지며, 사회는 이를 방관할 뿐이다.

이와 같은 자유주의적 시민들로 이루어진 사회는 결국 개인과 개인의 권리에 대한 배타적 관심 때문에 개인들로 파편화된 사회로 전락한다. 또한 그들 사이에 발생할 수 있는 사회적 협력이라는 것도 단지

---

3) 롤즈는 그의 다른 저작인 『정치적 자유주의(*Political Liberalism*)』에서 개인의 논리와 사회적 논리가 다르다고 보고, 사회정의의 문제를 단순히 권리의 차원에서뿐만 아니라 중첩적 합의(overrapping consensus)를 통한 조화와 질서라는 나름대로의 사회적 선에 대해서도 논하고 있다. 이에 대해서는 Rawls (1993)를 참조하라.

사회의 생산력을 증진시키고 개인 각자의 번영을 용이하게 하는 것만 목적으로 삼을 뿐이다. 이런 사회의 시민들에게는 공적인 것에 대한 관심이 부재하며, 시민으로서의 어떤 공공 행위나 공동체에 대한 참여는 기대하기 어려워진다.[4] 또한 이런 사회에서 정치란 단지 이익집합적이며(aggregative) 수단적인 것으로만 간주된다. 그리고 정치체제를 운영하는 데 있어서 시민들의 능동적인 개입은 약화되고 삶의 사사화(privatization)가 심화됨으로써 공적 영역은 점차 사라진다. 그결과 민주사회의 사회적 응집력은 해체되고, 그들이 옹호하고자 했던 민주사회 자체의 안정성은 보장되지 않는다.

진정한 의미의 시민권을 가질 수 있는 가능성을 박탈당한 개인들은 그 대신 점차 다른 종류의 집합적 정체성을 찾아 나선다. 예컨대 민주주의가 발달할수록 시민의 참여가 다양한 사람들이 모여 공동의 관심사를 논하고 협의하는 방식으로 전개되는 대신, 오히려 여러 종류의 종교적, 도덕적, 윤리적 근본주의에 몰두하는 방식으로 나타나는데, 그 이유가 바로 이러한 자유주의의 결함 때문이다((Mouffe, 2000b:122). 결국 자유주의적 시민사회에서는 공적인 것이 부재하고, 민주정치를 유지시켜주는 시민적 연대가 위험에 빠지고 만다.

한편 무페가 보기에, 공동체주의자들은 이런 자유주의적 견해의 문제점을 공공선(public good)을 강조함으로써 해결하고자 한다. 자유주의자들처럼 개인의 권리를 우선시할 경우, 시민들은 공동선을 위해 다른 사람과 함께 행동할 수 있는 가능성을 생각하지 않게 된다. 무페는 특히 샌들(Michael Sandel)의 롤즈에 대한 비판에 주목한다.

---

4) 아렌트(Hannah Arendt) 역시 이런 점이 자유주의의 가장 큰 문제점이라고 지적한 바 있다. 그녀에 의하면, 자유주의에서 행해지는 가장 중요한 정치행위는 '선거'인데, 유권자가 개인적이고 사적인 관심에만 매몰되어 있다면, 투표를 통해 반영되는 정치적 견해는 기껏해야 개인적 자유를 방해하는 대의정부의 권한만 제한시키는 데 국한될 뿐이며 공동체 전체를 고려하는 시민적 정치행위가 나타날 가능성은 적다고 비판한다(Arendt, 1965).

샌들에 의하면, 자유주의적 자아 개념은 '구성적인(constitutive)' 공동체, 즉 개인들의 정체성을 구성하는 공동체를 위한 여지를 남겨 놓지 않은 채 시민을 단지 '부담없는(unencumbered)' 개인으로만 간주하게 된다. 이런 자유주의 사회에서의 공동체란 '도구적인(instrumental)' 공동체, 즉 이미 정의된 이익과 정체성을 가진 개인들이 자기이익을 증진시키기 위해 가입하는 공동체에 불과하다(Sandel, 1982).

따라서 샌들은 자유주의적 시민관의 약점을 치유할 대안을 개인의 욕망과 이익과는 독립된 또 그보다 선행하는 공공선을 강조하는 시민 공화주의(civic republicanism)의 회복에서 찾는다. 이것은 근대 초기 이태리에서 시작되어 17세기 영국의 해링턴과 밀턴, 미국의 건국자들에게도 이어진 서구의 오래된 전통인데, 근대 자유주의가 이를 대체하면서 점차 잊혀졌으며 이제 다시 이 전통을 회복시켜야 한다는 것이다.

하지만 무폐는 이와 같은 공동체주의적 입장은 근대 민주주의를 발명해 낸 자유주의의 근본적인 공헌을 인정하지 않고 다시금 전근대적인 정치세계로 돌아가자는 주장으로서 위험한 발상이라고 본다(Mouffe, 1993:62). 공동체주의가 주장하는 시민공화주의는 공동체를 강조하고 정치참여의 가치를 높이 평가한다. 하지만 이것이 개인의 자유와 어떻게 병립될 수 있는가 하는 문제를 새로이 발생시킨다.[5]

무폐가 보기에, 근대 민주주의는 교회와 국가의 분리, 정치와 도덕의 분리, 공(公)과 사(私)의 분리를 통해 개인의 자유에 대한 보장, 다

---

5) 샌들은 자유주의자들의 이론이 지나치게 효율성에 기초한 윤리(utility-based ethics)나 권리에 기초한 윤리(right-based ethics)에 입각한 나머지 개인들이 파편화되는 것을 막을 수 없다는 것이 문제라고 보고, 사회적 윤리의 중요성을 강조한다. 이때 샌들의 입장에서는 개인의 자유의 획득과 사회적 윤리에 대한 인식은 양립가능한 것으로 이해된다. 이에 대한 자세한 논의는 Sandel(1982)을 참조하라.

원주의에 대한 보호, 시민사회의 발전과 같은 업적을 이루어 냈으며, 이는 자유주의의 명백한 공헌이기도 하다. 따라서 고대에 강조되었던 공공선에 대한 개념은 근대에 발견한 개인의 자유의 문제와 함께 고려되어야 한다.

사실 근대 민주주의의 출발은 예전의 공동선을 내세우기는 하지만 그 공동선의 내용과 실체를 먼저 전제하지 않음으로써 개인들이 자신의 자유를 행사할 여지를 남겨두었으며, 이것이 근대 민주주의 발전의 비결이었다. 다만 자유주의에 대한 지나친 강조가 공동선 자체를 불필요한 것으로 간주하게 만들고, 시민을 개인의 관점에서만 생각하고 행동하게 만든 것이 문제의 발단이다.

무페는 르포르(Claude Lefort)의 민주주의와 권력에 대한 분석이 이런 비결을 잘 파악하고 있다고 본다.[6] 르포르에 의하면, 민주주의란 인민주권에 근거하는 체제로서 그 권력의 정당성은 인민에 기초한다. 하지만 인민주권의 이미지는 누구도 점유할 수 없는 비어 있는 장소(empty place)의 이미지와 연관되기 때문에, 공공의 권위를 행사하려는 사람은 결코 그것을 전유하고 있다고 주장할 수 없다. 즉 민주주의는 한편으로 권력이 인민으로부터 생긴다는 원칙(rule by the people)과 다른 한편 그것은 누구의 권력도 아니라는 원칙(nobody rules)을 이중적으로 사용함으로써 그 체제를 유지할 수 있었다는 것이다(Lefort, 1986:279).

이는 개인과 국가의 관계에서도 마찬가지이다. 흔히 국가나 민족 혹은 인민은 보편적 실재로서의 지위를 갖고 있으며, 개인이나 집단은 하위의 지위를 갖는다고 여겨진다. 그러나 국가, 민족, 인민 중 그 어느 것도 본질적인 실체를 표상하지 않음으로써 그것을 구성하는 개인이나 집단으로 하여금 자신의 자유를 구가할 수 있도록 열어준다

---

6) 르포르의 민주주의의 이중성에 대한 자세한 논의는, 장원석(1993), 이동수(2000)를 참조하라.

(Lefort, 1988: 18). 즉 국가는 개인들로 이루어져 있지만, 그 개인들은 국가에 동원되지 않는다는 것이다.

그러나 르포르에 의하면, 근대 민주주의의 전개과정에서 비어 있는 인민주권에 대한 불안감이 증폭되고 개인주의가 발달함에 따라 인민 주권의 내용이 개인의 주권으로 변화하게 된다. 즉 구체적이며 규정 적인 존재인 개인을 단위로 하여 개인만이 자연적이고(natural) 규정 된(determined) 주권, 권리, 자유를 갖는다고 생각했으며, 그 결과 민 주주의적 이중성이 사라지고 사회는 주권을 갖는 개인들이 자신의 권 리와 자유를 보호하기 위한 계약, 협상, 타협의 장으로 변모되어 타락 했다는 것이다.

무페는 이러한 르포르의 의견을 받아들여 공동체주의자들이 주장 하는 공공선을 개인의 자유와 양립가능하게 만들어야 한다고 믿는다. 즉 공공선의 중요성을 강조하기는 하되 그 공공선의 내용과 실체를 비워둠으로써, 개인들이 공통의 선을 함께 추구해야 한다는 짐을 벗 게 하고 자신의 자유를 향유할 수 있도록 해야 한다. 요컨대 민주적 사 회가 되려면 공공선을 지향하되 그 공공선의 내용을 비워두는 이중성 (duality)이 필요하다는 것이다.

따라서 민주적 사회에서 우리가 시민이 되기 위해 공유해야 하는 것은 선에 대한 실체적(substantive) 개념이 아니라, 이런 전통을 따르 는 자유와 평등이라는 정치적 원칙이다. 시민이 된다는 것은 "이와 같 은 원칙과 그것이 체현된 규칙들의 권위를 인정하는 것(Mouffe, 1993:65)" 이다. 그런 점에서 시민권은 단순히 법적 지위(status)와 연 관된 문제가 아니라, 정치적 정체성을 갖는 형식(form)과도 같은 것이 다. 요컨대 민주시민은 자유와 평등을 정치적 원칙으로 삼는 사회의 일원이 되는 것을 수락한 자를 지칭한다.

III. 민주주의의 역설

무페는 자유주의가 지나치게 개인의 자유를 강조하는 반면, 공동체주의는 이에 대한 반작용으로 경직된 공동선의 추구를 주장함으로써 민주사회의 시민관을 형성하기에 적절치 않다고 주장한다. 그러면 무페의 시민관은 어떤 것인가? 이를 알아보기 위해 먼저 무페가 생각하는 민주사회의 특징에 대해 살펴보기로 하자.

민주사회란 일반적으로 자유와 평등을 정치적 원칙으로 삼는 사회를 의미한다. 근대민주주의는 이 두 원칙을 수립하는 과정이었다고 해도 과언이 아니다. 그런데 무페는 이 두 원칙, 즉 자유와 평등의 원칙이 서로 긴장과 갈등관계에 있다고 지적한다. 자유는 특히 자유주의가 중요시하는 덕목이며 이와 대비되는 평등은 민주주의가 강조하는 덕목인데, 이 둘은 상이한 전통을 이루면서 서로 경쟁하고 갈등하는 가운데 오히려 민주사회를 발전시켜 왔다는 것이다. 즉 민주사회란 자유주의와 민주주의라는 두 개의 상이한 전통이 역사 속에서 상호 갈등하며 결합한 것으로서, 이 둘 사이의 긴장과 대립, 투쟁이 오히려 민주사회 수립을 위한 정치발전의 원동력이 되었으며, 사회적 다원성을 담보해 주었다는 것이다.

이를 구체적으로 보여주기 위해, 무페는 앞서 언급한 르포르의 지배에 관한 이중성을 민주사회에 관한 이중성으로 전환시킨다. 즉 민주사회란 '인민의 지배'라는 측면에서 인민의 평등을 전제하지만, 다른 한편 자유주의적 관점에서 개인의 자유와 인권을 존중한다는 것이다. 이 둘은 상호 배치되는 성격을 갖고 있다. 개인의 자유를 존중하고 인권을 보장하는 것은 '법의 지배'를 통해 보다 잘 구현되기 때문에 '인민의 지배'와는 갈등을 겪기 마련이다. '인민의 지배'는 지배자와 피지배자 사이의 동일시를 추구하기 때문에 평등이 가장 중요한 가치이며, 이런 기준에 의거하여 인민이 요구하는 것들은 때로는 개인의 자유를 침해하기도 하고 또 때로는 '법의 지배'의 경계를 넘어

민주적 요구를 관철시키기도 한다. 그런데 민주주의가 성공할 수 있었던 이유는 이 두 관점이 서로 긴장을 이루면서 경쟁하고 타협하는 가운데 이 두 요소가 모두 보존되었기 때문이라는 것이다((Mouffe, 2000a:2-3).

하지만 민주사회에 대한 일반적인 모델들은 자유와 평등, 자유와 민주 사이의 긴장을 제대로 파악하고 있지 못하다. 무페는 먼저 합리주의 모델의 낙관성을 비판한다. 합리주의 모델(rationalist model)은 위의 긴장과 갈등이 근본적이라는 것을 이해하지 못하고, 이 갈등의 해소를 정치적 목표로 삼는다. 그러나 이 둘 사이의 근본적인 차이는 해소될 수 있는 것이 아니기 때문에, 진정한 해결은 불가능하다. 오히려 해결을 위해 어느 한쪽을 제거하는 방법을 모색하게 되고, 결국 이 제거를 합리적 합의라는 명목으로 정당화할 뿐이다. 즉 합리주의는 민주사회의 두 덕목인 자유와 평등 중 어느 한 쪽의 손을 들어줌으로써, 궁극적으로는 방종한 자유주의나 자유를 억압하는 사회주의로 귀결되고 만다.

다른 한편, 차이를 인정하는 다원주의 모델(pluralist model)은 합리주의 모델보다는 훨씬 실제적이며 실용적이다. 그리고 사회적 불확실성과 변화가능성을 인정한다는 점과 이런 차이들 사이의 협상가능성을 열어둔다는 점에서 보다 민주적 사회의 달성에 접근할 수 있다. 하지만 기존의 다원주의 모델은 자유와 민주, 자유와 평등의 긴장을 합리성이나 공동체 문제 등을 통해 은폐시키고자 한다. 이 경우 사회적 다원성은 서로 긴밀한 관계없이 그저 용인되는 다양성으로 존재할 뿐이며, 이때 공동체를 구성하는 정체성은 사라지게 된다. 그저 다양한 것들의 병립된 상태만 유지될 뿐이고, 이들 간의 평등이나 경쟁은 존재하지 않게 된다.

그런 점에서 정치를 단순히 합리적으로 해결할 수 있는 경쟁적인 이익들 사이의 분배활동으로 간주하면서 정치를 평등한 자유의 최적 상태로 이해하는 롤즈는 자유주의적 합리주의자에 불과하며, 하버마스 역시 자유와 평등의 긴장을 제대로 파악하지 못한 채 지나치게 낙관적인 합리적 합의를 지향하고 있을 뿐이다. 또한 자유와 평등의 근본적인 긴장을 이해하지 못하고 이 둘 사이의 대립을 피하고자 제3의 길을 추구하는 기든스(Anthony Giddens) 역시 민주사회를 오해하고 있다.

무페는 이들과 달리 자유와 평등, 자유와 민주의 근본적인 긴장과 대립이 오히려 민주사회 발전의 원동력이 된다고 본다. 진정한 민주사회는 차이와 다원성 사이의 갈등과 긴장을 인정하고 노출시킬 때 오히려 달성가능하다. 왜냐하면 이럴 때에만 그 요소들이 함께 확보되고 계속 지속될 수 있기 때문이다.

자유주의와 민주주의의 긴장과 갈등에 대해서는 이미 슈미트(Carl Schmitt)가 날카롭게 지적한 바 있다. 일찍이 슈미트는 『의회민주주의의 위기(*The Crisis of Parliamentary Democracy*)』에서 민주주의의 조건은 이질성(heterogeneity)에 있는 것이 아니라 동질성(homogeneity)에 있다고 보았으며, 이런 동질성에 대한 강조가 개인의 자유를 강조하는 자유주의와 모순되기 때문에 자유민주주의에 바탕을 둔 의회민주주의는 결국 필연적으로 붕괴할 것이라고 설파했다.

무페는 이러한 슈미트의 결론엔 찬성하지 않지만, 민주주의와 자유주의가 서로 배치되고 갈등한다는 슈미트의 통찰은 적실한 것으로 받아들인다. 그러면 슈미트의 논리를 먼저 추적해 보자. 슈미트에 의하면, 자유주의는 개인주의적 도덕 담론에 근거해 있는 반면, 민주주의는 정치적이고 실제적인 동질성에 기초한 정체성을 만들어내고자 한다. 뿐만 아니라 자유주의적 평등은 '추상적 평등(abstract equality)'으로서 인류의 보편적 평등을 주장하는 반면, 민주주의적 평등은 '실체적 평등(substantive equality)'을 지칭하며 이는 평등하게 취급되기 위해 시민들이 공통적인 실체를 공유해야 한다는 것을 의미한다. 예컨대 17세기 영국의 경우엔 종교적 신념이 같다는 동질성이 있었기 때문에 민주주의가 발생할 수 있었으며, 19세기 유럽에서는 민족적 동질성을 바탕으로 했기 때문에 민주주의가 진전될 수 있었다는 것이다.

요컨대 자유주의는 추상적이고 보편적인 집합체인 인류(mankind)나 인간(humanity)의 평등을 주장함으로써 선언적 의미의 평등을 부르짖으며 개인의 자유와 인권을 강조하는 반면, 민주주의는 공동체 구성원으로서 구체적인 시민들의 실제적 평등을 구현하기 위해 개인의 자유와 권리를 제한하기도 한다. 그리하여 민주주의는 추상적 평등은 걷어치우고, 평등한 자들은 평등하며 평등하지 않은 자들은 평등하게 취급되어서는 안 된다는 원칙 아래, 정치적 이해관계와 경제 문제, 권력관계 등에 있어서 실질적인 평등을 추구한다. 따라서 민주주의에서는 '인간'이나 '인류'라는 추상적인 말보다 구체적인 '인민(people)'이 중심이 되며, 이 인민들의 실제적인 평등의 구현을 궁극적인 정치적 목표로 삼는다.

그런데 이와 같은 인민의 평등을 이루기 위해서는 이 인민들 사이에 동질성이 필요하다. 왜냐하면 "평등은 실체가 있을 때에만, 그리고 바로 이런 측면에서 최소한 불평등의 가능성과 위험부담이 있는 경우에만 흥미를 끌고 정치적으로 가치있는 것이 되기"(Schmitt, 1985:9) 때문이다. 즉 시민들이 평등하게 취급받기 위해서는 공통적인 실체를 공유해야만 한다는 것이다. 민주주의는 이러한 동질성을 전제로 하기 때문에 민주주의에서의 참여는 단순한 참여가 아니라 단일성을 위한 참여이어야 한다. 즉 개인들이 다양한 목소리를 내고 차이를 드러내는 이질성들의 참여가 아니라, 실질적인 인민의 평등을 이루기 위한 단일성에의 참여이어야 한다는 것이다.

이와 같은 민주주의적 지향점은 개인의 자유와 다양성을 강조하는 자유주의에서의 참여나 평등과는 거리가 있다. 따라서 슈미트는 근대 사회가 민주주의를 점차 발전시킬수록 단일성을 추구하며, 이것이 근대사회의 또 다른 근간인 다양성을 추구하는 자유주의를 배척하게 된다고 보았다. 그리하여 자유주의와 민주주의가 교묘히 결탁된 근대민

주주의의 결실인 의회민주주의는 자기모순으로 인해 결국 소멸될 운
명에 처해 있다는 것이다.

무페는 이러한 슈미트의 통찰력이 어느 정도 일리가 있다고 본다.
민주주의는 그 본질상 단일성을 추구하며, 자유주의는 선천적으로 다
원성을 추구한다는 것이다. 하지만 무페는 이러한 자유주의와 민주주
의의 배치는 '모순(contradiction)' 관계라기보다는 '역설(paradox)'
혹은 '긴장(tension)' 관계라고 본다((Mouffe, 2000a:9). 그리고 이러
한 역설과 긴장이 있어야 자유와 민주의 두 요소가 함께 보존될 수 있
으며, 그럼으로써 민주사회가 가능하고 지속될 수 있다는 것이다. 만
약 슈미트가 생각한 바와 같이, 둘 사이의 관계를 모순으로 파악하면,
슈미트의 결론처럼 의회민주주의 혹은 대의민주주의는 이미 사라졌
어야 하며, 그 대체물로서는 기껏해야 슈미트가 지지했던 국가사회주
의와 같은 극단적인 형태만 가능할 뿐이다.

한편 무페는 자유와 민주의 대립을 일종의 데리다(Jacques Derrida)
적 의미의 '구성적 타자(constitutive outside)'로 이해한다((Mouffe,
2000a:12-13). 즉 서로 배치되는 자유와 민주는 결코 공약가능하거나
환원가능한 것이 아니고, 또한 변증법적 부정에 의해 궁극적으로 종
합되거나 극복될 수 있는 것이 아니다. 오히려 상대방이 구체적이며
포섭되지 않는 나의 타자로 존재함으로써 나 자신의 존재성을 담지해
준다. 즉 자유는 그와 배치되는 민주가 없으면 그 자체 존립할 수 없으
며, 민주 역시 자유가 없이 존재할 수 없다. 요컨대 데리다식으로 말하
자면, "그들" 없이는 "우리"도 존재하지 않는다는 것이다.

자유와 평등, 자유와 민주 사이에 긴장과 대립이 있는 것은 사실이
지만, 그렇다고 해서 사회적 동의(agreement)가 없는 것은 아니다. 무
페가 반대하는 것은 민주주의라는 명목하에 동질성을 추구하면서 결
국 민주적 상태를 말살하는 것인데, 이런 동질성을 대신하여 공동성
(commonality)을 추구한다면 민주와 자유를 모두 잡을 수 있다는 것
이다. 여기서 공동성이란 구체적이며 단일한 인민을 구성할만큼 충분

히 강력한 것이지만, 그 안에서 정당, 종교, 도덕, 문화적 다원주의가 허락되는 상태를 가리킨다. 일종의 적과의 동침이 가능한 상태를 의미한다.

이때 무페는 구성원들의 합리적 합의나 민주적 가치에 대한 충성이 이를 담보해준다고 생각하지 않는다. 후기 비트겐슈타인(Ludwig Wittgenstein)이 지적한 것처럼 동의는 '이해(Einverstand)'가 아니라 '화창(和唱, Einstimmung)'으로서 공동체를 이루는 실제적인 양식에서 비롯되는 것이다(Mouffe, 2000a:70). 즉 동의란 그동안 공유된 공간에서 살아오면서 이루어진 공동의 삶의 양식, 판단, 관행들이 복합적으로 조합되어 나타나는 절차와 원칙을 준수하는 것이다. 달리 말하면, 동의란 어느 공간에 태어나 삶을 살아가는 사람들이 그동안 그 공간의 역사 속에서 축적되어온 삶의 방식과 전통을 의식적 혹은 무의식적으로 받아들이고 그에 따라 행동함으로써 사회 자체에 대해 갖는 동의를 의미한다. 따라서 우리가 한 사회에 동의하는 것은 그 사회가 추구하는 것이 옳기 때문이 아니며, 또 내가 타인들과 합의했기 때문이 아니라, 적어도 자유와 민주라는 대원칙을 받아들인 상태에서 이미 우리의 생활 속에서 공유하고 있는 삶의 양식과 판단을 받아들이는 태도에서 비롯되는 것이다.

즉 민주사회란 완전한 자유와 완전한 평등의 달성을 목표로 하면서 극단적인 자유주의나 공동체주의를 추구하는 사회가 아니며, 또 이둘 사이의 긴장과 대립을 합리적으로 조정하고 타협하는 사회도 아니고, 오히려 환원되지 않는 두 개의 원칙을 경쟁적이고 갈등적으로 추구하면서도 실제 삶에서 그 틀 자체와 그 둘이 모두 중요한 원칙이라는 기본전제를 의심하지 않고 경쟁적으로 공유하는 사회인 것이다.

따라서 완전한 자유나 완전한 평등을 달성하는 것은 불가능할 뿐만 아니라 민주사회가 추구하는 궁극적인 목표도 이니다. 민주사회는 오히려 자유와 평등을 상호경쟁시킴으로써 민주적 상태를 유지한다.

IV. 소키에타스와 비규정적 아이덴티티

민주주의의 역설, 즉 자유와 민주, 자유와 평등의 긴장을 유지하는 민주사회를 무페는 '근본적이고 다원적인 민주주의(radical plural democracy)' 사회라고 말한다. 이는 개인의 자유만 강조하는 자유주의적 입장과 공동체의 공공선을 우선시하는 공동체주의와 달리, 개인의 자유를 침해하지 않으면서도 공동선을 지향하는 시민적 공동체이다. 특히 무페는 오크쇼트(M. Oakeshott)가 분석한 소키에타스 개념을 민주사회를 이해하는 열쇠로 간주하고, 이런 사회에 적합한 시민의 아이덴티티를 비규정적 아이덴티티로 재정립한다. 이 절에서는 소키에타스적 공동체와 시민의 비규정적 아이덴티티에 대해 알아보기로 한다.

먼저 오크쇼트에 의하면, 근대 국가의 성격은 중세 말 존재했던 두 가지 양식의 인간결사체인 우니베르시타스(universitas)와 소키에타스(societas) 중 어떤 요소가 강조되느냐와 연관된다(Oakeshott, 1975). 이 중 전자는 공동의 실체적 목적을 추구하거나 공동이익(common interest)을 증진하고자 하는 사람들로 이루어진 집단을 일컫는다. 이것은 자연인을 구성하는 방식으로 결합된 것으로서, 오늘날 공동의 목적을 달성하고자 모이는 결사체 집단(association)으로 이해될 수 있다.

반면 소키에타스는—다른 용어로는 키베스(cives), 즉 시민적 결사(civil association)로도 불리는데—공동행위의 내용과 연관되는 것이 아니라, 그 공동행위의 조건으로서의 형식적인 규칙과 관계가 있다. 즉 어떤 공동으로 추구하는 실체적 목표나 공동행동 때문에 모인 집단이 아니라, 그런 것들을 논의하기 위한 규칙과 절차를 서로 공유하고 각자 타인들로부터 그것을 논의할 자격이 있는 구성원으로 인정받는 것 자체를 목표로 한다. 이런 공동체를 유지하는 데 기여하는 가장 큰 덕목은 공동의 이익이나 목표가 아니라 서로에 대한 충성심(loyalty) 즉 서로에 대한 인정이다(Mouffe, 1993:66).

따라서 소키에타스에 참여하는 사람들의 일차적 관심은 어떤 공동의 일을 추진하거나 자기 자신의 개인적 번영을 용이하게 하기 위한 데 있지 않다. 소키에타스에서는 자유면 자유, 평등이면 평등과 같이 어떤 일에 공적인 관심(public concern)을 갖고 있는 사람들이 소위 '시민성의 실행(a practice of civility)'을 구체화시키는 조건을 사회적 권위로 인정하는 가운데 서로 사회적으로 연결된다. 즉 소키에타스의 핵심 구성요소는 그 모임의 목표나 통일성에 있는 것이 아니라, 그런 것들을 논의하는 레스 푸블리카(res publica)에 놓여 있다.

흔히 모든 구성원이 함께하는 공적 공간이나 공적인 일을 뜻하는 레스 푸블리카는 동일한 목표를 가진 자들이 모이거나 민족이나 인종과 같이 동일한 태생을 가진 자들이 모이는 것을 의미하는 것이 아니라, 공동의 관심사를 공적으로 논하는 것을 뜻한다. 그리고 이때 관심이 같다는 것이 같은 생각을 갖고 있다거나 같은 결론을 내리게 된다는 것을 의미하지 않는다. 레스 푸블리카는 어떤 행동을 구체화시키는 것이 아니라 그 행동을 선택할 수 있는 조건을 구체화시키는 것이다.

따라서 소키에타스는 절차(procedure)를 중요시한다. 하지만 이 절차는 자연권이나 자연법과 같이 인간 삶의 외부로부터 주어진 절차가 아니라, 그 공간에서 함께 살아온 사람들의 삶의 형식으로부터 발생하는 절차이다. 즉 소키에타스에서의 절차는 성문법적 규율이나 어떤 형식논리적 정합성과 관계되는 것이 아니라, 레스 푸블리카를 구성하는 시민들이 여지껏 살아온 삶의 양식 및 그 실행(practice)과 연관되는 것이다.

이 점에서 무페는 비트겐슈타인의 논의를 받아들인다. 비트겐슈타인에 의하면, 우리들의 의견이 어떤 동의에 이르기 위해서는 먼저 우리들 삶의 형식에 대한 동의가 선행되어야 한다(Wittgenstein, 1953:I, 241). 동의란 의견 상의 동의(agreements in opinion)를 일컫는데, 이와 같이 의견들의 동의가 이루어지려면, 사회구성원 간의 언어에 있어서의 동의(agreement on the language)가 먼저 있어야 한다. 그런데 이때 중요한 것은 언어에 있어서의 동의란 그 내용에 있어서의 동의 혹은 의미화를 통해 이루어지는 것이 아니라, 우리들이 삶을 살아오면서 겪어온 삶의 형식에 있어서의 동의(agreements in forms of life)가 전제되어야 한다는 것이다.

이러한 동의에 대한 관점을 사회체제에 적용시켜 보면, 우리가 사는 사회에 대한 충성과 그 제도의 가치에 대한 믿음은 논리적이고 지적인 근거를 요하는 것이 아니라 언어적 동의를 필요로 하며, 이는 그 전거체계의 내용에 대한 이성적 판단에 의해서가 아니라 그에 대한 삶의 형식에 대한 동의 즉 그에 대한 정열적인 참여적 관여(commitment)와 연관되는 것임을 뜻한다.

따라서 무페가 보기에, 절차는 단순한 수단이 아니다. 오히려 절차란 내가 살고 있는 사회의 삶의 형식을 판단하여 동의하고 또한 그것을 실행에 옮김으로써 발생하는 '복합적인 실행의 조화(complex ensembles of practices)' (Mouffe, 2000a:68)이다. 내가 실행한 것은 나의 특정한 개별성을 표현할 뿐만 아니라, 사회적 절차에 대한 충성을 전제하고 있다. 어떤 절차가 받아들여지고 준수되는 것은 공유된 삶의 형태와 판단에 있어서 동의가 그 안에 이미 기입되어 있기 때문이다. 따라서 그것은 어떤 원칙에 따라 만들어진 규칙이 아니며, 우리들의 특정한 삶의 형태와 분리될 수 없다. 이는 절차가 단순히 형식적 절차가 아니라 우리가 동의하는 내용을 포함하고 있음을 보여준다.

결국 무페는 레스 푸블리카, 절차, 실행을 중요시하는 소키에타스 개념이 현대 민주사회에 필요한 사회형태라고 본다. 현대인들은 개인의 목표와 번영을 달성하기 위해 이미 여러 종류의 목적론적 결사체에 속해 있다. 이것은 피할 수 없는 대세이기는 하지만, 그렇다고 해서 이를 방치하면 사회는 안정성을 잃고 무너지고 만다. 따라서 이익집합적 결사체에만 매몰되지 않은 채, 서로에게 낯선 사람이지만 레스 푸블리카에서 절차에 따라 공동행위의 가능성과 조건을 모색하는 기본적인 모임, 즉 시민적 결사의 구성이 민주사회를 견지할 수 있는 비결이다.

이와 같은 정치공동체는 공동선(common good)의 실체에 의해 형성되는 것이 아니라 공동연대(common bond) 즉 공적인 관심(public concern)[7]에 의해 구성된다. 즉 정치공동체는 규정된 모양이나 규정된 정체성을 갖는 것이 아니라 공공의 관심에 대한 계속되는 재구성의 과정 속에 있는 것이다.

따라서 시민권 문제는 결코 법적 지위에 관한 것으로 다루어져서는 안 된다. 시민이란 자유주의자들이 말하는 것과 같은 특정 권리를 수동적으로 부여받고 법의 보호를 받는 자가 아니며, 공동의 목표를 함께 추구하는 동지도 아니다. 오히려 시민은 어떤 특정한 목표를 갖고 다양한 사업에 종사하는 자들이 서로 다른 선의 개념을 갖고 있으면서도 레스 푸블리카에서 규정된 규칙에 순응하기를 받아들임으로써 공동의 정치공동체를 구성하는 자이다. 이 경우 시민권은 자유주의자들에게서 보는 바와 같은 여러 권리 중 하나에 불과한 것이 아니며, 또한 공동체주의자들이 주장하는 바와 같이 모든 다른 것을 능가하는 지배적인 것도 아니고, 정치공동체의 구성원이 되기 위한 가장 기본적인 행위인 레스 푸블리카에서의 참여적 관여를 실행하는 자이다(Mouffe, 1993:69).

사태가 이와 같다고 한다면, 시민의 아이덴티티 또한 폐쇄적이고 배타적인 속성을 지닌 국적이나 권리, 법 등의 문제와 연관지어 생각해서는 안 된다. 소키에타스적 성격을 갖는 민주사회 시민의 아이덴티티는 단일하게 고정되어서는 안 되며, 또 그렇다고 해서 아이덴티

---

7) 정치의 목적을 공동세계(common world) 구성에 두고 있는 아렌트(Hannah Arendt)도 동일한 이야기를 하고 있다. 그녀에 의하면, 공동세계란 그 구성원이 공동의 성질(common nature)을 가진 자들의 모임이 아니라, 다양한 입장과 관점의 차이에도 불구하고 어떤 문제에 대해 공동의 관심(common concern)을 갖는 자들의 모임이라는 것이다(Arendt, 1958).

티 자체가 부정되어서도 안 된다. 무페는 극단적인 아이덴티티의 통일성이나 이질성에는 모두 반대하는데, 왜냐하면 통일성만 지나치게 강조하는 것은 "구성적 성격을 갖는 반목들을 넘어서 통일성을 회복하기 위해 다양성을 부정하는 전체주의적 시도"인 반면, 이질성만 배타적으로 옹호하는 것은 "이 통일성에 대한 모든 관계를 결여함으로써 생기는 정반대의 위험"(Laclau and Mouffe, 1985:188)을 초래하기 때문이다.

우리가 민주공동체의 합리적이고 투명한 행위자가 되기 위해서는 자신을 고정된 주체로 가정하는 통일성과 동질성을 폐기해야 한다. 왜냐하면 다른 목적과 선을 추구하는 사람들과 함께 공동체의 규칙과 조건을 논의하자면, 자기 자신이 그런 사회적 다양성의 담지자가 되어야 한다. 이것은 사회적 행위자를 단순히 단일한 주체(unitary subject)가 아니라 상호작용에 따라 변할 수 있는 다양한 주체적 입장들(subject positions)의 조화로 간주해야 함을 의미하며(Mouffe, 1993:77), 이와 같이 비본질적(non-essential) 주체 개념을 상정할 때에만 시민의 아이텐티티 문제가 보다 의미있게 다루어질 수 있다. 요컨대 르포르식으로 말하자면, 시민으로서의 아이덴티티는 분명 존재하지만 그것은 어느 특정한 것으로 규정되어 있는 것이 아니라 비어 있어야 한다는 것이다.

이는 아이덴티티의 전면적 폐기를 의미하지 않는다. 정체성에 관해서는 두 가지 운동이 변증법적으로 전개되어 왔다. 즉 역사는 한편으로 미리 구성된 정체성이 '고정화(fixation)'되는 것을 방해하는 탈주체화의 운동과 다른 한편 이러한 본질적인 '비고정성(non-fixity)'의 결과 빚어지는 차이들을 '마디의 순간들(nodal points)'에서 제도화(institution)시키고자 했던 운동이 정체성을 둘러싸고 변증법적으로 진행되어 왔다는 것이다.

그러나 이러한 비고정성과 고정화의 변증법은 오직 고정성(fixity)이 미리 주어지지 않을 때에만, 즉 어떤 것도 주체의 아이덴티티 형성에 선행하지 않을 때에만 가능하다. 더욱이 우리가 정체성에 관해 논할 때 고려해야 하는 것은 사회적 행위자라면 여러 주체적 입장들의 관계 속에서 존재하기 때문에 자신의 정체성을 일시적으로만 고정시킬 수 있다는 사실이다. 무페는 다음과 같이 지적한다.

> 따라서 그러한 복수적(multiple)이고 모순적인(contradictory) 주체는 항상 우연적이고(contingent), 불확실하며(precarious), 여러 주체적 입장들의 상호작용 속에서 일시적으로만 고정될(temporarily fixed) 뿐이고 특정한 형태의 정체성에 의존한다. 따라서 사회적 행위자를 통일되고 정체성을 갖는 실체로 언급하는 것은 불가능하다. 오히려 우리는 여러 언술적 형식화 내에서 그것을 통해 구성되어지는 여러 주체적 입장들에 의존하면서 하나의 다원성으로서의 사회적 행위자에 접근해야 한다(Mouffe, 1993:77).

하지만 그렇다고 해서 다원성이 단순히 주체적 입장들의 병렬적 공존(coexistence)을 의미하는 것은 아니다. 하나의 '마디의 순간'에 임시로 고정된 정체성은 다른 주체적 입장들과의 경쟁 속에서 계속 전도(subversion)되고, 중층적으로 결정(overdetermination)된다. 그리하여 정체성 혹은 주체적 입장은 열려 있고 비규정적인 전선들(open and indeterminate frontiers)로 특징지어지는 세계 내에 존재하게 된다. 따라서 사회행위자는 결코 폐쇄된 정체성에 전적으로 고정될 수 없고 계속적인 중층결정(overdetermination)과 대체(displacement)의 운동 속에서만 인식될 수 있을 뿐이다. 그런 점에서 시민의 아이덴티티를 고정된 것으로 간주하는 것은 잘못이다.

그러나 시민의 본질적인 아이덴티티, 미리 주어진 통일성이 부재한다고 해서 여러 형태의 통일성과 공동행위의 구성조차 배제되는 것은 아니다. 무페는 '마디의 순간들'의 구성 결과로 부분적인 고정화가 일어나며, 불확실한 형태의 아이덴티티는 시민이라는 범주 주변에 형성된다고 본다(Mouffe, 1993:87). 즉 시민이라는 기치 아래 여러 차이 '들'이 연대를 이루어 사회발전의 동력이 될 수 있다는 것이다. 그런 점에서 무페는 '정체성의 정치(politics of identity)' 대신 '연대성의 정치(politics of solidarity)'가 민주사회에 더 적합하다고 본다.

V. 결론

앞서 살펴본 무페의 논의를 요약하면 다음과 같다. 첫째, 자유주의 시민관은 개인의 권리만 강조함으로써 시민권을 단순히 개인들이 국가에 대항하여 견지할 수 있는 법적 지위에 관한 것으로만 이해하는 잘못을 저질렀다. 둘째, 이에 대한 반작용으로 등장한 공동체주의 시민관은 공공선을 강조함으로써 개인주의적 문제점을 타파하려 하지만 이는 근대 자유주의의 업적을 희석시키고 다시 고대로 회귀하는 문제가 있다. 셋째, 오늘날 민주사회는 이 둘의 문제의식이 함께 고려되어야 하며, 이는 공동선을 지향하되 그 내용은 비워둠으로써 개인이 자유롭게 그것을 추구할 수 있도록 하는 것이다. 넷째, 자유와 민주, 자유와 평등은 오늘날 민주사회를 구성하는 역설적인 두 원칙이며, 이 두 원칙 간의 긴장과 갈등, 상호경쟁은 오히려 민주사회를 지탱해주는 원동력이다. 다섯째, 민주사회는 단일한 공동의 이익이나 목표를 추구하는 모임인 우니베르시타스가 아니라 그런 것들을 논할 수 있는 조건을 정립하는 모임이며, 따라서 레스 푸블리카, 절차, 실행이 시민적 결사의 중요한 덕목이다. 여섯째, 시민적 결사의 구성원인 시민의 아이덴티티는 어떤 무엇으로 고정되는 것이 아니라 비규정적 특성을 갖기 때문에, 다양한 주체적 입장들이 조화되고 언제든지 가변적일 수 있는 그 자체 임시적인 아이덴티티이다.

이러한 무페의 입장은 근대적 시민과 시민권 개념으로는 담아낼 수 없는 지구화 시대 시민과 시민권의 특성을 잘 반영하고 있는 것처럼 보인다. 왜냐하면 지구화 시대 시민은 자신의 개인적 개별성과 목표를 유지하면서도 지구촌이라는 거대하고 복합적이며 시민적인 사회의 구성원이 기꺼이 되고자 하며, 시민권도 단순히 배타적인 지역 내에서의 개인의 법적 권리로서만이 아니라 인류의 열려진 보편성과 연관되기 때문이다.

하지만 무페의 논의에는 몇 가지 한계가 드러난다. 먼저 무페는 자유와 민주 혹은 자유와 평등의 관계를 모순이 아닌 역설이나 긴장관계로 이해하고 있는데, 여기서 모순과 역설의 구분이 그다지 적절해 보이지 않는다. 무페가 파악한 모순 개념과 달리, 아도르노(T. W. Adorno)는 모순을 변증법적 과정 속에서 서로 경쟁하면서도 상대를 배제하지 않은 채 제3의 것으로 종합되지 않는 역동적 상태, 즉 종합(synthesis)이 없는 '부정변증법(negative dialectics)'을 이루는 것으로 인식한다(Adorno, 1973). 무페가 말하고자 하는 바도 아마 이런 것을 의미할텐데, 일반적인 이해를 돕고자 한다면 굳이 모순과 구분해서 역설이라는 말로 이를 표현하는 것이 적절한지에 대해 의문이 든다.

다른 문제점으로는 비규정적 아이덴티티란 개념이 갖는 모호성이 있다. 무페가 말하고자 하는 바는 '열린 정체성'과도 같은 개념으로 이해되는데, 이때 어느 무엇으로 규정되지 않았다면 그것이 어떻게 아이덴티티란 개념으로 지칭될 수 있는가 하는 문제가 발생한다. 무페는 이런 문제를 피하기 위해 결절점에서 임시로 규정되는 아이덴티티는 인정하고 있으며, 단지 아이덴티티를 통시적으로 보아 열린, 비규정적인 특성을 갖는다고 설명하고 있다. 하지만 우리가 실제로 행위를 행할 때에는 그것이 비록 임시적이라 하더라도 어떤 아이덴티티에 근거하기 마련이다. 그런 점에서, 비규정적 아이덴티티는 시민들의 행위 동기나 의미를 설명하는 데에는 부족해 보인다.

그러나 무페의 논의는 현대사회 시민과 시민권의 특징, 즉 우리는 일국의 시민일 뿐만 아니라 세계시민으로서 살아가고 있으며, 이러한 세계시민의 시민권은 자신의 배타적인 자격과 권리로서만 이해되는 것이 아니라 세계를 구성하고 세계에 참여하는 능동적인 행위자로서의 행위능력으로 간주된다는 점을 인식하는 데 도움을 준다는 것은 부인할 수 없는 일이다.

이러한 무페의 시민관은 'E Pluris Unum'을 연상시킨다. 이는 미국 화폐에 들어있는 말로서 "여럿으로 구성된 하나"를 지칭하며, 차이와 표현의 집단성(collectivity)을 재구성한 것이다. 여기서 우리는 민주주의를 지향하는 미국이 Populus 대신 Pluris를 사용하고 있음에 주목할 필요가 있다.[8] 라틴어 Pluris는 단순히 서로 다른 다수를 의미할 뿐이지, Populis와 같이 그 다수들 사이의 집합적이고 결합적인 함의를 가지고 있지 않다. Populus는 슈미트가 말한 단일성을 추구하는 다수의 인민들을 지칭하며, 이를 통한 Unum은 단일성을 추구하는 인민민주주의의 확대를 가져온다. 반면 Pluris는 앞서 무페가 지적한 바와 같이 개체의 개별성과 자유를 강조하며, 이를 바탕으로 한 Unum은 그 개별성과 차이들 가운데에서 하나로 묶여지는 열린 정체성과 조화에 중점을 둔다.

무페는 이러한 'E Pluris Unum'이 가능하게 하기 위해 Pluris들 간의 경쟁과 갈등을 그 구성요소로 덧붙이고 있다. 이는 다양하고 자유로운 개체들이 연대적인 하나가 되기 위해서는 그리 간단하지 않음을 잘 간파한 결과이다. 서로 다른 두 요소가 어떻게 하나가 될 수 있을까? 또 두 요소가 서로 다르다면 어떻게 하나가 가능할까? 이 두 가지 질문을 모두 만족시키는 대답이 되고자 한다면, 결국 서로 다른 두 요소들 간의 적절한 갈등과 경쟁을 순기능적으로 만들어야 할 필요가 있다. 또 이러한 건강한 경쟁이 가능하기 위해서는 장으로서의 사회

---

8) 월린(Sheldon S. Wolin) 역시 서구 민주주의의 핵심이 'E Pluris Unum'에 있다고 본다. 하지만 그는 이를 표방하는 미국에 대해서는 그 진의를 의심한다. 즉 미국이 겉으로는 'E Pluris Unum'를 내세우고 있지만, 실제로는 강력한 국가나 중앙집권적 권력을 통한 단일한 하나를 추구하는 비민주성을 지니고 있다고 비판한다(Wolin, 1989:120-136).

에 대한 근본적인 합의가 필수적이다.

이러한 무페의 주장에는 애매함이 엿보인다. 하지만 이는 무페가 주장하고자 하는 내용이 갖는 불확정성과 이중성에서 비롯된다고 여겨진다. 즉 무페가 말하고 있는 것이 불명확해서가 아니라, 그녀가 전달하고자 하는 것에 내재된 근본적인 애매성(ambiguity) 때문이라는 것이다.

사실 이런 애매성은 제거되어야 할 무지의 자기고백이 아니라 보존되어야 할 리얼리티의 근원적 속성이다. 포스트모더니스트들은 이런 애매성과 이중성에 착안했고, 그럼으로써 지구화 시대의 복잡한 상황과 현실을 보다 근원적으로 설명하고자 하는 것이다. 무페는 애매해 보이는 요소들을 해소시키려 하기보다는 그것들의 균형상태를 유지하고 우리에게 드러내 보여줌으로써 지구화 시대의 새로운 시민관 정립에 기여하고 있다.

참고문헌

김남국. (2005). 경계와 시민: 국민국가의 국경통제는 정당한가? 『한국과 국제정치』. 21(2).

이동수. (2004). 포스트모던 페미니즘에서 여성의 정체성과 차이. 『아시아여성연구』. 43(2).

_____. (2000). 포스트모더니즘과 한국 현대 정치사회의 이중성. 『정치사상연구』. 3.

장원석. (1993). 끌로드 르포르의 정치이론연구: 프랑스 신좌파의 포스트모더니즘화 경향과 관련하여. 서울대학교 정치학 박사학위논문.

Adorno, T. W. (1973). Negative Dialectics. Tr. E. B. Ashton. New York: Continuum.

Arendt, Hannah. (1965). On Revolution. New York: The Viking Press.

_____. (1958). The Human Condition. Chicago: The University of Chicago Press.

Falk, Richard. (1995). On Human Governance. Cambridge: Cambridge University Press.

Held, David. (1995). Democracy and the Global Order. Cambridge: Cambridge University Press.

Laclau, Ernesto, and Chantal Mouffe. (1985). Hegemony and Socialist Strategy: Toward a Radical Democratic Politics. London: Verso.

_____. (1988). The Question of Democracy. In Democracy and Political Theory. Tr. David Macey. Minneapolis: University of Minnesota Press.

_____. (1986). The Logic of Totalitarianism. In John B. Thompson, ed. The Political Forms of Modern Society: Bureaucracy, Democracy, Totalitarianism. Cambridge: The MIT Press.

Mouffe, Chantal. (2000a). The Democratic Paradox. London: Verso.

_____. (2000b). For an Agonistic Model of Democracy. In Noël O' Sullivan, ed. Political Theory in Transition. London: Routledge.

_____. (1993). The Return of the Political. London: Verso.

Oakeshott, Michael. (1975). On Human Conduct. Oxford: Oxford University

Press.

Rawls, John. (1993). Political Liberalism. New York: Columbia University Press.

_____. (1971). A Theory of Justice. Cambridge: Harvard University Press.

Sandel, Michael. (1982). Liberalism and the Limits of Justice. Cambridge: Cambridge University Press.

Schmitt, Carl. (1985). The Crisis of Parliamentary Democracy. Tr. Ellen Kennedy. Cambridge: The MIT Press.

Wittgenstein, Ludwig. (1953). Philosophical Investigations. Oxford: Blackwell.

Wolin, Sheldon S. (1989). The Presence of the Past: Essays on the State and the Constitution. Baltimore: The Johns Hopkins University Press.

제2편 지구시민권 체제

지구시민권과 국제질서*

이상환

I. 서론

냉전기 동서 정치군사적 관계의 주요이슈로는 초강대국 간의 대결, 국가안보문제, 군사전략, 군비와 관련된 협상문제, 그리고 핵확산 문제 등을 들 수 있다. 1980년대 후반 미소관계의 극적인 변화와 동서이

---

* 이 글의 원제는 "지구시민권과 국제질서: 힘(Power)과 주권(Sovereignty)에서 제도(Institution)와 인권(Human Rights)우위의 국제사회를 지향하며"이고, 저자의 기존 연구를 수정 보완한 결과물이다. 관련된 기존 연구는 다음과 같다. 이상환(2007), "국제인권레짐의 형성과 문화상대주의,"『사회과학논집』 25(1); (1996), "신국제정치경제질서의 도래와 세계민주공동체로의 전환," 『국제정치논총』 36(1); (2005), "국제정치질서의 연속성과 불연속성," 홍원표 외,『국제질서의 패러독스』(서울:인간사랑); (2007), 3장 "글로벌 거버넌스의 부분적 창설" 및 10장 "인권보호," 김계동 외(역),『국제기구의 이해: 글로벌 거버넌스의 정치와 과정』(서울:명인문화사).

념분쟁의 종식은 새로운 관계의 발전을 보여주고 있다.

냉전기 동서관계는 두 초강대국 사이의 경쟁관계로 해석되며, 초기의 미소 관계는 다음의 세 가지에 기초한다. 즉, 트루먼 독트린(Truman Doctrine), 마샬 플랜(Marshall Plan), 그리고 나토(NATO) 등이다. 냉전의 미국적 시각은 트루먼 독트린에 의거, 미국은 어려움 속에 있는 반공정권을 지원하는 것으로, 그 두 가지 근본 원칙은 전 세계적인 자유화(global freedom) 즉 반공주의(anti-communism)와 반소주의(anti-Sovietism)이다. 그러한 소련에 대한 미국의 외교정책은 일련의 모순의 충돌인 것이다. 소련과의 평화적 관계를 유지 · 증진시키면서 소련의 공격에 대비해 미국의 국방력을 강화하고, 냉전을 유지하면서 인권 증진을 위한 미국의 도덕적 의무를 강조하며, 제3세계에 대한 지속적인 소련의 간섭을 비난하면서 그 지역에 대한 미국의 간섭을 희망했던 것이다. 미국의 정책은 이러한 모순적 특징에 기초한다.

1950년대, 미국의 전략은 두 개념에 기초하는데 이는 롤 백(Rollback) 즉 동유럽국가들을 공산주의로부터 자유화시키는 것이 미국의 의무라는 것과, 대량보복(Massive Retaliation) 즉 만약 소련이 공격하면, 미국은 대규모로 핵보복을 가할 것이라는 것이다. 1960년대이래, 미국은 상호완전파괴(Mutually Assured Destruction)의 개념에 의존하여 미 · 소 쌍방 모두 상대방의 대량보복능력을 두려워하는 가운데 평화를 유지해 왔다(Dougherty & Pfaltzgraff, 1981:368-386).

국제분쟁을 그 원인을 중심으로 나누면 영토 및 국경 분쟁, 냉전 분쟁, 독립 분쟁, 국내 관할권 분쟁, 민족 · 종교 분쟁 등으로 나눌 수 있다. 첫째, 영토 및 국경 분쟁은 국가 간에 일정영토에 대한 주장이나 반대주장 또는 국경선을 정하는 데에 따른 국가 간 분쟁을 말한다. 그러나 이런 주장은 분쟁지역의 원주민이 지원하지 아니하는 국가로부터는 언제나 서부된다. 예를 들어, 캐시미르사태는 인도와 파키스탄 사이의 캐시미르를 둘러싼 영토분쟁이다.

둘째, 냉전 분쟁은 제2차대전 직후 전개된 냉전 상태 속에 형성된 이념적 대립, 평화조약에 대한 불합의, 군사동맹체제의 형성, 군비경쟁 등에 따른 분쟁을 일컫는다. 한국전쟁은 그 대표적인 예이다.

셋째, 독립 분쟁은 독립문제로 인한 분쟁이다. 아시아, 아프리카 및 중동지역의 많은 국가들의 반식민 운동이 국제적인 분쟁의 내용을 구성한다. 전 식민국가와의 갈등 또는 새로운 독립국들 간의 경제 및 군사적인 문제들이 그 원인이 된다.

넷째, 국내관할권 분쟁은 단일국가 내에서 발생하는 분쟁으로서 남아공에서의 소수인종 차별문제에 따른 분쟁 발발이 그 예다.

마지막으로, 민족 · 종교 분쟁은 이민족 간 혹은 이종교도 간 주도권을 둘러싼 갈등에서 비롯된 분쟁이다. 이스라엘과 아랍국가 간의 갈등은 그 대표적인 예이며 가장 해결되기 힘든 분쟁이다.

이들 중 탈냉전기의 양상은 민족 · 종교 분쟁이 지속되고 있으며, 냉전의 와해에 따른 새로운 독립 분쟁과 국내 관할권 분쟁이 대두되고 있다. 2003년 이라크 전쟁은 민족 · 종교 분쟁 성격과 함께 21세기 미국의 세계전략에 따른 인간안보와 예방전쟁이라는 속성을 동시에 안고 있다. 여기서 인간안보란 인권보호를 위한 주권 제한을 의미하고, 예방전쟁이란 대량살상무기 개발 등 예견되는 추후의 전쟁발발을 미연에 방지하기 위해 감행되는 전쟁 개시를 의미한다. 9 · 11 테러 사건 이후 미국의 세계전략은 반테러리즘이라는 미명하에 이를 척결하기 위한 국제적인 연대를 강조하고 있다. 미국이 지목하고 있는 불량국가들(rogue states)에 대한 제재조처를 통해 국제사회에 잔존하는 테러리즘의 징후를 색출 · 처단하고자 하는 의지를 보이고 있다. 냉전기의 국가안보(national security) 논리와는 다른 인간안보(human security) 논리가 탈냉전기의 국제사회에서 부각되고 있는 것이 현실이다. 즉 국적과 무관하게 자행되는 인류의 생존을 위협하는 테러 등 폭력 행위에 대해 인권을 보호한다는 차원에서 안보 문제를 다룬다는 것이다.

따라서 국제연합(UN)의 역할이 그 어느 때보다도 강조되는 시기라고 아니할 수 없다. 제2차 세계대전의 산물인 UN이 21세기를 맞이하여 현 세계질서와 걸맞게 재편될 필요가 있는 것이다. 최근 논의되어 온 안전보장이사회 개편 문제도 결국 새로운 국제사회의 역학구조를 반영하려는 의지의 표현이다. 새로운 상임이사국으로 부각된 독일과 일본 및 기타 3개국의 선정이 UN 재편의 서막이 될 것이며, 집단안전보장 기구로서 UN의 실질적인 역할 강화를 위한 논의들이 이어질 것이다. 이 과정 속에서 수의 횡포 문제, 재정 문제 등 전통적인 골칫거리들이 논의될 것이다.

한편, 제2차 대전 후 서구자본주의체제는 동구사회주의체제와의 대결 속에서 정치경제적으로는 브레튼우즈(Bretton Woods)체제라는 경제협력체제로 그 활로를 모색하였다. 따라서, 전후 서구자본주의체제의 변모는 1944년 미국의 뉴햄프셔주 브레튼우즈에서 44개국의 대표가 모여 설정한 경제규정들로 출범한 브레튼우즈(Bretton Woods)체제라는 국제경제질서의 형성과 이의 약화 및 새로운 질서의 등장으로 묘사될 수 있다. 이 체제의 3대지주는 국제통화기금(International Monetary Fund: IMF), 후에 세계은행(World Bank)으로 개칭한 국제부흥개발은행(International Bank for Reconstruction and Development: IBRD), 그리고 관세와 무역에 관한 일반협정(General Agreement on Tariffs and Trade: GATT)이다.

이러한 브레튼우즈체제는 유럽경제공동체(European Economic Community)의 배타적 관세동맹과 일본의 보호무역주의에 대한 미국의 경제력 우위에 기초한 묵인으로 1950~60년대 동안 잘 운용되었다. 1970년대에 들어서자, 미국은 경상수지와 무역수지 위기를 경험하였다. 이에 따른 미국의 협조요청이 유럽과 일본에 의해 무시되자, 1971년 8월 15일 닉슨 대통령은 체제변혁의 일환으로 금태환제 정지와 변동환율제 실시를 천명하였다. 아울러, 미국으로의 수입품에 10% 관세를 일괄부과하기로 결정하였다. 혹자는 이를 브레튼우즈체제의 종말이라 표현하였다. 1970년대는 두 차례의 오일쇼크에 의해 커다란 경제적 혼란을 경험케 하였다. 즉, 1973년 석유수출기구(OPEC)에 의한 400% 유가인상은 개발도상국들의 외채증가와 산유국들의 경제력 향상을 가져왔고, 1979년 2차 오일쇼크는 세계경제의 보호주의적 경향을 강화시켰다. 이는 또한 미국의 패권적 지위의 약화를 가져왔다. 이러한 패권의 약화를 케네디(Kennedy)는 그의 저서 『강대국의 흥망(*The Rise and Fall of Great Powers*)』에서 패권 국가로서 미국의 '지나친 군사적 개입(imperial overstretch),' 즉 미국의 세계문제에 대한 개입이 국력의 한계를 넘어섬으로써 미국의 패권이 종결되었다고 주장하였다(Kennedy, 1987:515). 제2차 대전 후 가장 큰 채권국이 가장 큰 채무국으로 전락하였고, 미국의 연방정부예산적자는 누적되어 1990년에 3조 달러에 이르게 되었다. 1990년대 초 미국 연방정부 재정파산에 따른 연방정부의 잠정휴업은 이러한 심각성을 잘 대변해 주는 것이다.

북미, 서구, 일본 등 주요 선진자본주의 국가들의 경제적 상호의존관계는 이들 국가들의 경제적 번영에 기여한 바도 크지만, 또한 이에 수반되는 문제점도 적지 않았다. 즉 일국의 무역, 금융, 및 투자정책은 곧바로 상대국의 무역, 금융, 및 투자정책에 직접적인 영향을 미치게 함으로써, 국가의 경제정책이 내부요인은 물론 외부요인에 의해 심각한 영향을 받게 되고, 점차 자주성을 잃게 될 위험이 있게 되었다. 특히 경제적 상호의존관계가 이를 적절히 운영할 수 있는 기구 및 수단, 그리고 지도력의 형성보다 더욱 빠른 속도로 진전됨에 따라 서방세계의 경제운영문제는 더욱 철저한 집단운영방식을 택하든지, 아니면 상호의존관계에 제동을 걸고, 다시 국가별 해결방식을 모색해야 하는 양자택일의 전환기에 처하게 되었다.

현존 최강국으로서 미국의 지위를 인정할지라도 과거의 패권적 지위는 이제 더 이상 미국의 모습이 아니라고 말할 수 있다. 서구선진자본주의 국가들 사이의 관계도 미국의 연방적자 및 무역적자의 심화가 계속된다면 그리고 EU의 출범과 더불어 그들의 배타적 보호무역주의가 시행된다면 어두운 미래를 보일 것이다. 이와는 반대로, 1986년 시작된 우루과이 라운드(Uruguay Round)회담의 결과 탄생된 WTO 체제의 출범은 서구선진자본주의 국가들 사이의 협력적 관계를 기대케 한다.

동서 경제적 관계를 살펴보면, 전후 형성된 사회주의 계획경제는 1980년대 이후 와해되기 시작하여 1989년 민주화혁명 이후 하나씩 종결되었다. 사회주의 경제권의 형성은 사회주의 국가들의 경제적 요청보다는 소련의 정치적 필요에 따라 형성된 것이었다. 종주국과 위성국의 상하관계를 특색으로 사회주의 국가들이 소련의 경제적 지배를 강요받아 왔다. 사회주의 경제권의 경제발전은 소비를 억제한 가운데 중공업우선정책을 강행한 데 따른 것으로, 교역은 동유럽 국가들을 일방으로 소련을 다른 일방으로 하는 형태가 주종이었고, 동유럽국가들 사이의 교역은 미미한 수준이었다. 대외적으로 시장경제권과 동서관계가 약간 있었을 뿐이었다.

사회주의 경제와 자본주의 경제 간의 경제교류는 이들의 정치관계와 표리를 이루며 대결과 화해로 점철되어 왔다. 사회주의 경제와 자본주의 경제와의 관계는 제2차 대전 직후 코메콘(COMECON)과 마샬 플랜의 수립으로 경제봉쇄를 통한 경쟁갈등관계로 형성되었고, 사회주의 경제에 대한 고립 촉진을 유발하였다. 1960년대 초에는 구소련과 동구권의 흉작으로 사회주의 경제권이 경제교류에 적극성을 보이자 경제교류가 다소 활발해졌으나 1968년 소련의 체코침공으로 반전되었고, 1970년대에는 1972년 10월 통상협정이 조인되어 경제부문에서 협력의 전기를 마련하였는데 서독의 대소 수출이 3억5천만 달러(1969년)에서 35억 달러(1979년)로, 같은 기간에 일본의 대소 수출이 2억6천4백만 달러에서 25억 달러로 급등하였다. 미국의 대소 수출은 연평균 10억 달러(1972~75년)와 연평균 24억 달러(1976~79년)로 증가하였는데 이러한 경제교류의 확대는 정치적 화해를 배경으로 하였다. 소련과 동유럽 국가들이 서방과의 경제교류를 열망한 이유는 경제적 문제의 해결 즉 곡물구매 및 선진기술도입의 필요성 때문이었다. 반대로, 서방이 사회주의 국가들과의 경제교류에 관심을 갖게 된 기본적 동기는 경제적 양보의 대가로 정치적 양보(군축협상·월남전 종식)를 획득하고자 하는 데 있었다(Spero, 1985:35-385).

1970년대 말 이래(1979년 소련의 아프칸 침공 등) 동서관계는 다시 위축되어 소련과 동유럽 국가들은 수입증가에 상응하는 수출증가를 하지 못함으로써 1981년 말 747억 달러의 외채를 기록하였고, 서방의 입장에서는 정치적 양보를 얻는 데 실패하였다. 미소 관계는 1983년 9월 대한항공기 격추사건으로 갈등이 증폭되었다가 이후 완화되어갔다. 소련의 브레즈네프 후계자들의 서방에 대한 화해 모색으로 1980년대 후반 동서관계는 혁명적 대전환을 하여 고르바초프가 1985년 3월 집권한 후 그는 소련경제의 근본적인 개혁을 표방하고, 경제 회복 없이 소련의 지위는 상실된다고 주창하였다. 1989년 1월 부시-고르비 몰타정상회담으로 동서냉전의 국제질서가 종지부를 찍게 되었고, 1990년대 들어서서 1990년 5~6월과 1991년 소련 및 동구권은 7월 전략무기감축조약(START)을 조인하였고, 1991년 코메콘을 해체하였다. 1991년 12월 소련 스스로가 해체한 이유는 사회주의체제의 구조적 취약성, 서방의 경제봉쇄, 서방과의 군비경쟁의 사회주의 경제에 대한 과중한 부담 등으로 대내적 성장지속과 대외적 경제교류의 확대를 도모하게끔 하기 위해서였다.

한마디로 말하여, 사회주의 국가들의 세계정치경제체제로의 통합은 그들 경제개혁의 성공유무에 달려 있는 것이다. 이들 국가들은 자본주의적 경제양식으로의 변화에 발맞추어 정치양식도 보다 민주적인 방향으로 옮겨질 것이다. 맥퍼슨(Macpherson)이 자본주의와 자유민주주의 간의 상응성을 지적했듯이 자본주의적 경제발전은 자유경쟁주의와 사유재산제에 기초하는 자유민주주의를 그 토대로 하는 것이다. 즉, 자본주의적 시장경제가 민주주의를 촉발시킨다는 것이다. 이러한 민주주의로의 변화속도는 경제발전의 속도에 따라 진행될 것이다(Isaak, 1995:68-70). 앞으로의 미국과 러시아의 관계는 개혁(per-estroika), 개방(glasnost), 민주화에의 구소련의 개혁 노력, 그리고 러시아의 자유시장경제와 민주주의의 미덕 인정을 통해 협력 우호적 관계로 발전될 것이며, 구 사회주의 국가들의 경제개혁의 성공·실패 여부가 그들의 정치적 민주화를 좌우할 것이다.

II. 힘과 제도의 측면에서 본 국제질서

20세기 후반의 국제질서를 주요 행위자(강대국) 수와 국가 간 이해관계(국가이익; 정치적 이념과 경제적 실리)를 중심으로 살펴보면 네 가지 시기로 구분될 수 있다. 즉 1950~60년대의 정치적 이념 갈등에 기초한 양극 구조(안보이익〉경제이익; 미국-소련)에서 1970년대의 경제적 실리를 아울러 강조하는 이완된 양극 구조(안보이익=경제이익; 미국-소련-중국)로, 그리고 1980년대 초에 단기적으로 양극 구조(안보이익〉경제이익; 미국-소련≥중국)를 경험하다가 1980년대 중반 이후 경제적 이익을 우선시하는 다극 구조(안보이익〈경제이익; 미국-소련-중국-독일-일본)로 전환된 것이다.

20세기 후반 국제정치질서의 변화를 가져온 두 가지 주요한 동인 중 하나는 1970년대에 초강대국인 미국과 소련의 패권적 지위 유지를 위한 패권유지 수단의 변화이며, 다른 하나는 1980년대 중반 이래 미국이 주도적으로 추진해온 패권유지 수단 운영원리의 변화라고 할 수 있다. 1970년대에 미소는 냉전적 대립 구도가 안보적 부담을 주고 경제적 실리를 훼손함으로써 결과적으로 동서(East-West system) 각 진영 내 그들 각각의 패권을 유지하는 데 어려움을 준다는 것을 인식하고, 상호 묵시적 합의하에 진영 내 경제력 우위를 통하여 패권을 유지하기 위한 노력을 경주하였다. 한편 1980년대 중반 이래 미소는 경제적 실리와 경제력을 중심으로 한 패권 유지가 잘 작동하지 않음을 깨닫고 경제적 우위 강화를 위한 방안을 모색하였다. 이에 대한 양국의 대안은 다르게 나타났다. 즉 소련은 개혁과 개방의 흐름 속으로 결국 체제 전환의 길을 걷게 되었으며, 미국은 경제력 중심의 패권 유지를 가능하게 하는 국제관계의 운영원리를 찾아내려했고 그 결과는 세계화로 나타났다.

지난 반세기 국제정치질서의 변화를 요약하여 언급하면, 1970년대 미소의 패권유지 수단의 변화에 따른 이완된 양극 구조의 질서, 그리고 1980년대 후반 이래 미소의 패권유지 수단 운영원리의 변화에 따른 다극 구조의 질서로 구분할 수 있다. 전기에 미소는 그 수단을 군사력에서 경제력으로 바꾸었으며, 후기에 미소는 그 운영원리를 '차별화'[1]에서 세계화로 바꾼 것이다. 힘에 의한 질서 구축만이 아니라 제도에 의한 질서 구축이 가능함을 인식하고 혹은 힘에만 의존하는 질서 구축이 한계가 있음을 인정하고 그 질서 형성의 수단을 군사적인 것에서 경제적인 것으로 탈바꿈한 것이다. 후기에 미국은 전기의 수단 변화만 가지고 지도국을 유지하기가 어려움을 깨닫고 그들이 유리한 방향으로 경제적 운영원리를 바꾸고자 한 것이며 그 대안적 원리가 다자주의와 규범주의를 바탕으로 한 세계화인 것이다. 이는 양자주의와 단속적 협상주의에 기초한 차별화와는 근본적으로 다른 것이다.

이러한 국제정치질서의 변화를 패권안정(hegemonic stability)론적 시각에서 파악할 수 있다. 패권안정론은 권력정치(power politics)적 시각 속에서 즉 힘의 지배의 견지에서 국제정치 질서를 설명한다. 이

---

1) 이 장에서 세계화(globalization)와 대립되는 개념으로 차별화(differentiation)를 활용하고 있다. 이 개념은 지역화(regionalization)와 다른 개념이다. 즉 세계화가 전 세계적인 다자주의와 규범주의에 기초하고 (개방적) 지역화가 지역적인 다자주의와 규범주의를 채용하고 있는 반면, 차별화는 양자주의와 단속적인 협상주의 즉 특수성(국가에 따른 다양성 인정/안보-경제적 이해관계에 따른 예외적 기준 적용)에 기초하는 것이며 보편성(국제적 기준 설정)과는 거리가 멀다고 할 수 있다.

〈그림 1〉 제2차 대전 후 국제정치(안보+정치경제) 질서의 변화

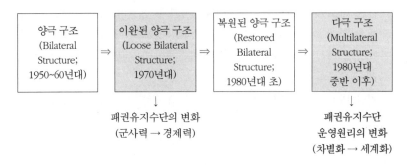

이론은 패권국이 그 체제의 규범을 설정하고 관리하기 때문에 국제적 갈등은 패권체제에서 가장 적게 일어난다고 말한다. 다른 말로 하여, 국제질서의 안정은 그 질서를 보존할 능력과 의사를 가진 패권국에 의해서 성취·유지될 수 있는 것이다. 이러한 주장에 근거하여 지난 반세기간 전 세계적인 전쟁이 일어나지 않은 이유는 미국과 소련이 패권적 지위를 유지해 왔기 때문인 것이다. 아울러 지난 세기말 소련 및 동구권의 붕괴에도 불구하고 세계질서가 비교적 평화롭게 유지될 수 있었던 것도 미국이 패권적 역량을 발휘해 왔기 때문인 것이다. 오늘날을 탈냉전기 혹은 미국 중심의 범미(Pax-Americana) 체제라고 부를 수 있으나, 엄밀히 말하여 미국이 주도하는 다극 구조라고 규정할 수 있다. 이러한 다극 구조는 중첩된 삼극 구조라고 할 수 있다. 즉 안보적 측면에서의 삼극인 미국, 러시아, 중국과 경제적 측면에서의 삼극인 미국, 독일, 일본이 합쳐져서 오극을 형성하는 다극 구조인 것이다. 안보 및 경제 양 측면에서 모두 미국이 들어간다는 점을 강조하면 미국 주도의 단극 구조라고도 명명할 수 있다.

　제2차 대전 이후 국제정치질서는 양극 구조 → 이완된 양극 구조 → 복원된 양극 구조 → 다극 구조로 변화해 왔다. 21세기에 들어서서 다극 구조에 다양한 해석이 존재한다. 이미 언급한 대로, 오극 구조로 보

거나 미국 중심의 일극 구조로 보거나 혹은 미국과 EU의 협력적 양극 구조로 보기도 한다. 그러나 행위자 수가 어떻게 변하든 중요한 사실은 패권적 국가(군)의 힘(power)에 의해 국제정치질서는 주도된다는 견해와 그러한 국가(군) 없이도 제도(institution) 즉 국제레짐(international regime)에 의해 국제질서는 관리된다는 견해가 존재한다는 사실이다.[2]

국제질서의 변화 속에서 우리는 강대국 수를 기초로 한 구조적 특성과 상관없이 힘과 제도라는 행위기제가 동시에 작동해 왔음을 알 수 있다. 전후 반세기를 냉전기와 탈냉전기로 양분하여 설명하면 냉전기의 논리는 힘을 강조하며 탈냉전기의 논리는 규범 즉 제도를 상대적으로 강조한다고 볼 수 있다. 구체적으로 말하여, 전반적으로 양극 구조는 국가 간 역학 구도가 작동하는 위계적 구조이고, 이완된 양극 구조는 역학 구도가 근저하나 제도를 통한 협력의 가능성을 열어놓고 국제협력을 위한 레짐의 역할을 부분적으로 인정하는 구조이다. 다극 구조 자체가 힘의 논리의 적용가능성을 약화시키는 것은 아니나 국제협력의 요구가 증대되는 측면이 양극 구조에 비해 크기 때문에 제도의 기능이 작동할 여지가 많다. 따라서, 레짐 구조가 형성될 가능성이 높은 것이다.

국제관계를 설명하는 기제로서 힘과 제도의 중요성은 각 국제정치 이슈별로도 달리 나타난다. 국제안보 이슈는 힘과 제도 중 상대적으

---

2) 패권적 힘에 의한 질서 유지나 패권적(강력한 권위) 제도에 의한 질서 유지 모두 힘에 의한 질서 관리가 아니냐는 주장이 있다. 그러한 주장의 논거 중 하나는 제도의 영향력 역시 힘으로 나타날 수밖에 없다는 것이며, 다른 하나는 국제 규범이 만들어지는 과정에 힘의 논리가 개입되므로 결국 규범을 가장한 힘이 제도라는 것이다. 이는 신현실주의적인 시각을 담고 있다. 그러나 이를 반대하는 시각에서 보면 힘의 강제 논리와 제도의 동의 혹은 협상의 논리가 동일하게 평가되는 것은 옳지 못하다는 것이다. 국제협상 과정에서 강대국의 힘의 논리가 견제될 수 있으며 형성된 제도적 틀 속에서 강대국의 자율성이 제한될 수 있다는 것이다.

로 힘의 논리가 작동하기 쉬운 영역이며, 국제정치경제 이슈는 제도
의 논리가 작동하기 쉬운 영역이라고 할 수 있다. 국제안보는 생존의
문제와 결부되는 이슈이고, 국제정치경제는 삶의 질과 연결되는 이슈
인 연유로 국제협력 가능성을 달리한다. 국제정치경제 영역이 국제안
보 영역보다 국제협력을 달성할 가능성이 크다고 할 수 있다. 국제안
보 학자의 다수가 힘을 강조하는 (신)현실주의자이고 국제정치경제
학자의 다수가 제도를 강조하는 (신)자유주의자라는 점이 이를 잘 반
영한다.

요약하건대, 국제정치질서의 연속성은 그 시기와 이슈에 상관없이
힘과 제도 그리고 역학 구조와 레짐 구조에 근저하고, 불연속성은 그
시기와 이슈에 따른 힘과 제도의 상대적 중요성 그리고 역학 구조와
레짐 구조의 상대적 중요성의 변화가 이를 잘 대변해준다. 냉전기 양
극 구조하에서 힘의 논리 강조와 탈냉전기 다극 구조하에서 제도의
논리 부상이 국제정치질서의 불연속성을 보여주고, 1970년대 긴장완
화기 이완된 양극 구조하에서의 힘의 성격 변화(군사력 → 경제력)와
1980년대 후반 이래 탈냉전기 다극 구조하에서의 힘의 운영원리의 변
화(차별화 → 세계화) 즉 제도적 틀의 변화(양자주의 · 단속적 협상주
의 → 다자주의 · 규범주의)가 또한 그 불연속성을 잘 대변해준다.

여기서 제2차 대전 후 국제정치질서의 연속성과 불연속성 문제를
국제정치의 두 가지 주요한 이슈인 전쟁과 세계평화의 문제 즉 국제
안보 문제와 전 세계적인 부와 빈곤의 문제 즉 국제정치경제 문제로
구분하여 분석하고자 한다. 각 이슈 영역에서 '힘의 이론'과 '제도의
이론'을 소개하고자 한다. 이들 이론은 시기에 따라 국제정치현상에
의 적용가능성이 달라지나 시기와 상관없이 그 효용성은 인정된다고
할 수 있다.

국제안보 즉 국제사회의 전쟁과 평화의 문제를 다룸에 있어 국가
간 역학구조와 구조적 틀을 강조하는 대표적인 시각으로 세력균형
(Balance of Power) 이론과 세력전이(Power Transition) 이론 등이 있

〈그림 2〉 제2차 대전 후 국제안보(International Security)체제의 변화

다(Morgenthau, 1967; Organski, 1981).

세력균형이론의 주장에 의하면, 각국은 그 자신의 국력을 극대화시키고 상대국을 견제함으로써 힘의 균형상태를 이루고자 하며, 어느 국가도 패권적 지위를 허용하지 않으려 한다. 즉 어느 국가도 초월적인 힘을 갖지 못하며, 이러한 불확실성이 공격 즉 전쟁개시를 쉽사리 못하게 한다는 것이다. 따라서 세력균형이 약소국의 독립을 가능하게 하고, 평화를 보증하게 한다고 한다. 이와 같이 세력균형이론은 국가 간 힘의 균형 상태 유무를 기초로 전쟁의 원인과 평화의 조건을 제시하고자 한다. 예를 들어, 세력균형이론에 의하면 제2차 세계대전후 세계평화는 미국과 소련 간 세력균형이 유지되었기에 가능한 것이었고, 한반도 평화 또한 주변 4대 강국 및 남북한 간 혹은 미국을 균형자로 한 남북한 간 세력균형이 있었기에 유지될 수 있었던 것이다.

세력전이이론의 주장을 살펴보면 다음과 같다. 첫째, 동맹은 힘의 균형상태 유지를 위해 쉽게 이합집산하지 않는다. 예를 들어, 이념적 결속력이 세력균형 논리를 훼손한다. 둘째, 도전국은 힘의 성숙단계 이전에 패권국에 대해 공격을 개시할 것이다. 셋째, 힘의 균형상태(도전국이 패권국의 힘에 버금가는 상태)가 전쟁의 가능성을 증가시키고, 패권적인 국가의 존재가 오히려 전쟁의 가능성을 낮춘다. 마지막으로, 만약 패권국이 현존체제에 만족해하는 또 다른 패권국에 의해 대체되면 평화로운 국제체제 전환이 가능하다. 이러한 주장에 의하

면, 결국 패권국의 존재(패권구조) 유무가 평화 유지에 관건이 되는 것이다. 예를 들어, 세력전이이론에 의하면 제2차 세계대전 후 동서체제에 있어서 평화가 유지될 수 있었던 것은 미국과 소련이라는 패권국이 그 패권구조를 적절히 관리해 왔기 때문이라고 할 수 있다. 설사 미국을 중심으로 한 자본주의 패권체제가 일본·독일 등의 도전에 직면해 왔을지라도 전쟁의 발발 가능성을 매우 낮게 평가하는 것은 이들 도전세력이 현존체제를 지지하는 국가군에 속해 있기 때문인 것이다.

같은 맥락에서 공포균형(Balance of Terror)이론은 핵균형 여부 즉 핵무기 보유 여부가 평화유지의 관건이라고 한다. 특히 경쟁적인 인접국가 간 핵무기의 보유는 전쟁발발 가능성을 줄일 수 있는 조건이된다. 이 이론에 의하면 제2차 세계대전 후 세계평화의 유지는 미소 간 핵균형이 존재했기 때문에 가능했던 것이다. 즉 핵전쟁이 공멸을 의미하는 상황에서 전쟁의 승리자는 있을 수 없다는 판단에서 합리적 행위자라면 전쟁을 개시하지 않을 것이라는 믿음을 강조한다.

세계평화를 유지하기 위한 방안으로 국제규범을 강조하는 대표적인 이론인 집단안전보장이론은 집단안전보장을 위한 도덕적 유인과 강제적 압박을 전제로 한다. 이 이론에 의하면, 평화애호 국가군(회원국들)의 힘이 도전국보다 훨씬 우세할 때 집단안전보장은 작동하며, 누가 평화 파괴자이냐에 대한 일치된 견해가 있어야 집단안전보장은 작동할 수 있다. 아울러 회원국들이 평화 파괴행위에 대해 집단안보를 위한 무력사용의 의지가 있어야 집단안전보장은 작동할 수 있는 것이다.

국제규범에 의해 세계평화를 유지한다는 것은 가장 바람직하나 과거에는 잘 작동하지 않은 것이 사실이다. 국제연맹의 실패와 각종 평화조약이 힘의 논리에 의해 파괴된 예는 이를 잘 대변해 준다. 그러나 20세기 말 탈냉전의 흐름과 21세기 새로운 다자안보체제의 수립 노력속에서 국제안보레짐 구축 논의는 규범에 의한 세계평화의 가능성을 증폭시키고 있다. 예를 들어, 최근 북한 핵문제를 둘러싼 6자회담 논의는 국제규범에 의한 동북아 평화체제 유지에 기여하게 될 것이다. 물론 그러한 규범에 의한 안보 관리가 힘의 공백 상태에서 이루어지는 것은 아니나 주변국들의 안보 공동체 의식을 어느 정도 가늠할 수 있는 좋은 사례가 되는 것이다.

최근 부각되고 있는 민주평화론 역시 이러한 낙관주의적인 세계관에 근거하고 있다. 그 시각의 골자는 국제사회에서 민주적 정부가 비민주적 정부보다 전쟁을 일으킬 가능성이 상대적으로 적다는 것이다. 민주적 정부는 평화애호국일 가능성이 크며 전쟁개시 결정을 내리는 과정에 있어서 그 민주성으로 인해 보다 합리적인 판단과 사려 깊은 행동을 하게 된다는 것이다. 요컨대, 전쟁 결정을 하기가 상대적으로 어렵다는 것이다. 지난 클린턴 행정부는 미국의 대외전략의 기조로서 '관여와 확산(engagement and enlargement)' 이라는 틀을 제시한 바 있다. 여기서 관여란 미국의 사활적 이익이 달린 지역에 대한 개입주의를 말하며, 확산이란 미국식 가치 즉 미국식 민주주의(정치생활양식)와 자본주의(경제생활양식)의 확산을 의미한다. 결국 미국은 미국식 생활양식의 보편화가 궁극적으로 세계평화를 가져올 것이라는 믿음하에서 세계전략을 수행해가는 것이다. 부시 행정부하의 이라크 침공은 석유라는 부존자원을 많이 보유하고 중동지역의 중심에 자리 잡은 이라크가 미국의 사활적 이익이 달린 지역이라는 판단하에, 친미 정권 수립을 위해 다른 말로 미국식 가치를 공유할 수 있는 정권을 수립하여 중동지역을 평화적으로 관리 운영해 보고자 하는 미국의 의사표현이라고 할 수 있다. 고전적 자유주의의 부활이라고 할 수 있는 민주평화론은 바로 이러한 생각에 기초하고 있는 것이다.

국제정치경제적 관계에서 힘을 강조하는 신중상주의(Neo-Mercantilism)는 경제적 요소보다 정치적 요소를 강조한다. 중상주의는 특별한 타입의 현실주의이다. 이 시각에 의하면 국가가 국제정치경제의 중심 행위자이며, 특정한 이익과 목적을 가진다는 것이다. 신중상주

〈그림 3〉 제2차 대전 후 국제정치경제(International Political Economy)체제의 변화

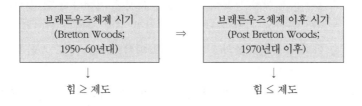

의의 지지자들은 길핀(Gilpin, 1975; 1987), 허쉬만(Hirschman), 그리고 월츠(Waltz, 1967; 1979:215-231; 1993) 등이다. 이 이론은 결집된 이론적 주장이라기보다는 국제관계의 규범적 정책·처방의 집합이다. 길핀은 국제경제 관계가 사실상 정치 관계라고 주장하며 신중상주의는 각국이 자신의 이익극대화를 위해 경제적 계약을 조정하는 정부의 시도를 의미한다고 한다.

신중상주의이론에 의하면 각국은 그 자신의 이익을 반영한 경제정책을 추구한다는 것이다. 일국은 그 자신의 이익추구가 다른 국가의 희생에 기인하든 안하든 간에 그 자신의 이익극대화를 위해 부와 권력의 정책을 추구한다. 국가는 부의 극대화, 상품과 서비스의 소비 극대화, 생산과 소비의 극대화, 가격의 급격한 상승 통제, 외국시장에의 도달 및 외국상품의 국내침투 보호를 통해 통상관계에 관여한다. 결국, 증가된 경제관계는 필연적으로 '지구촌(global village)'을 초래하는 것이 아니라 국가 간에 경제적 갈등을 증폭시킬런지 모른다는 것이다. 신중상주의이론이 설명하는 국제정치경제적 구조는 미국의 안보·경제 이익을 증진시키는 미국의 패권구조라고 할 수 있다. 그 근본적 의제의 하나는 미국의 패권체제 후 무엇이 다음에 오느냐 하는 것이다.

서구선진자본주의 국가들 간의 관계를 설명하고 국제정치경제적 관계에서 제도를 강조하는 상호의존이론(Interdependence Theory)은 국제정치경제의 자유주의적 경제적 주장으로, 스미스(Smith)의

'보이지 않는 손(invisible hand)'에 기초한 정치와 경제의 분리 그리고 중상주의적 경제정책에 대한 반발을 기초로 한다. 이는 독립경제 주체 간의 자발적인 협력 관계를 강조하며, 모든 참여국의 적정한 경제 성장과 혜택을 토대로 수요공급의 원칙에 따른 개방경제체제에 근거한 자유무역을 옹호한다. 월러리(Walleri, 1978:592-593)에 의하면 자유주의 세계는 자유방임적 자본주의, 재산권, 제한된 정부, 그리고 사회적 진화론을 강조하며, 완벽한 경쟁하에서 시장은 최대의 경제성장, 발전, 그리고 일반복지를 창출한다는 것이다. 또한 모오스(Morse, 1976:661)도 자유시장에서의 개인자유체제는 중상주의하에서보다 고수준의 물질적 이익을 가져다준다고 강조한다.

상호의존이론에 의하면, 국가 간 거래의 동기는 한마디로 상호이익 즉 돈 · 이익 · 부에 있고, 그 주된 주장은 증가된 경제관계가 모든 참여국들을 위해 이롭다는 것이다. 즉, 국가 간 거래는 하면 할수록 보다 더 많은 이득을 가져오고, 이러한 관계의 확산이 지구촌을 형성한다는 것이다. 개발도상국은 그 과정에서 발전된다는 것이다. 선진국으로부터 개발도상국으로의 자연적인 자본 · 기술 · 관리의 노하우 이전이 가능하다는 것이다. 또한 개방체제가 무역참여국 및 전체 세계를 위해 최대한의 경제적 복지를 낳는다는 것이다. 상호의존이론은 국제통상관계가 비교우위의 경제적 인식에 의해 행해지며 자유무역체제하에서 각국은 최대한의 경제적 성장과 혜택을 얻을 수 있다고 설명한다.

국제정치경제적 관계에서 구조를 강조하는 종속이론(Dependence Theory)의 주관심사인 제3세계의 경제발전문제는 부유한 국가와 빈곤한 국가 사이의 관계에 관한 논의에 초점이 모아진다. 전 세계적인 부와 빈곤의 문제는 상대적으로 저발전에 허덕이고 있는 제3세계 국가들이 그들의 빈곤의 원인으로 선진국에 의한 경제적 착취를 강조하고 있다는 데에 있다. 제2차 대전 후 정치적 독립과 경제적 부를 얻기 위해 신생국은 민주적 정치체제와 자유주의적 기업체제를 채택하였으며, 1950년대의 발전이론은 신생국의 내적 변화의 중요성을 강조하였다. 신생국의 빈곤은 외국원조를 필요로 하게끔 하였고 이는 경제적 종속이라는 현상을 낳았으며, 아울러 민주주의의 준비부족으로 인한 반민주적 정권의 등장은 국가의 경제적 발전과 더불어 정치적 독립의 필요성을 대두시켰다. 결국 서구적 민주주의는 경제적 부를 필요로 하는 것이었고, 경제적 곤경이 비민주주의를 심화시켜 대부분의 제3세계 국가들은 비민주주의적이 되어버렸다(이상환, 1996:38).

이러한 시대적 흐름 속에서 남미를 중심으로 한 제3세계 학자들에 의해서 주장된 것이 종속이론이며, 이를 살펴보면 다음과 같다. 선진국의 경제발전은 저개발국가의 착취에 근거하며, 부유국은 빈곤국을 더욱 궁핍하게 만듦으로써 부유해진다는 것이다. 남북체제는 선진공업국과 아시아, 아프리카, 그리고 라틴아메리카의 개도국 간에 이루어지고 있는 경제관계를 말하는 것으로서, 서서관계가 비교적 동등한 수준의 국가 간에 이루어지는 평등관계라면, 남북관계는 경제발달의 수준 및 규범에 있어 현격한 차이가 나는 국가 간의 불평등관계라 할 수 있다. 그리고 이러한 불평등관계의 가장 큰 문제점은 종속현상의 발생인 것이다.

서서관계에 있어서의 경제적 상호의존성은 높은 수준의 상호거래와 상호민감성을 띠게 되는 데 반하여, 종속관계는 일방적 의존현상을 초래하여 불평등한 거래와 일방적 민감성을 야기하게 되는 것이다. 다시 말해서 서서체제의 상호경제관계가 대칭관계라면, 남북경제관계는 비대칭관계라 할 수 있다. 이러한 비대칭관계에 의한 종속현상은 무역종속, 투자종속, 통화종속, 원조종속 등으로 나타나며, 최근에 이르러 종속현상은 더욱 확대되어 기술종속과 경영종속의 문제까지 야기되고 있다. 따라서, 남북문제에 있어서의 주요 연구대상은 이러한 각종 종속관계와 이를 탈피하고자 제3세계가 주장하는 신국제경제질서와 남북경제관계에서 가장 큰 역할을 담당하고 있는 다국적기업의 활동 등에 대한 문제라고 할 수 있다.

상호의존이론은 현 국제경제질서를 경제적 부가 점차 발전된 중심지로부터 저발전의 주변지로 확산되고 있는 시혜적 관계로 보고 있는 반면, 종속이론은 경제적 부가 오히려 주변국으로부터 선진국으로 역류되는 수탈적 관계로 보고 있다. 따라서 종속이론의 핵심 주장은 종속관계가 심화되면 종속국가의 정치·사회체제를 왜곡시켜 자국의 대중보다는 강대국의 엘리트와 이해관계를 같이 하는 종속국가의 권력엘리트가 탄생되어 이들이 결정하는 정책은 자연히 강대국이 원하는 방향으로 될 수밖에 없다는 것이다.

III. 주권과 인권의 측면에서 본 국제질서

20세기 후반의 국제정치(안보)질서를 국제사회에서의 주권과 인권의 우열(우선하는 가치가 무엇이냐?)을 중심으로 살펴보면 네 가지 시기로 구분될 수 있다. 즉 1950~60년대의 냉전기에는 주권이 인권에 우선한다는 생각이 지배적이었고 주권을 전제로 한 인권보호 개념이 받아들여졌다고 할 수 있다. 긴장완화의 시기인 1970년대에는 인권에 대한 강조가 있었으나 상징적인 혹은 도덕적인 차원에서 언급되었을 뿐 주권의 벽을 넘어서지는 못하였다. 그리고 1980년대 초에 단기적으로 주권 우위의 국제사회의 흐름을 경험하다가 1980년대 중반 이후 21세기에 이르러 인권 보호를 이유로 한 주권 제한의 정당성을 인정하면서 인권 우위의 국제사회로 전환된 것이다. 하지만 국민국가 체제가 지속하는 한 주권의 틀을 실질적으로 벗어나기란 쉽지 않을 것이다.

인권과 주권의 관계에 대해서는 많은 학자들이 언급한 바 있다. 로크(Locke)는 국가주권에 대한 인권의 우위를 주장하였으며, 칸트(Kant)는 인권은 국가에 의해 보다 완전하게 구현될 수 있다고 강조하였다. 또한 하버마스(Habermas)는 세계 시민적 권리로서의 인권을

〈그림 4〉 제2차 대전 후 주권(Sovereignty)과 인권(Human Rights) 강조의 우열

주장하며 인권의 세계화는 국가주권과 긴장관계를 유지하게 한다고 지적하였다. 결국 이들은 인권의 중요성을 인식하면서 주권과의 조화를 어떻게 이루느냐를 과제로 삼고 있는 것이다. 인권 개념에 대한 이해도 시대의 흐름에 따라 제1세대인 정치적 · 시민적 권리, 제2세대인 경제적 · 사회문화적 권리, 제3세대인 발전권 · 평화권 · 환경보호권 · 인류유산에 대한 공유권을 포함하는 탈근대적 인권으로 확장되고 있다. 인권개선은 이러한 세 가지 세대의 이행을 통해서 가능한 것이다.

국제 인권 이슈의 경우 1990년대 말 코소보 및 동티모르 사태를 경험하면서 국제사회의 관심을 끌게 되었다. 문제는 이러한 이슈가 쉽게 해결되기 어려운 특성을 갖고 있다는 점이다. 이는 정치권력(political power)과 맞서 싸우는 성격을 갖는 본질적 한계를 가지고 있다. 따라서 국제 사회의 개입이 요구되며 주권 제한을 수반할 수밖에 없는 것이다. 여기서 우리의 의제는 "국제사회가 어떤 기준하에서 어떤 수준에서 개입을 할 수 있는가?" 하는 점이다. 과연 "국제적 인권의 기준 설정과 레짐 형성이 가능한가?" 하는 점이다.

이러한 국제적 기준(global standard)을 설정하기 위해서는 국가 간 합의가 필요하며, 이는 국제적 인권에 대한 개념 정의와 평가에 대한 국제사회의 동의를 전제로 한다. 오늘날 국제사회에서 인권 보호를 위한 주권의 제한에 대한 수용 가능성이 커지고 있다. 여기서 우리가

답하여야 할 의문은 "국제적 인권 기준의 설정이 가능한가?"라는 물음과 "이를 강제할 권위 있는 기제(instrument)는 무엇인가?"라는 물음이다.

국제관계의 다른 이슈와는 달리 인권은 문화적 차이로 인한 갈등이 크고 이로 인해 레짐을 형성하기 힘든 경향이 있다. 문화상대주의 주장 속에서 보편적인 국제적 기준 및 레짐을 어떻게 창출하느냐가 인권 이슈 앞에 놓여 있는 주요한 과제인 것이다. 오늘날 인권 문제는 안보와 연계되어 논의되고 있다. 즉 인권 보호는 인간안보 논리와 연결된다. 결국 국제사회의 개입의 정당성 논리와 연계된 논쟁이 벌어지게 되는 것이다. 인권 문제 해결을 위한 주권의 제한 가능성 여부가 관건인 것이다. 문제는 서구적 시각과 비서구적 시각의 차이로 인해 인권 보호라는 본래의 목적은 퇴색하고 국가이익 차원에서 논의되는 데 있다.

1993년 방콕선언은 "인권이 그 본질에 있어서 보편적이지만 국제적 규범의 설정이 역동적이고 진화 중이라는 맥락에서 국가별, 지역별 특성과 역사적, 문화적, 그리고 종교적 배경이 가지는 다양한 의미를 염두에 두고 인권을 고려하여야만 한다고 인식한다"고 하였다. 방콕 선언문이 진정으로 말하고자 하였던 것은 아시아적 특수성으로 인해 서구의 것과는 근본적으로 다른 아시아적 인권 개념을 창조하겠으며 또한 그렇게 하는 것이 정당하고 인권문제에 매달리는 서구의 외교정책은 아시아를 지배하려는 패권적 음모에 불과하다는 것이었다.

방콕선언 이후 '아시아적 인권'은 좀 더 세련된 모습으로 포장되었다. 한마디로 배타적 상대주의에 기초하고 있는 것이다. 배타적 상대주의는 인권의 절대성과 보편성을 부정하고 인권의 개별화와 서열화가 가능하다고 믿는 것이다. 인권의 개별화와 서열화란 인간의 여러 권리를 각각 독립적인 것으로 간주하고 권리들 간에 우선순위를 설정하는 것이다. 여기에서 권리들 간의 서열을 매기는 결정적 변수는 역사적 문화적 특성이고, 서열에 따라 덜 중요하다고 간주되는 권리는 더 중요하다고 간주되는 권리의 확보를 위해 얼마든지 포기될 수 있다는 것이 논의의 핵심이다. 이러한 논리를 바탕으로 리콴유와 마하티르는 궁핍으로부터의 탈출, 나아가 물질적 풍요, 그리고 조화로운 사회 건설의 이름 아래 '서구적 인권' 개념이 결코 보편적 인권이 될 수 없음을 강조한 바 있다. 즉 개인의 자유와 권리에 앞서 전체의 생존 문제를 해결하는 경제발전이 더욱 중요하기 때문에 시민적 정치권은 유보될 수 있고 유보되어야 한다는 것이다. 그러나 경제발전을 위해서 왜 인권이 반드시 제한되어야 하는지에 대해서는 아무런 설명도 하지 않으며 단지 자국의 '특수한 경험'만을 근거로 할 뿐이다. 사실 자유의 제한과 경제발전 사이에는 일반화될 수 있는 상관관계가 전혀 없다는 것이 많은 연구 결과들이 공통적으로 내리는 결론이다. 즉, 인권을 탄압하는 정부가 경제발전을 보장한다고 믿을 경험적 근거가 없다는 것이다(정연식 · 이상환, 2000).

다양성과 보편성이 양립할 수 없다는 주장은 싱가포르가 민주주의의 다양한 체제 가운데 하나라는 확신에서 연유한 순환논리이다. 싱가포르가 민주주의라면 다양한 민주주의 체제에 싱가포르의 경우가 포함될 것이고, 따라서 다양성과 보편성은 충돌할 수밖에 없을 것이다. 그러나 민주주의의 여부는 민주주의의 원칙에 의해 판단되는 것이다. 민주주의의 원칙으로 판단하면 안타깝게도 싱가포르는 민주주의가 아니다.

인간이라면 누구나 단지 인간이라는 이유만으로 소중한 존재라는 명제, 즉 인권은 결코 부정될 수도 없고 되어서도 안 된다는 점에 유의해야 한다. 이러한 보편적 관점에서 보자면 인권 확보와 신장을 위한 국제사회의 노력 그 자체는 도덕적으로 타당한 것이다. 그러나 인권 신장을 위한 전략적 차원에서 보았을 때 서구의 인권 개념을 비서구 지역에 그대로 강요하는 전략은 재고의 여지가 있다. 만약 문화적, 역사적 특성에 따라 인권에 대한 다양한 인식이 존재하는 것이 현실이라면 서구에서 생산된 인권 개념을 일률적으로 적용하는 것은 인권을 신장하기 위한 최상의 방법이 아니라는 주장이 설득력을 가진다. "인권에 대한 강제되지 않은 합의"가 필요하다. 인권에 대한 '통문명적 (intercivilizational)' 접근을 통해 상이한 문화 속에서 근사한 개념들의 교합점을 찾는 것이 절실하다. 바꾸어 표현하자면, 아시아 지역의 인권을 신장하기 위한 노력은 아시아의 문화와 전통에 도전하기보다 토착적 인권 전통을 발굴하여 그것을 바탕으로 아시아인들이 인권의 가치에 자발적으로 동의하도록 설득할 수 있어야 한다는 것이다. 예컨대, 태국의 경우 불교의 비폭력 원칙을 통해 인권이라는 결론에 도달할 수 있을 것이고, 또한 그렇게 동의된 인권의 보호막으로 제도적, 법적 장치와 더불어 국왕의 권위까지 동원될 수 있는 것은 태국만의 강점이 될 수도 있다는 것이다. 만약 이와 같은 인권의 '국지적 정당화'를 통해 인권을 존중하는 관행이 전통적 문화 위에 놓여진다면 인권이 장기적으로 보호될 가능성은 더욱 커질 것으로 기대된다(정연식 · 이상환, 2000).

국제사회에서 보편적인 인권의 기준을 설정하기 위해서는 가장 적합한 인권의 개념을 설정하고 개념정의에 따른 인권 기준이 마련되어야 한다. 문화상대주의를 인정한다 할지라도 이것이 보편적인 인권 기준의 설정을 막지 못하며, 인간으로서 당연히 누려야 할 권리를 박탈할 수 없는 것이다. 지구화 · 정보화의 시대에 있어서 전 세계적인 인권보호 혹은 민주화를 위한 보편적인 기준 설정은 가능하다고 할 수 있다. 개별국가적인 특수성 주장은 더 이상 설득력이 없는 것이다.

1993년 세계인권회의의 마지막 선언문과 행동강령은 "모든 인권이 보편적이며 분리할 수 없고 상호의존적이며 상호 연관되어 있다"고 단언했다. 지역적 인권 기준은 "보편적 인권 기준을 강화해야 한다"는 것이다. 이러한 기준은 명백히 전 세계적인 인권 규범에 대한 주권과 불간섭의 예속을 의미한다. 유엔과 같은 정부간기구와 비정부기구는 인권 이슈를 세계화하는 과정에서 중요한 역할을 수행해 왔다. 그들은 어떤 권리가 보편적이라는 생각을 강력히 실행하기 위해 그 규범, 제도, 운영원리 및 활동범위를 설정함에 있어 주요한 역할을 수행해온 것이다. 대다수 인권 비정부기구들은 두 개의 국제 규약이 효력을 갖게 된 후인 1970년대 말에, 그리고 1975년 헬싱키 협정이 서명된 후에 설립되었다.

지난 반세기에 걸쳐서 국제 인권 레짐은 형성과정을 밟아왔다. 이러한 국제 인권 레짐은 인권 규범과 기준을 분명히 하고 이들 기준을 조약, 법적 결정 및 관례에 성문화해온 것으로 알려졌다. 정부간기구와 비정부기구는 전 지구 및 지역 수준에서 국가의 인권기록을 감시하고 인권 유린 및 시정 보고서를 받는 일을 행해왔다. 양 기구는 레짐의 규범을 개선하고 법적 체계를 개선하는 방법에 관해 국가들을 교육시키고 국가들이 인권 규범을 크게 위반할 시 시정을 강행하는 일을 해왔다. 양 기구는 또한 인권 유린과 기록을 공론화하는데, 그리고 인권 교육에 관심을 가져왔다. 인권 기준을 설정하는 국제조약과 국내법을 요구함에 있어 비정부기구의 뛰어난 역할은 이미 알려진 바이다.

국제 인권 레짐에서 국제연합의 핵심적 역할은 국제적으로 보호받는 권리가 무엇인지를 규정하고 상술함에 있어서의 그 활동이다. 국제연합의 두 가지 초기 행동은 보편적 인권선언과 집단학살범죄의 금지와 처벌에 관한 협정이었다. 비록 다른 인권협정이 1950년대에 승인되었을지라도, 총회가 경제적, 사회적 및 문화적 권리에 관한 국제규약과 시민적 및 정치적 권리에 관한 규약을 승인한 것은 1966년에 이르러서이다. 양 규약은 요구되는 수의 비준을 얻은 후인 1976년에 가서 효력을 발생했다. 보편적 인권선언과 함께 그것들은 "국제적 권리장전"으로서 알려졌다. 이들 법적 기준을 규정하는데 거의 30년이 걸렸다는 사실은 국가들이 국가주권을 빈틈없이 수호하는 세계에서 그 과업의 어려움을 보여주는 것이다.

일반적으로 인권 NGO는 인권과 관련한 정부들의 행위를 감시하고 이를 정기적으로 보고하며, 인권침해행위가 있을 경우 이를 막기 위해 압력을 가하거나 국제적 인권보호장치를 창출하는 데 기여하는 단체들이다. 그러나, 인권의 내용이 정치, 사회, 경제, 문화 등 실로 다양한 분야와 관련되어 있기 때문에 인권 NGO들의 추구 목표도 다양한 양상을 보인다.

또한 인권 NGO들이 자신의 목적인 인권신장 및 인권침해 방지를 위해 사용하는 방법은 다양하다. 가장 일반적 방식으로 자신들의 정보력을 바탕으로 인권침해 행위가 있을 경우, 이를 언론에 공개하거나 혹은 UN과 같은 기구에 보고하여 인권침해저지를 위한 여론을 조성한다. 또한 국내 및 국제적 수준에서 활동하는 정책 결정자들과 다양한 교류활동을 펼쳐 국제기구에서 인권관련 의제가 논의될 수 있도록 영향력을 행사한다. 그리고 법률서비스 및 교육 등을 통해 개인과 단체가 자신의 권리를 알고 이를 행사하는 데 도움을 준다.

이러한 국제 인권 NGO는 그들의 노력에도 불구하고 특히 제3세계 NGO들로부터 비판을 받고 있다. 이 비판의 요지는 제3세계 독재정권에 의해 자행되는 인권침해가 결국 선진국들이 그들의 국익을 보호하기 위해 이들 국가들에서 강력한 물리력으로 국민들을 무차별 탄압하는 독재 정권을 후원함으로써 야기된다는 점이다. 따라서 선진국의 시민사회가 독재정권에 의해 탄압 받는 정치범을 보호한다는 것 자체가 모순되며, 이는 병 주고 약주는 식의 선진국의 이중적 가치관이라는 것이다. 이런 비판은 일면 타당성과 정당성을 갖고 있어, 이러한 문제는 해당국가의 인권단체들과의 긴밀한 연대를 통해 해결되어야 할 것이다. 또한 그들의 변화 적응 능력과 인권 개념의 절대성 및 보편성이 지적되어지고 있으며 인권 침해에 대해서 어떻게 대처할 것인지도 문제로 지적되고 있다.

21세기 들어 지구화가 가속화되면서 시민사회의 영역을 지구차원에서 확장하여 파악하려는 움직임이 일어나기 시작하였다. 이러한 지구시민사회는 국가 주권을 뛰어넘는 개인 인권의 강조와 일국 내적인 인권 개념이 아닌 전 지구적인 인권 개념을 전제로 하고 있다. 시민사회를 일국적 차원이 아니라 전 지구적 차원에서 봄으로써 오늘날 국제사회가 당면한 과제들에 대한 합리적인 정책 대안을 모색하자는 것이 지구시민사회가 추구하는 바이다. 이러한 주권적 권위가 부재하는 국제사회에서 전 지구적 차원으로 정부 및 비정부 행위자가 상호협력을 통해 제 문제들을 해결하는 방식을 일컬어 지구 거버넌스라고 한다. 앞으로 주권은 국익이 아닌 인권을 위해 존재하는 외연이 될 것이라고 해도 과언이 아니다.

IV. 제도와 인권 우위의 국제질서

아직은 초보적인 수준이나 오늘날 국제사회에서 인권보호를 위한 주권의 제한 가능성에 대한 국제적 합의는 상당부분 인정되는 분위기이다. 신국제주의(new internationalism)는 바로 "인권이 주권에 우선한다"는 원칙에 근거하고 있다. 보다 포괄적인 보편적 인권 기준을 설정하는 것이 쉽지는 않겠으나 그러한 레짐의 형성 가능성을 부인할 수 없는 것이 최근의 현실이며, 단지 그 시행을 위한 강제력을 어떻게 확보하느냐가 국제사회의 과제라고 말할 수 있다.

앞으로의 세계질서는 국가중심체제가 약화되고, 그 대신 국가가 범세계적·지역적 국제기구 및 레짐과 공존할 것이라는 신자유주의(neo-liberalism)적인 시각이 타당해 보인다. 탈냉전적 다극체제는 단순한 세력균형적 안정이 아닌 범세계적인 공동체 의식에 기초한 상호의존적 연결망에 의한 안정으로 파악될 수 있는 것이다. 범지구화 현상이 가속화됨에 따라 국가의 그 해당 국민에 대한 지배력은 점차 약화될 것이며, 궁극적으로는 범지구체제 즉 하나의 세계민주공동체로 발전할 가능성이 있다. 새로운 세계질서하의 정치생활양식은 자유민주주의가 될 것이고 이는 국가 간 상호의존의 심화와 개인 자율성의 확대라는 상반된 의미와 혼재하는 것이 될 것이다. 다시 말하여, 국제관계의 국내적 영향력의 확대가 국가주권의 약화를 가져올 것이며 이는 각 국가영역내의 개별 행위자들의 정치적 자율성의 확대를 수반할 것이다. 아울러 경제생활양식도 자본주의적 발전이 토대를 두고 있는 효율성에 사회주의적 발전이 근거를 두고 있는 형평성을 보완한 새로운 양식이 될 것이다. 한마디로 국가주권의 약화와 개인 자율성의 확대로 앞으로의 세계정치경제질서를 이해할 수 있을 것이다. 이러한 신국제정치경제질서는 궁극적으로 세계적인 공동체 의식구조를 창출할 것이며, 이에 따라 하나의 범지구체제인 세계민주공동체를 형성할 것이다. 세계민주공동체의 형성은 단순한 윤리적 차원의 국가 간 이상적인 협력이 아니라 전 지구적 위기 속에서 호혜적 차원의 실질적인 국제관계하에서 발전될 수 있는 당위적 현실이라고 말할 수 있는 것이다.

오늘날 국가 주권이라는 개념은 국가 자율성(autonomy)이라는 견지에서 이해될 수 있다. 만약 국가가 진정한 의미에서의 주권자라고 한다면, 국가는 그 주권을 포기할 수 없고 또 틀림없이 그 주권의 제한을 인정하는 일조차 할 수 없는 것이다. 국가는 국가의 법률과 행정 아래 있는 정치단체의 다른 여러 부분과의 관계에서만 최고의 독립성과 권력을 가지며, 그리고 이와 같은 상대적으로 최고의 독립성과 권력에 대한 권리를 지니는 것이다. 개별 국가들의 자율성과 독립성 약화가 바로 새로운 정치단체로의 통합을 예견하게 하며 이는 하나의 세계민주공동체로서의 성격을 갖는 것이다.

1990년대에 들어와 많은 사람들에 의해 대변혁과 대전환이 논의되고 있다. 오늘날의 시대는 전환의 시대이고 세계질서는 재편의 과정을 겪으면서 커다란 위기를 맞고 있다. 이러한 위기는 범세계적 공동체 의식을 고취하고 범지구적 질서의 도래를 요구하고 있다.

그렇다면, 범지구화는 가능한 것인가? 범지구화라는 용어 속에는 기본적으로 동질성과 보편성의 의미가 함축되어 있다. 그러나, 자본주의체제하의 모든 국가에게 동질성을 기대한다는 것은 이상에 불과하다고 볼 수 있다. 서구의 역사 속에서 하나의 유럽을 구상하려는 시도가 실패로 끝났으며 많은 정치적 사건을 야기했듯이 단순히 외형적으로 동일적인 범지구화를 지향한다는 것은 탈냉전 시대에 있어서도 실현되기 어렵다고 본다. 단지 현실적으로 실현가능한 대안을 제시하자면, 오늘날 국제사회가 안고 있는 공동의 문제를 해결하는 데 있어서 각국 간의 협조가 필연적으로 요구되므로 과거 강대국 중심의 억압적 논리만으로 이러한 문제를 해결할 수 없기에 개별 국가들과의 민주적 유대를 필요로 한다는 점에서 공동체 의식의 확산을 기대할 수 있는 것이다. 개별국가가 소멸되는 세계체제를 상정하지는 못할지라도 세계민주공동체는 지역적·범지구적 공동체 의식을 통해서 가능한 것이다. 세계인들이 공동의 문제를 상정하고 공감대를 형성하여 그 문제를 해결하는 방식을 통해서 세계민주공동체는 가능해지는 것이다. 세계민주공동체는 제도적 차원이 아니라 국제관계에 있어 이견을 조정하는 하나의 국가 간 민주적 의사결정 메커니즘의 확립으로서 실현가능해지며 따라서 비정부간 기구 및 레짐의 역할이 강조되는 것이다.

이른바 신국제질서는 지구민의 자유에 대한 갈망과 평등에 대한 욕구를 억누르고 단순히 강대국가들 간 세력재편을 통해 자본주의 세계질서의 현상황을 유지하고자 하는 보수적 구도로 발생한 것이 아니라 탈냉전 시대의 세계사적 흐름과 지구민의 공동체의식과 민주화 열망을 발전시켜나가는 진보적인 새 질서인 것이다. 즉, 새로운 세계질서는 냉전체제하의 국가 간 불평등의 체제를 지켜내고자 하는 구도가 아니라 이를 해소하고 진정으로 대체하는 새로운 질서라고 볼 수 있다. 이러한 차원에서 진정한 의미의 새로운 세계질서의 창출은 가능하며, 세계체제의 미래는 열려 있는 것이다. 앞으로의 세계체제를 어떤 방향으로 이끄느냐 하는 것은 세계질서의 구조적 압력과 함께 그 체제 속에 살고 있는 사람들의 역사적 선택과 도덕적 노력에 달려 있는 것이다.

오늘날 세계질서가 범지구화하여 감에 따라 국제정치경제체제의

주된 행위자로 간주되어 왔던 개별 국가의 자율성과 독립성이 초국가
적 관계의 강화에 따라 약화되어간다. 이런 시각에서 국가 체제의 틀
밖에 존재하는 다양한 유형의 초국가적 조직들 혹은 국제적 레짐
(regime)을 주목하게 된다. 예컨대, 국제적 환경레짐과 국제적 인권레
짐 등을 대표적 사례로 꼽을 수 있다. 지역통합이 완벽하게 이루어진
다면 지역 내 국가들 사이의 경계선은 없어지는 것이고, 범세계화가
완전하게 실현된다면 지구상에 존재하는 국가들 사이에 경계선이 사
라지는 것이다. 가능한 예측은 지역인 경우 지역적 공동체가 탄생할
것이고, 세계 전체의 경우에는 세계적 공동체가 탄생하리라는 것이
다. 개별 국가가 아예 소멸되는 세계를 기대하기는 어려울 것이나 이
러한 탈국가적 체제로의 변화는 상당한 현실적 근거를 갖고 있다. 지
금은 그 과도기인 개별국가의 자율성과 독립성이 축소되어 있는 상황
으로 규정될 수 있는 것이다. 여기서, 세계민주공동체로의 발전은 바
로 결사체 민주주의[3] 라는 국내적 · 국제적 민주적 의사결정운영방식

---

3) 결사체주의(associationalism)의 핵심은 시민사회에 존재하는 사회집단을 공
   적인 업무에 참여시키는 것이다. 최근 시민사회에는 종교집단과 같은 기존 집
   단이외에도 다양한 정치쟁점에 따라 많은 집단들이 자발적으로 결성되고 있
   다. 결사체주의는 이와같은 다양한 사회집단들을 포용할 수 있는 이념이다.
   결사체주의의 장점은 기존의 대의민주주의뿐만 아니라 자유시장적 사회와도
   양립할 수 있다는 점이다. 결사체주의는 국가의 통치범위를 축소시켜 사회집
   단에 위임함으로써 대의민주제도를 유지시킬 수 있다. 또한 시장에 사회집단
   간의 연계망을 구축하여 긍정적인 조정기능을 수행할 수도 있다. 결사체주의
   가 상정하는 기본전제는 자의주의(voluntarism)와 자치이다. 결사체주의에서
   사회집단들은 자율성을 가지고 국가의 간섭없이 권한을 행사하기 때문에 다
   원주의와 조합주의와는 구별된다. 결사체 민주주의는 다음과 같은 세 가지 원
   칙에 입각해서 수립된다. 첫째, 자발적 조직은 경제와 사회적 업무에 관여하는
   민주적 통치의 주체가 된다. 둘째, 결사체 민주주의는 국가기구의 권력분산을
   추구한다. 셋째, 결사체 민주주의는 사회집단의 형성을 고취하고 각 사회집단
   간의 유대를 강화시킨다. 결사체주의는 자유주의의 개인주의와 사회주의의
   집단주의(collectivism)에 대한 대안으로 19세기에 제시되었으며, 국가의 집권
   화와 관료제의 확대를 비판하는 입장이다. 결사체주의의 옹호자로는 Robert

의 확립에 의해 가능해진다.

세계민주공동체하에서는 기존의 국제정치구조와는 달리 경제적·군사적 자원을 기반으로 하는 국가권력보다는 이해갈등조정능력으로 규정할 수 있는 정치적 자원의 비중이 증대된다. 따라서 국력은 이익 성취를 위해 정치적 자원과 경제적 자원을 동원할 수 있는 능력으로 규정된다. 또한 세계민주공동체하에서는 어떠한 국가도 조직적 차원에서 다른 집단들을 압도할 정도의 조직력을 갖고 있지 않기 때문에 연합의 필요성이 증대되며 많은 지지를 획득한 국가의 이익이 더 많은 실현기회를 갖게 된다. 이러한 상황에서 강대국들이 보유하고 있던 특권적 이익은 철폐되며 모든 국가들에게 공정한 규칙이 적용되게 된다. 세계민주공동체의 가장 핵심적인 특징은 비정부간 기구와 국제 레짐의 역할이 증대되어 국제사회의 비정부적·사적 행위자들이 정책의 상당 부문을 담당하게 된다는 점이다. 이러한 결과는 약소국의 권리가 회복되고 참여적·상호의존적 민주적 국제관계가 실현되었음을 의미하는 것이다.

제도와 인권을 강조하는 세계민주공동체의 등장으로 인한 국제관계의 변화는 새로운 국제협력모델을 요구한다.[4] 기존 국제정치질서의

Owen, Pierre-Joseph Proudhon, G.D. Cole, Harold J. Laski 등이 있다. 결사 체주의에 관한 기본적인 논의는 Cohen & Rogers(1992), Hirst(1992, 1994), Immergut(1992) 등을 참조하시오.

4) 세계민주공동체 모델의 기반이 되는 국제정치적 시각으로는 세계시민주의(Cosmopolitanism)와 영국학파(English school)의 주장이 있다.

세계시민주의(Cosmopolitanism)는 인간사회의 연계성과 그러한 연계가 가져다 주는 이익을 전제로 하며 세계화에 대한 신자유주의적 해석이라고 할 수 있다. 이는 각 개인이 국가와 무관하게 다양한 소속감을 갖는 상황을 강조하고 하위 국가적 혹은 초국가적 제도(기관)에 의해 통제되는 것을 의미한다. 또한 세계시민사회에 대한 이해를 강조하며, 국가 간 관계와 권리를 보호하는 국제법(international law)이 아닌 세계시민으로서 개인의 권리를 보호하는 세계시민법(cosmopolitan law)에 기초한 세계시민사회를 지향한다. 세계시민주의가 의미하는 코스모폴리탄 민주사회는 문화적 동질성이나 국민국가의 소멸을 의

한계를 극복하고 지구시민권 확보를 실현시키기 위한 가장 현실적인 이론적 대안은 바로 세계민주공동체 모델이다. 세계민주공동체 모델의 핵심은 민간기구인 영역별 레짐이 국제정책을 결정하고 집행할 수 있는 자율성을 갖는다는 점이다. 즉, 국제적 레짐이 정책결정과정에 참여하는 개별 시민 혹은 집단의 의사를 수렴하고 이에 근거해 정책을 수립하고 집행한다. 이러한 세계민주공동체 모델이 의미하는 것은 개별 행위자의 다원성이 심화되고 이들의 자율성이 강조되며 정책결정과정에서 이들의 의사나 이익은 국제적 레짐이라는 매개체를 통해 반영되고 실현된다는 것을 의미한다.

그 이유는 국제적 레짐이라는 거대조직을 이용할 때 자신들의 의사나 이익이 실현될 가능성이 높기 때문이다. 따라서 기존의 국제관계 모델에서 결정적인 역할을 하거나 객관적인 중재자로 간주되는 국가는 정책결정과정에 직접적으로 참여하기보다는 레짐들의 활동을 지원하거나 감시하는 것을 주 기능으로 한다. 이 모델의 특징은 국가 간의 이해조정이 결정권과 자율권을 가진 객관적인 국제적 레짐에 의해 이루어진다는 점이다.

미하지 않고 국경 내외적으로 국민국가에 의해 준수되는 민주적 공공법에 기초한다고 할 수 있다. 즉 이질감에 따른 배타성을 극복하는 common medium을 추구하는 것이다.

영국학파(English school)는 국제사회(international society)가 질서(order), 협력(cooperation), 도덕(morality)에 의해 유지되어진다고 주장한다. 국제관계에는 일련의 질서(order)가 존재한다는 것이다. 국가는 인간집단을 위한 정당한 단위이며 주권에 의해 유지되고, 국가 간 위계적 구조는 상호 주권 인정에 의해 무시되는 것이다. 영국학파에 속하는 세계여론이론은 국제사회가 몇 가지 구성요소에 의해 운용되어진다고 한다. 이는 도덕적 요소(국가 간 공유된 가치), 실용적 요소(국가 간 공유된 이익), 세계여론의 영향력(세계문제와 국가행위에 대한 분명한 영향력), 국가이미지(명성), 하나의 단위로서의 세계(국제공동체), 국제적 고립의 위협(국가에 대한 잠재적 처벌)이다.

V. 결론

후쿠야마(Fukuyama, 1992)에 의하면, 앞으로의 세계에서 이데올로기는 존재하지 않게 될 것이며 현존하는 대의민주주의와 시장경제 이외에는 대안이 없기 때문에 현존제도는 무한히 지속될 것이다. 즉, 그는 자유민주주의가 진보의 주체이며 자본주의는 유일하게 가능한 경제체제라고 주장하며, 이데올로기적 대립이 보편적인 민주이성과 시장지향적인 사고로 대체될 것으로 전망한다.

현실주의적 시각과 자유주의적 시각을 취합하여보면, 신국제질서는 냉전시대와 같은 강대국 간의 긴장과 대립은 해소되었지만, 단기적으로 보면 지역적 민족분쟁, 국가 간의 경제적 갈등, 그리고 지역패권주의의 등장 가능성 등은 상존한다고 볼 수 있다. 이는 냉전적 이념갈등의 해소와 함께 그 갈등 속에 묻혀 있던 문제들이 한시적으로 표출된 것이다. 이러한 세계정치의 불안 요인들의 해소가 탈냉전의 신세계질서를 진정한 화해와 협력의 시대로 발전시킬 수 있는 것이다.

국제관계는 갈등과 협력이라는 두 가지 속성을 공유하고 있다. 국제관계는 (신)현실주의와 (신)자유주의 중 어느 한 시각만 가지고 설명이 불가능하며 양 시각을 모두 고려하여야 한다. 따라서 양 시각을 수렴한 혹은 사례별로 양 시각을 분리하여 적용하려는 노력이 요구된다. 한마디로 말하여, 힘과 제도 그리고 주권과 인권이라는 두 가지 측면의 고려가 국제관계를 이해하는 데 필수적인 것이다. 국제정치질서의 연속성과 불연속성은 바로 이러한 두 가지 측면을 토대로 파악할 수 있으며, 이것이 국제정치의 패러독스를 보여주는 것이다.

세계화는 국제인권의 발전에 방해물이자 자극제가 되어왔다. 경제적 세계화는 개발도상국에서 값싼 노동력을 활용하는 다국적기업들에게 보다 많은 기회를 제공했다. 반면 경제적 세계화는 인권을 해치는 사회 내 그리고 사회 간 광대한 경제적 불균형에 보다 많은 관심을 불러일으켰다. 또한 통신의 세계화는 인권유린과 잔학성을 전 세계적으로 급속하게 알려지게끔 해왔다. 그것은 비정부기구들과 개인들로 하여금 네트워크를 만들고 공동대응을 하며 그들의 관심을 전파할 강력한 새로운 매체를 제공해왔다. 결과적으로 인권 이슈에 민감하고 영향을 미칠 준비가 되어 있는 국제적 청중을 만들었다. 인권을 보호하는 것은 사실상 전 세계적인 과제인 것이다.

현 단계 세계체제는 핵심부를 장악한 패권국가가 없으며, 그 내부의 권력이 미국 · EU · 일본 · 러시아 · 중국 등의 강대세력에 분산되어 있다. 이제 더 이상 세계적 문제들이 특정 국가에게만 의존하여 해결될 수 없는 것이다. 예를 들어, 전 지구적인 환경 파괴의 경우 특정 국가의 노력에 의한 해결이 불가능하고, 전 지구 차원에서 집단적인 대응에 의해서만 통제가 가능한 문제들이다. 단기적으로는 세계체제의 정치군사적 갈등, 경제적 이해대립, 환경파괴 등을 통제 · 관리하기 위해서 기존의 국제기구를 강화하는 것이 절실하며, 궁극적으로는 이러한 문제들의 해결은 세계적 민주공동체의 민주적 운영방식을 통해 가능해지는 것이다.

단순한 세계정부는 절대적인 초국가, 즉 개개의 국가 위에 위치하는 그러한 국가의 행위에 간섭하는 높은 자리의 국가에 지나지 않게 되나, 세계민주공동체는 여러 정부로부터 파견되는 대리자를 통해서가 아니라 사람들의 자유로운 의지에 의해 창설되고 유지되는 비정부적 집단 즉 결사체를 통해서 가능해지는 것이다. 문제는 세계민주공동체를 정치적으로 조직화된 국제사회라고 하는 상태에까지 끌어 올린다고 하는 것에 있는 것이다. 세계민주공동체로의 전환이라는 것은 단지 범위의 차원에서의 변화뿐만 아니라 무엇보다도 깊은 정도의 차원에서의 변화, 즉 인간의 도덕성 및 사회성의 내면적 구조에서의 변화를 포함한다. 지구시민권 확보를 통해 지상의 모든 민족이 함께 생활을 하려고 하는 공동의 의지의 방향으로 가게 되는 것은 자유라고 하는 수단에 의해서이다. 사람들이 세계적인 규모의 사회에서 생활을 함께 하려고 하는 의지를 가지는 이유는 자유의 획득에 있는 것이다.

요점은 사람들로 하여금 그 일을 깨닫게 하고 그것이 자기를 희생시킬 만한 가치가 있다고 하는 사실을 스스로 깨닫게 하는 일이다.

향후 세계질서에 대한 전망은 힘과 주권 중심의 국제질서가 제도와 인권 중심의 국제질서로 순조로이 전환되느냐에 달려 있다. 국제사회에서 개별 행위자인 사람들이 지구시민으로서 자신의 위치와 권리를 인식하고 힘이 아닌 제도 우위의, 주권이 아닌 인권 우위의 국제관계를 형성해간다면 새로운 국제질서는 바람직한 방향으로 나아갈 것이다. 요컨대 지구시민권 확보 여부가 21세기 국제질서를 가늠하는 척도가 될 것이다.

참고문헌

김계동 외(역). (2007). 『국제기구의 이해: 글로벌 거버넌스의 정치와 과정』. 서
　　울: 명인문화사. Karns, Margaret P., and Karen A. Mingst. (2004).
　　International Organization: Politics and Process of Global Governance.
　　Colorado: Lynne Rienner Publishers.

김웅진 외.(2004). 『현대정치학서설: 연구의 영역·대상·맥락』. 서울: 세영사.

김유남 외(역). (2002). 『시민사회, 사상과 역사』. 서울: 아르케. Ehrenberg, John.
　　(1999). Civil Society. New York: New York University Press.

김철범. (1992). 『21세기 신국제질서와 한반도』. 서울: 평민사.

이상환. (2007). 국제인권레짐의 형성과 문화상대주의. 『사회과학논집』. 한국외
　　국어대학교 사회과학연구소. 25(1):81-100.

＿＿＿. (2007). 국제적 반부패와 인권 문제에 대한 고찰: 보편성과 상대성의 충
　　돌과 조화. 『국제정치연구』. 10(1):323-346.

＿＿＿. (2004). 미국의 인권외교에 대한 분석과 전망. 『세계지역연구논총』. 22(2
　　호):75-90.

＿＿＿. (2004). 제2차대전 후 국제질서의 변화: 구조속의 힘과 제도의 영향. 『사
　　회과학논집』. 한국외국어대학교 사회과학연구소. 22(1):119-138.

＿＿＿. (2001). 세계시민사회와 국제비정부기구: 국제사회에서 INGOs의 역할과
　　한계를 중심으로. 『21세기정치학회보』. 11(1):247-261.

＿＿＿. (1996). 신국제정치경제질서의 도래와 세계민주공동체로의 전환. 『국제
　　정치논총』. 36(1):33-56.

정연식·이상환. (2000). 미국의 인권외교정책: 중국과 한국의 사례 비교. 『21세
　　기 국제관계연구의 쟁점과 과제』. 서울: 박영사.

홍성복(역). (1992). 『새로운 초강대국』. 서울: 동아출판사. Bergner, Jefferey T.
　　(1991). The New Superpowers. New York: St. Martin's Press.

홍원표 외. (2005). 『국제질서의 패러독스』. 서울: 인간사랑.

Baldwin, D., ed. (1993). Neorealism and Neoliberalism: The Contemporary
　　Debate. New York: Columbia University Press.

Deutsch, K., and D. Singer. (1964). Multipolar Power Systems and International Stability. World Politics. 16:390-406.

Dougherty, J., and R. Pfaltzgraff Jr. (1981). Contending Theories of International Relations. New York: Harper & Row, Publishers.

Evans, P. (1997). The Eclipse of the State? Reflections on Stateness in an Era of Globalization. World Politics. 50(1):62-87.

_____. (1979). Dependent Development. NJ: The Princeton University Press.

Fukuyama, F. (1992). The End of History and the Last Man. New York: Free Press.

Gilpin, R. (1987). The Political Economy of International Relations. NJ: The Princeton University Press.

_____. (1975). U.S. Power and the Multinational Corporation: The Political Economy of Foreign Direct Investment. New York: Basic Books, Inc.

Isaak, R. (1995). Managing World Economic Change. NJ: Prentice-Hall, Inc.

Jervis, R. (1982). Security Regimes. International Organization. 36(2).

Keohane, R. (1989). International Institution and State Power: Essays in International Relation Theory. Wesview Press.

_____. (1984). After Hegemony: Cooperation and Discord in the World Political Economy. Princeton: Princeton University Press.

Keohane, R and J. Nye. (1977). Power and Interdependence: World Politics in Transition. Boston: Little Brown and Company.

Kennedy, P. (1987). The Rise and Fall of Great Powers. New York: Random House.

Krasner, S. (1985). Structural Conflict: The Third World Against Global Liberalism. C.A.: University of California Press.

_____. (1984). Approach to the State: Alternative Conceptions and Historical Dynamics. Comparative Politics. 16(2,):223-246.

_____. (1983). Structural Causes and Consequence: Regimes as Intervening Variables. In Krasner, ed. International Regimes. Ithaca: Cornell University Press.

_____. (1978). Defending the National Interest. Princeton, NJ: Princeton University Press.

_____. (1976). State Power and the Structure of International Trade. World Politics. 28:317-348.

Morgenthau, H. (1967). Politics among Nations: The Struggle for Power and Peace 4th ed. New York: Knopf.

Morse, E. (1976). Interdependence on World Affairs. In James Rosenau, ed. World Politics. New York: The Free Press.

Organski, A.F.K. (1981). The War Ledger. Chicago: University of Chicago Press.

Singer, D. (1989). The Level of Analysis Problem in International Relations. In John Ikenberry, ed. American Foreign Policy: Theoretical Essays, 67-80.

Spero, J. (1985). The Politics of International Economic Relations. New York: St. Martin's Press.

Walleri, D. (1978). The Political Economy Literature of North-South Relations. International Studies Quarterly. 22:587-624.

Wallerstein, I. (1974 & 1980). The Modern World System. Academic Press.

Waltz, K. (1993). The Emerging Structure of International Politics. International Security. 18(2).

_____. (1979). Theory of International Politics. New York: Random House.

_____. (1967). International Structure, National Force, and the Balance of World Power. Journal of International Affairs. 21:215-231.

지구시민권과 거버넌스*

박재창

지구시민권을 통한 지구 민주주의의 구현 문제는 이를 지나치게 낭만
주의의 시각에서 접근해서도 안 되지만 그렇다고 해서 이를 우상화하는
일도 배척해야 마땅하다(Scholte, 2001:23).

I. 서론

오늘날 우리는 지구화 시대에 산다. 이는 자본주의의 범지구적 확
산, 생상양식의 국제화, 의사소통 양식 및 기술의 진보에 힘입은 바 크
다. 이런 초국적 현상은 크게 보아 두 가지 서로 다른 차원에서 목격된
다. 우선 물질의 범지구적인 이동이다. 정보, 여행, 생산, 교역, 금융,
조직, 법률, 갈등, 생태 등의 과제가 인류역사상 경험해 보지 못한 빈

---

* 이 글은 "시민권과 지구시민사회: 지구 거버넌스의 유형별 한계"로 『국제지역
연구』(2009) 8(4)에 실릴 예정이다.

도와 강도로 초국적인 차원에서 교류되고 있다. 이는 사고의 틀에서도 같다. 의식, 상상, 개념, 사고 등이 초국적 차원에서 재해석되거나 확장되고 있다(Robertson, 1992). 이런 물질의 초국적 교류와 사고 변경의 초국적인 확장은 상호작용하는 가운데 우리의 일상을 보다 복잡하고 급진적인 양식으로 변모시킨다.

이런 복잡하고 급진적인 사회관계 망의 범지구적인 확장은 당연히 사회관계의 갈등적 요인을 초국적으로 확장하면서, 이에 조응하기 위한 제도적 장치의 개발을 보다 시급히 요청하게 되었다. 이런 사회적 요구에 정치적으로 조응한 결과가 바로 지구 거버넌스의 등장이다. 따라서 지구 거버넌스는 당연히 규칙의 제정과 그의 초국적인 적용을 함축한다(Scholte, 2007:4). 이는 초국적인 교류가 안정성과 지속성을 유지하려면 그 교류를 규제, 관리하는 어떤 장치를 필요로 하기 때문이다. 지구 거버넌스는 이렇게 지구 차원의 사회적 관계망이 지속가능성을 담보하는 데 필요한 질서와 예정성을 동반하거나 내포하는 것으로 간주된다.

이점에서 지구 거버넌스는 일국 수준의 정부와 별로 다를 것이 없어 보인다. 다만 지구 거버넌스는 일국 수준의 정부보다는 보다 덜 중앙집권적이며, 덜 공식적이고, 더 유연하다는 평가를 받아왔다. 그러나 이는 단지 외피적인 관찰에 지나지 않을지도 모른다. 보다 심층적으로 분석해 보면, 지구화로 인해 국가 간의 경계를 초월하는 상호작용이 일상화한다는 사실이 단순히 국가 간의 상호의존성이나 기존의 의사소통이 보다 더 심화된다는 단순사실만을 의미하는 것이 아니라, 그보다는 훨씬 더 본질적인 변화로서 국가 간의 관계가 이전과는 전혀 다른 성질의 것으로 변화하고 있음을 시사하는 것일 수도 있다(Gans, 2005:1).

이런 정치사회관계의 본질적 변화 내지는 재구성 현상을 정치적 관점에서 접근하는 이들은 오늘날의 지구화 현상을 '웨스트팔리아 정치의 후기(post-Westohalian poliitcs)(Zacher, 1992; Cox, 1996:153-

155)' 내지는 '신중세(New Medievalism)(Bull, 1977:264-76)'의 등장으로 묘사하는 데에 주저함이 없다(Amoore & Langley, 2005:139). 지구 거버넌스가 일국 수준의 정부 운영 양식과는 달리 다층적일 뿐만 아니라 다양한 레짐을 내포하며 공사영역 모두를 포괄하기 때문에 그의 개념적 실체가 마치 중세 이후의 혼란기를 시사할 만큼 정리되어 있지 않거나 전혀 새로운 성질의 것이라는 의미다.

일국주의에 기초한 전통적인 정부가 하나의 의사결정 중추를 상정하는 것인 데 반해, 지구 거버넌스는 의사결정 중추의 다핵화를 특징으로 한다(Scholte, 2001:12). 공사영역을 모두 포괄하는 만큼 그의 경계 범위가 상대적으로 불명한 것도 특징 가운데 하나다. 그뿐만이 아니다. 지구 거버넌스는 일국 수준의 정부에 비해 정통성 기반이 취약한 것으로 알려져 있다. 지구 거버넌스로 인해 영향을 받는 정책고객과 거버넌스 간의 물리적, 정서적, 관념적, 문화적 거리가 상대적으로 멀기 때문이다.

이렇게 지구 거버넌스가 그의 개념적 범주나 작동원리에 있어 불명한 이유는 그의 윤리적 토대가 되는 지구시민권 자체가 아직은 완벽한 것도 아니고, 그렇다고 해서 일반적이고 보편적인 지지를 받고 있는 것도 아니며, 하나의 응집된 양식을 취하는 것도 아니기 때문이다(Williams, 2002:11). 따라서 지구시민권 개념을 규정하는 작업은 아직 매우 어렵고 심지어 불가능한 일이라고까지 인식된다(Williams, 2002:11). 그렇지만 이렇게 지구시민권의 개념을 규정하는 일이 쉽지 않다는 사실은 우리에게 양가적 의미를 시사한다. 긍정적으로는 지구 거버넌스가 보다 다양한 환경과 상황에 유연하게 조응하거나 대처할 수 있다는 의미다. 반면에 부정적인 면에서는 바로 그런 성질로 인해, 정책대안의 개발이 곤란을 겪거나 윤리적 평가의 기준을 제시하기가 어렵게 된다(Williams, 2002:12).

자연히 지구 거버넌스에는 실로 다양한 의미가 내포되면서 이를 토대로 체계적인 논의를 전개하기가 어려울 정도다. 지구화에 따른 역기능을 극복하기 위한 사회정책망을 뜻하기도 하고, 이런 정책망의 관리적 요소를 강조하는 가운데 글로벌 거버넌스의 등장을 말하기도 하지만, 그 중에서도 NGO의 비중을 강조하고자 하는 이들은 초국적 시민네트워크로 이해하고자 하기도 한다. 그러나 이런 초국적 시민네트워크가 어떤 목적의식이나 가치관을 가졌다고 보는 경우에는 초국적 창도 네트워크로 개념화되고 있다. 이런 초국적 창도 네트워크가 지속적 반복적으로 작용하는 가운데 새로운 문화적 질서가 확산되는 경우 이를 지구시민사회의 등장으로 보기도 한다(박재창, 2006:34-39).

따라서 이렇게 다양한 지구 거버넌스의 개념들을 어떤 일정한 양식에 따라 정리하고 이를 토대로 각각의 유형이 지니고 있는 의미를 살펴 그것이 동반하는 정치사회적 시사점과 과제가 무엇인지를 천착하는 일은 지구 거버넌스를 통한 지구 문제 해결에 있어 필수적 과제로 해석된다. 이런 문제의식과 현실인식을 토대로 이 장(章)에서는 지구 거버넌스의 실체를 그의 핵심적 토대인 지구시민권에 대한 분석적 조명을 통해 보다 체계적으로 밝혀보고자 한다. 그런데 지구시민권은 시민권을 지구적 맥락에서 재규정한 것이므로 일국 수준에서 논의되어 온 시민권 개념과 그의 맥락적 조건인 지구시민사회에 대한 성격 규정을 양축으로 접근하고자 한다.

II. 시민권: 국가중심주의와 공동체중심주의

시민권은 그의 유용성이 커지면서 오히려 개념이 보다 더 불명해지는 변화를 겪어왔다. 사회 구조나 정치의 규범적 좌표가 변하면서 그에 상응하는 가치적, 철학적, 개념적 틀의 수정이 요구된다는 점도 시민권 개념을 진화시키고, 그에 따라 개념의 불명성을 더하는 또 다른 요인이 되었다. 이런 개념의 다양성과 불명성 가운데에서도 시민권의

발양을 추동하는 기제가 무엇이냐를 놓고서는 대체로 두 개의 대립적
시각이 경쟁을 벌여왔다. 시민권의 원류가 국가로부터 비롯된다는 시
각과 공동체로부터 발현한다는 관점이 그것이다.

1. 국가중심주의

시민권에 대한 스미스(Smith, 1982)류의 역사법학적 시각에 의하면
자연 상태에서 생활하던 인간은 수렵 시대를 거치면서 동족 간의 갈
등 조정이나 재산 보호 등을 위해 사회적으로 제도화된 장치의 고안
을 필요로 하게 되었다. 그 결과물이 바로 국가다. 따라서 시민권은
바로 이런 국가에 의해 보호받기를 원하는 사회성원에게 국가가 부여
하는 일종의 배타적 특권으로 이해된다. 그렇기 때문에 시민권 형성
에 있어 국가의 역할과 비중은 절대적인 것으로 간주된다. 이는 항용
사회계약론자들이 상정하는 바와 같이 시민의 국가 권력에 대한 복종
을 이상화하려는 것이 아니라, 실용주의적인 시각에서 해석하려 한
결과물로 이해된다. 부언하면 시민의 국가권력에 대한 복종은 그의
필요에 의해 세워진 정부를 운영하는 과정에서 효율성을 제고하기 위
한 것이며, 그런 점에서 정부를 매개로 이뤄지는 시민상호간의 의존
성은 시민 개개인의 사회적 편익을 극대화하기 위한 것이다(Moore,
2004:16).

이렇게 시민권에 대한 자유주의적인 관점은 시민권을 항용 전(前)
정치 단계의 사적 공간(pre-political private domain)에서 포착한다
(Delanty, 2002:23). 이때의 시민권은 권리와 의무의 총체로 인식되는
것이 보통이기 때문에 국가와의 공식적인 관계 속에서 규정된다. 이
렇게 국가중심주의적인 시각(state centered approach)은 시민권을 공
식적으로 법률이 규정하는 그 사회 구성원의 지위 또는 정체성으로
이해하고자 한다. 따라서 국가의 지리적인 경계 범위 내에서만 적용
력을 지니며, 자국민 사이에서는 평등하게 적용되지만 타국민과의 관

계에서는 차등적으로 적용된다. 바로 이점에서 마르크스류의 전통을 추종하는 이들은 소수의 엘리트에 의해 자본주의 체제의 불평등 구조를 영속화하기 위해 동원된 장치라고 비판하기도 한다. 그러나 기본적으로 국가 권력 의존적이라는 점에서 수동적 개념이며, 그런 만큼 국가권력의 확대가 시민 개개인의 사회적 이익을 순증할 것이라고 기대하기도 한다.

　그러나 크리지어(Krygier, 1996)는 시민권 발흥의 토대가 되는 시민사회의 발전을 위해서는 비민주적인 국가권력의 경우 이를 와해하거나 축소하는 일이 필수적 과제라고 보았다. 국가 권력의 축소가 시민권 발흥의 전제조건이라는 것이다. 바로 이 점에서 전통적인 국가중심주의적인 시민권 사상과 배치되는 것처럼 보인다. 그렇지만 시민권 발흥이 국가 의존적이며 동시에 수동적이라고 본다는 점에서는 여전히 전통적 자유주의 사상의 연장선상에 있는 셈이다. 사회주의 국가권의 붕괴 이후 동유럽에서 시민사회가 부활하는 과정을 추적해 보면, 소련의 붕괴와 공산주의 정권의 패퇴가 시민사회 등장의 전제조건으로 작용했다는 것이다. 그러나 이렇게 국가가 언제나 시민사회 나아가서 시민권과의 관계에서 부정적으로만 작용하는 것은 아니다 (Muetzelfeldt & Smith, 2002:58). 전제주의체제하에서와 같이 국가가 시민사회에 침투해서 국가의 의사를 전국적으로 강제하는 경우 국가가 시민사회를 압도하면서 시민권의 발흥을 억제하게 되지만, 자유주의체제하에서와 같이 국가 권력이 사회관계를 촉진하고 계발하는 근간으로 작용하는 경우에는 사회관계의 하부구조로 작용하면서 시민권 발흥에 필요한 자원, 능력, 권력 등을 제공하게 된다. 국가는 시민권과의 관계에서 가변적 상수인 셈이다.

　이처럼 국가는 시민사회 보다 구체적으로 말하자면 시민권과의 관계에서 결코 등질적일 수가 없다. 시장과 시민사회의 중간지대에 놓임으로써 스스로 모순적 성질을 갖기 때문이다. 때로는 시민권 발양에 긍정적이고 때로는 부정적이며, 때로는 강력한 영향력을 행사하지만 때로는 크게 영향력을 미치지 못하기도 한다. 국가가 동원하는 장치의 운영 양식에 따라 미치는 영향력의 크기가 다르고, 국가의 그런 작용에 의해 영향 받는 자가 누구냐에 따라 영향력의 실체가 다르기 때문이다. 따라서 시민권을 지원, 육성하기 위해서는 보다 강력하고 적극적인 정부의 등장이 필요한데, 이런 강한 정부가 등장하기 위해서는 법률과 함께 법치주의가 정착되어 있어야 하고, 포퓰리즘이 아닌 자유민주주의 정체가 유지되어 있어야 하며, 국가와 시민 또는 시민 서로 간에 신뢰를 촉진하고 조장하는 제도적, 사회적, 문화적 기반이 확립되어 있어야 한다(Muetzelfeldt & Smith, 2002:59).

그런 점에서 시민권 발양의 조건론에 주목하지 않을 수 없다. 즉 국가권력이 시민권 제고에 능동적으로 작용하기 위해서는 민주적 사회 환경이 먼저 조성되어 있어야 한다는 것이다. 그런데 시민권이 제고된다는 것은 그 사회의 민주성이 강화된다는 의미이므로 조건론은 일종의 순환론적 자기모순을 내포한다. 이런 모순의 해결 전략으로는 흔히 '나선형 모델(Spiral Model)'(Risse & Sikkink, 1999:1-38)이 제시된다. 국가가 시민권 발양의 주체라고 보는 시각이 그의 전제조건으로 민주적 시민사회를 상정한다는 것은 국가만이 시민권 발양의 유일 최선의 변수는 아니며 이를 구현하기 위한 사회적 토대의 중요성도 인정한다는 의미다. 그런 점에서 조건론은 국가와 시민사회 사이에서 일종의 절충주의적 타협이 순환하고 있음을 시사한다. 이 점에서 국가중심주의는 시민권과의 관계에서 국가의 역할을 배타적으로 보는 것이라기보다는 다만 국가의 중요성을 상대적으로 보다 더 강조하고자 한 것이라고 하겠다(Kumar, 1994; Walzer, 1995).

2. 공동체중심주의

근대 유럽에서 시민권이 발흥하는 과정을 지켜보면, 시민권은 단순히 어떤 자애로운 권력자로부터 자동적으로 부여되는 것이 아니라 스스로의 적극적인 참여에 의해 쟁취되어 왔음을 알 수 있다. 자본과 노동의 투쟁 속에서 시민권은 그의 실체적 공간을 넓혀온 것이다. 이 점은 특히 시민권이 의무보다는 권리를 강조하는 경우 매우 명료하게 드러난다. 시민권은 시민의 사회적 관계에 대한 적극적인 참여(active participation)를 통해 구체화되는 것이다(Delanty, 2002:19). 이는 시민권을 자유주의 관점처럼 개인주의나 계약주의의 연장선상에서 이해하려는 것이 아니라 공동체를 통해 파악하고자 하기 때문이다. 시민권에 대한 공동체주의적인 접근(communitarian approach)은 국가 중심주의적인 시민권 개념이 지나치게 공식적이고 시민의 참여와 정체성에 따른 실체를 외면하는 결함을 지녔다고 본다. 시민과 사회를 연결시켜주는 실질적인 연결핀은 단순히 공식적으로 그렇다는 관계를 선언하는 데에 있는 것이 아니라, 바로 그런 관계의 실질을 통해 빚어지는 실체라고 보기 때문이다.

따라서 공동체주의자들은 시민의 적극적 참여를 통해 구현되는 시민사회가 바로 시민권 발현의 보루이자 국가의 과도한 개입과 영향력으로부터 시민을 보호해주는 차양막이라고 본다(Mayo, 2005:45). 시민권의 활발한 발양을 위해서는 시민사회의 활성화가 관건이라는 것이다. 그런데, 이를 일국 수준에서 다룬 것 가운데 가장 대표적인 것으로는 퍼트남(Putnam, 1993)의 사회자본론을 들 수 있다. 그에 따르면 시민사회는 정치과정이나 국가와 관계없이 생성하고 발전하며, 한 사회의 정치적 질 그러니까 거버넌스의 내용을 결정짓는 핵심적 요소라는 것이다. 그리고 그 시민사회를 결정하는 주요인자 가운데 하나로 사회자본을 지목한다. 사회자본은 다시 신뢰, 규범, 네트워크 등과 같은 사회조직 구성의 핵심요소에 의해 그의 내용이 결정된다고 본다. 이런 요소들은 자발적이고 협동적인 사회관계를 촉진하는 주요 변수로 평가되기 때문이다. 시민사회가 그 구성원들 사이의 좋은 이웃관계, 사회적인 신뢰, 높은 참여율을 담보할 때 바로 이들이 시민권 발현의 긍정적 토대가 된다는 의미다.

같은 맥락에서 그람시(Gramsci, 1968)는 시민사회가 사회개혁 운동
의 진지임을 강조한다. 국가와 시장의 독점성에 반발하면서 고안해
낸 "3면 사회(threefold society)"의 개념 속에는 당연히 국가와 시장
으로부터 구별되는 사회공동체가 제시되어 있다. 이는 비민주적인 국
가와 전체주의적인 시장으로 인해 야기되는 사회적 혼란을 극복하기
위해서는 사회의 지속성과 통합적 질서의 유지가 요청되는데, 이를
담보하려면 문화적 요인이 중요하다고 보았다. 그러나 그의 시민사회
개념은 체계적으로 정리된 것이 아니어서 시민사회를 언제나 국가나
시장과 유리해서 이해하고자 한 것은 아니다. 오히려 이들 간의 상호
작용과 의존성을 중시한 측면도 없지 않다. 심지어 국가에 시민사회
가 내포되는 것으로 이해하기도 한다. 그러나 이때의 시민사회는 밑
으로부터의 변화 욕구를 국가에 효과적으로 전달하기 위한 것이지 국
가권력에 영합하기 위한 것은 아니다. 이런 그람시의 시민사회 개념
을 승계해서 완성시킨 이가 슈타이너(Steiner, 2007)다. 그런데 그에
따르면 문화가 사회공동체를 규정하는 가장 핵심적인 변수인 만큼 이
를 독립변수로 다루어야 한다는 것이다. 그러니까 이들은 시민권이
발양하려면 한 사회가 공유하는 문화적 동질성 내지는 역사적 경험의
공유 같은 사회환경적 조건의 충족이 전제되어야 한다고 본 셈이다.

III. 지구시민사회: 일원론과 이원론

지구시민권의 맥락적 조건에 해당하는 지구시민사회를 어떻게 이
해하느냐의 문제는 지구시민권의 의미나 내용 내지는 그가 지구 거버
넌스에 미치는 영향을 규정하는 데 있어 핵심적 과제 가운데 하나다.
이를 두고 일원론은 일국 수준의 시민사회와 지구 차원의 시민사회가
그의 본질에 있어 서로 다를 것이 없다고 본다. 그러니까 일국주의 시
민사회를 배경으로 규정되는 시민권을 다만 그의 환경적 조건을 지구

화라는 맥락으로 확장함에 따라 지구 차원에서 재규정된 것이 바로
지구시민권이며, 바로 그 지구시민권이 발현하는 정치사회적 공간이
지구시민사회라는 것이다. 따라서 민족국가 차원의 시민권에 내포되
어 있는 논리나 인식의 틀 위에서 지구시민권과 지구시민사회를 이해
하고자 하며, 양자는 단지 규모에 있어 차이가 있을 뿐 본질에 있어서
는 차이가 없기 때문에 동일한 연속선상에 정렬된다고 본다. 그러나
이원론은 양자가 근본적으로 다르다는 입자에 서 있다. 양자는 정도
의 문제가 아니라 속성의 차이에 기인한다고 보기 때문이다. 따라서
일국주의 시민권과 지구시민권을 이분법적 시각에서 이해하고자 한
다. 전자가 지구화를 기술결정론의 입장에서 이해하는 것이라고 한다
면 후자는 구조결정론의 입장에서 이해하는 것이라고 하겠다.[1]

1. 일원론

지구시민권을 이성, 신앙, 인본주의, 생태주권, 자유무역 등의 관점
에서 규범적으로 접근하는 이들은 인간이성의 보편성을 상정한다는
점에서 일원론적이다. 인간이성은 그것이 일국주의 사회환경 속에 있
거나 지구 차원의 사회적 관계망 속에 있거나 보편적, 일반적으로 작
동하고 기능한다고 본다는 점에서 일국 차원의 사회와 지구 차원의
사회를 구분하지 않는다. 이런 관점에서 르네상스 시대의 철학자 그
로티우스(Grotius, 2000)는 지구상의 모든 인간이 이성적이며 동시에
사회적이라고 보았다. 그렇기 때문에 모든 인간은 일국의 경계를 초
월하는 도덕적 계율에 구속되어 마땅하다고 보고, 지구촌 최초로 국
제법의 기초를 세운 바 있다. 칸트(Kant)의 '영구평화론(perpetual
peace)'이 지향하는 보편법에 기초한 평화주의도 오늘날의 세계시민

---

1) 지구화와 관련된 기술결정론과 구조결정론에 대해서는 박재창(2006:7)을 참
   조하기 바란다.

주의(cosmoploitanism)가 추구하는 전형에 다름 아니다(McGill, 2003:5). 일국의 구성원들이 지향하는 보편적 가치나 지구촌 주민 모두가 지향해야 하는 것 사이에는 별 다른 차이가 있을 수 없다고 본 것이다.

신앙의 차원에서 접근하는 이들도 일원론적인 것은 같다. 슈바이처 (Schweitzer)가 보여준 인류보편의 희생정신과 인간애는 기독교 정신에 따른 것이지만, 이웃에 대한 사랑을 지구촌 전역에 걸쳐 실현하려고 했다는 점에서 그의 정신세계는 일원론적이다. 가톨릭 구호 서비스(Catholic Relief Services)나 루터세계구호(Letheran World Relief) 단체 등과 같이 범지구적으로 활동하는 종교 인본주의 운동도 여기에 속한다. 지구 차원의 사회를 인본주의적 관점에서 접근하는 국제적십자운동의 앙리 뒤낭(Henri Durant)이나 폴 파머(Paul Farmer) 그리고 1948년의 UN 인권헌장 발표 후 발흥하기 시작한 국경없는 의사회, 엠네스티 인터네셔널 등과 같은 유형의 국제 인권운동 단체들도 인권의 보편성을 국가적 경계를 넘어 상정한다는 점에서 일원론적이다.

환경주권론을 주창하는 환경론자들은 인간을 우주의 중심으로 보는 협소한 시각에서 벗어나 거대한 지구촌 생태망의 한 구성요소로 보면서 한 사회의 작은 결함이 범지구적인 재앙으로 발전할 수도 있다는 점을 경고한다. 바로 이 점에서 지구시민사회에 대한 환경주권론적인 접근시각도 일원론적 관점에 기초하는 셈이다. '샌드 카운티 편람(A Sand County Almanac)'을 저술한 레오폴드(Leopold, 1987)는 인간을 생태공동체의 구성원으로 바라봄으로써 인간과 생태를 연결하고 일국주의 경계를 초월했다. 스미스(Smith, 1982) 같은 자유무역론자들이 주창해 온 '보이지 않는 손(invisible hands)'도 국가의 경계를 초월하는 시장 기능의 보편성을 상정한다는 점에서 일원론적이다. 이런 시각의 연장선상에서 신자유주의론을 주창한 로널드 레이건 (Ronald Reagan)이나 마가렛 대처(Maregaret Thatcher)도 같은 입장에 서 있는 셈이다.

경험론적인 관점에서 접근하는 경우로는 아무르와 랭글리(Amoore & Langley, 2005:139-150)를 들 수 있다. 이들에 의하면 지구 차원의 사회적 관계에 대한 기존의 논의는 대체로 4가지 구성요소에 기초해 있다는 것이다. 공간 경계의 가정(bounded space assumption), 자발적 결사의 관행(voluntary association practice), 저항권 행사의 대행(agent of empowerment), 대안적 관점의 탐색(alternative perspective)이 그것이다. 그런데 이들은 일국 수준의 사회적 관계를 규명하는 데에서도 같다고 보았다.

먼저 공간 경계 개념은 지구시민사회가 일국 수준에서와 마찬가지로 국가와 시장 또는 정치와 경제에 이웃한 개별 공간으로 파악된다는 뜻이다. 시민사회에 대한 자유주의 개념(liberal conceptions of civil society)(Sekinelgin, 2002)에 따르면, 초기 자유주의 사상(Smith, 1982)에 나타나는 특정성(개인)과 보편성(국가) 간의 경계구분이 무너지면서 사적 영역으로부터 집합적 사회관계가 일탈하게 되는데, 바로 이 경계 공간에서 자본주의와 근대성이 그의 출발점을 찾았다는 것이다. 그람시가 말하는 바, 국가나 경제활동 영역과 구별되면서도 기왕의 사회 질서가 기초하고 있는 곳(Gramscian conception of civil society)도 결국은 공간 구획을 통해 소극적으로 시민사회를 규정하려는 노력의 결과물 가운데 하나다.

지구시민사회는 또 자발적 결사체(practices of voluntary associations)와 동의어로 이해될 만큼 초국적 결사체의 활동(transnational associational life)(Pasha & Blaney, 1998)에 주목한다. 시민사회조직(civil society organizations)에 기초한다는 점에서 일국수준의 것과 다를 것이 없다는 의미다. 자발적 결사는 좋은 것(good)이라는 인식이 지배적이라는 사실이나 국가와 자본의 나쁜 점과 시민사회의 좋은 점을 대비해 보려는 경향성(Keane, 2001:30)에 있어서도 같다. 시민사회의 해방적 기능(emancipatory role)에 주목한다는 점에서도 지구시민사회와 일국 수준의 시민사회는 다를 것이 없어 보인다.

또한 저항권력의 대행자로 인식된다는 점도 같다. 지구시민사회는 '자율적이고 명료한 대리인(autonomous and unambiguous agent)(Pasha and Blaney, 1998:425)' 역할을 수행하는 것으로 인식되는 데, 그 결과 지구 차원의 거버넌스 체제를 정당화하거나 그에 권위를 부여하는 결과를 낳게 된다. 실제로는 그렇지 않으면서도 마치 그런 것 같이 착각하도록 유도하는 성질이 있다는 점에서도 같다. 현존하는 세계질서에 대한 저항의 토대를 제공한다거나 해방을 지향하는 변혁의 추동력으로 간주되는 이유가 바로 이런 데에 있다. 심지어는 지구 자본에 종속되거나 영향을 받으면서도 마치 그렇지 않은 것처럼 행세하거나, 그렇기 때문에 문제의 소재를 흐리게 하는 경향이 있다는 점에서도 같다.

현재 국가와 시장이 장악하고 있는 영역에 대해 대안적인 이념과 장치를 공급하는 행동의 장(field of action)이 시민사회라고 보는 점에 있어서도 일국 수준의 시민사회와 지구 수준의 시민사회 사이에는 다를 것이 없다(Falk, 1998:100). 이는 근대화 과정에서 정립된 일국 중심의 시민사회나 후기 근대과정에서 태어난 지구시민사회 사이에는 단지 영역의 범위나 규모에서 차이가 있을 뿐 그의 본질적 속성에 있어서는 다를 것이 없다고 보기 때문이다. 이런 경우 지구시민권은 시민사회단체의 회원권—책임과 의무—을 지구전체 차원으로 전환한 것에 지나지 않는다. 단지 그 책임의 단위를 마을이나 주변으로부터 지구 전체의 것으로 확장했을 뿐이다(McGill, 2003:1).

2. 이원론

먼저 규범적 접근을 시도하는 이들에 의하면 시민권은 본디 그의 기본 개념 자체가 지구화와 상합하지 않는다는 것이다. 관념적으로 볼 때 시민권은 하나의 사회공동체를 전제하며, 서로 다른 국가에 의해 서로의 권위가 인정되는 어떤 국가의 지리적 경계, 법적 구속력, 심지어는 물리적 강제력 따위의 범위 내에서만 성립되며 유지된다 (Gans, 2005:1)는 것이다. '배제적 정치 공간(exclusive political space)'(Goodhart, 2005:16) 위에 정립되는 것이다. 그러나 지구화는 일국의 경계를 초월하는 정치, 경제, 사회, 문화, 기술 차원에서의 상호작용과 교류를 촉진하기 때문에 국가 간의 의존성과 연결성을 증대하며 그 결과 시민과 국가 간의 관계를 보다 복잡하고 다양하며 내포적인 것으로 바꾼다. 국가 간의 경계를 넘나드는 시민의 이동은 국가의 정체성 혼란과 함께 시민성에 대한 개념의 혼돈을 재촉하게 되는 것이다. 일국의 정체성을 초월하는 인종적, 성적, 문화적 결속이나 자기정체성 추구가 강화되고, 국가의 경계를 넘나드는 국제 방랑자가 늘게 되며, 이중 국적이나 다원적인 애국심을 추구하는 경향이 나타나게 된다. 특히 일부 엘리트 계층에서는 세계시민주의나 초국적 정체성을 일국중심주의에 우선하는 경향마저 띠게 된다(Huntington, 2004:2495). 이런 변화는 시민권의 다층화 현상을 불러오게 되는데, 이는 일국 수준의 시민권과 크게 다른 점이다.

이런 시민권의 다층화 현상은 국민주권을 초월하는 다양한 형태의 초국적, 다국적 조직이나 기관의 등장을 정당화하게 된다. 그러나 이들의 등장은 민족국가 내부의 국가와 시민 사이에 설정되어 있던 기존의 관계양식을 변화시키고, 그 결과 그 관계 양식의 성질을 바꾸게 된다. 지구화가 기본적으로 국가의 경계를 초월한다는 점에서 자유주의 이념에 기초하는 것이라고 한다면, 민족국가는 국가의 경계 범위를 상정한다는 점에서 공동체주의에 기초하며, 지구화가 상대적으로 문화적, 경제적 결속과 연대를 강조한다면 민족국가는 정치 부문에서의 결속과 연대를 강조하는 성질을 지녔기 때문이다. 따라서 지구화는 최소한 민족국가의 정체성을 부분적으로나마 훼손하게 된다고 보아야 한다(Bernard, 2003:29). 지구화 자체가 민족국가의 성질을 변화시키면서 지구시민사회와 일국 수준의 시민사회를 그의 본질에 있어 서로 다른 성질의 것으로 만드는 셈이다.

따라서 지구시민권이 아직 형성 완료된 개념은 아니지만, 대체로 일국의 경계를 초월해서 의사소통, 상호존중과 가치의 공유, 경제 사회 환경 정책의 조율, 정치 캠페인이나 주의주창 운동 등을 추동하는 사회적 권능을 지칭하는 것이라고 한다면, 지구시민권이 마치 일국 수준의 시민권이 일국 차원의 시민사회 나아가서는 그 사회의 민주화에 기여하는 것과 같은 이치와 작동양식으로 지구 민주주의에도 기여하게 될 것이라는 기대는 잘못이라는 것이다. 민족국가의 형성과정에서 생성된 민주주의 이론을 초국적 환경에 적용한다는 것은 발상의 차원이나 현실적인 문제해결능력 모두에서 타당성을 지니지 못하기 때문이다. 민족국가 차원에서 개발된 기존의 민주주의 이론을 지구 차원으로 확대 적용하면 된다는 생각 속에는 지구시민사회와 일국 차원의 시민사회가 단지 규모나 범위에 있어서 차이가 날 뿐 기본적으로는 동질적이라는 가정이 전제되어 있다. 그러나 지구시민사회와 일국 차원의 시민사회는 근본적으로 그의 성질을 달리하는 존재인 것이다(Goodhart, 2005:2).

경험론적인 측면에서 보더라도, 일국 수준의 시민사회는 기본적으로 이웃하는 주민 사이의 뉴잉글랜드식 마을회의를 통해 자기의사결정권을 행사하는 생활공간으로 이해된다. 그러나 지구화로 인해 사회공동체의 규모가 급격히 확장하면서, 이웃 간의 친숙성이 떨어지고 이격성이 증대하며, 특히 외국 이민자의 대량 유입은 비교적 동질적 성격을 유지해 온 사회공동체에 여러 종류의 문화, 관습, 언어가 혼재하는 결과를 가져온다. 초국적 매스커뮤니케이션의 등장은 시민과 언론 간의 관계를 유리시키고, 지역공동체의 경계를 무너뜨린다. 무엇보다도 지역공동체의 운영이 지역공동체의 핵심적 구성요소인 지역주민에 의해서가 아니라 외부의 이격장치에 의해 조정되거나 영향 받는 결과를 가져온다. 지역공동체의 관할 영역이 커지면서 대규모 조직이나 전국 단위의 활동양식이 자리 잡게 되고, 이에 대처하기 위해 전문가에게 공동체 관리 업무를 위임하면서 전문가 중심의 의사결정이 시민권의 권위와 영향력을 약화시키는 결과도 낳게 된다(Boyte & Skelton, 2008:15-16). 이런 현상은 지역공동체에서의 자발적 참여나 기여가 전국 단위의 중앙정부 활동으로 대체되는 변화를 동반한다. 그러나 무엇보다도 중요한 것은 "기술관료 혁명"이 시민권으로부터 전문가의 수중으로 의사결정권의 중추를 이동시킨다는 점이다.

이런 현상은 지구화 과정에서도 나타나, 지구시민사회에서는 지구시민의 권리행사를 통해서가 아니라 지구 차원에서 활동하는 전문가 집단에 의해 의사결정권이 행사되는 정도가 보다 더 심화된다. 따라서 일국 수준의 시민사회가 그 구성원의 시민권 행사를 통해 운영되는 것이라고 한다면, 지구 차원의 시민사회는 그의 본질적 성격을 일국 수준의 시민사회와 달리할 수밖에 없다. 그러니까 지구화는 시민사회의 수준이나 규모에 관계없이 그의 구조적인 속성을 바꾸는 성질을 동반하는 셈이다.

바로 이런 구조적인 관점에서 볼 때, 지구화는 또 일국 수준의 시민권 행사 과정이 의존하던 의사결정체제 내부에 민주적 이격화(democratic disjuncture)를 낳는다. 기존의 일국주의 수준에서 작동하는 민주적 절차나 제도와 테러, 보건, 환경, 무역, 투자, 경제적 통합 등과 같이 지속적으로 초국적 성질을 강화해 나가는 지구화 시대의 사회정책과제들 사이에는 일종의 격리 현상 내지는 결속의 해체가 유발되는 것이다. 따라서 일국의 지리적 경계를 중심으로 구성되는 시민권 행사 장치를 통해 지구 차원의 과제를 다루는 일은 정합성을 잃기 마련이다. 지구화는 또 민주적 결손(democratic deficits)을 불러 오기도 한다. 지구화가 심화되면서 기존의 초국적 기구들이 투명성, 책임성, 대표성 등을 더 이상 유지하기 어렵게 되기 때문이다(Scholte, 2001:12-16). 지구화는 정책공동체의 규모를 혁신적으로 확대하면서 공동체 구성원으로 하여금 일국 수준에서와 같이 근접거리에서 필요한 정보를 수집하거나 관찰할 수 없게 만드는 까닭이다.

일국수준의 시민사회에서는 국가와 시민사회가 경계를 이웃하지만 지구 차원의 지구시민사회에서는 결코 지구 국가와 경계를 이웃하지 않는다. 지구 정부는 다양한 지구 거버넌스와 레짐을 통해 활동하기 때문에 어떤 일관된 국가의 경계나 범주가 존재한다고 할 수 없다. 지구 차원에서는 하나의 공적 공동체가 존재한다고 할 수 없으며 다양한 양식의 지역공동체들이 공존한다. 국제기구들(IGO: International Government Organization)이 지구 차원의 국가와 유사한 기능을 수행하는 것이 사실이기는 하지만 '신 중세주의'라고 할 만큼 실로 다양한 기구들이 기능적으로 중첩하거나 혼재하면서 영역별 경계를 명확히 하지 못하고 있다. 그러나 민족국가의 경우에는 모든 공적 영역을 관통하는 관할권이나 통합된 권위가 승인되어 있다. 그렇기 때문에 사실상 민족국가의 사회개혁을 실질적으로 주도해 온 것은 궁극적으로 국가였으며 NGO는 국가권력의 확대를 통한 진보적 변화를 강조해 왔을 뿐이라는 주장도 제기되어 있다. 지구시민사회에서는 주요 국정관리 기관들이 통합적으로 조정되거나 결속하지 않으며, 그런 점에서 민주적 목표를 달성하거나 유지하기가 쉽지 않게 되어 있다(Goodhart, 2005:8).

이렇게 초국적 기구들이 활동하는 '신정치공간(new political sphere)'은 언제 어느 곳에서나 보편적으로 작동하는 것이 아니다. 그 공간의 구성원인 개개인이 언제나 동등한 평등권을 보장받고 있는 것이 아니기 때문이다. WTO 회의가 미국의 시애틀에서 열릴 때는 다양한 초국적 NGO들이 모여들고 시위를 통해 그들의 의견을 전달할 수 있었지만, 이 회의가 도하에서 열리는 경우에는 사정이 사뭇 달랐다. 이렇게 지리적 공간에 따라 접근성이나 정치적 자율의 정도가 상이하다는 점은 초국적 시민사회가 결코 일국중심의 시민사회와 본질적 성격을 같이할 수 없다는 의미다(Goodhart, 2005:8). 왜냐하면 일국중심의 시민사회에서는 당연히 모든 구성원의 평등성이 전제되어야 하는 것이기 때문이다.

IV. 지구 거버넌스의 구성 양식

지구시민권에 대한 기존의 논의는 시민권에 대한 국가중심주의와 공동체중심주의를 한 축으로 하고 일국 수준의 시민사회와 지구 차원의 시민사회 간의 관계에 대한 일원론과 이원론을 다른 한 축으로 하는 유형화 작업을 통해 4개의 모형으로 압축된다.

그런데 지구 거버넌스를 지구화 시대가 당면하는 공공의 문제를 해결하기 위한 정부와 민간 간의 협력적 기제라고 한다면, 지구 거버넌스는 당연히 누가 어떤 구조 속에서 협력하는가에 의해 규정된다. 그런데 지구시민권은 지구 거버넌스의 법제적 토대일 뿐만 아니라, 시민권 발양의 주체와 그 시민권이 발양하는 사회구조적 특성에 따라 구체화된다. 따라서 지구 거버넌스란 지구시민권의 발양양태 내지는 결과적 현상의 총칭이라고 할 수 있으며, 지구시민권을 구성하는 시민권의 주체와 시민권이 발양하는 사회구조적 특성에 따라 규정된다고 할 수 있다. 따라서 지구시민권 유형을 지구 거버넌스 현상을 조망하기 위한 분석의 틀로 차용하는 경우 보다 효율적으로 지구 거버넌스의 실체에 접근하게 된다. 지구 거버넌스는 지구시민권의 유형에 따라 그의 구체화 양식이 구속되기 때문이다. 이를 토대로 지구 거버넌스의 구성 양식을 추적해 보면 다음과 같다.

〈표 1〉 지구 거버넌스의 구성 양식

지구시민사회 시민권	일원론	이원론
국가 중심주의	I	II
공동체중심주의	III	IV

1. 국가중심의 지구 거버넌스

일국 수준의 국가가 그 나라의 거버넌스 구축에 있어 독립변수로 작용하는 것과 같은 이치로 지구 차원에서도 국가 내지는 국가 유사기구가 지구 거버넌스 형성의 핵심적 기제로 작동한다고 보는 경우다. 이 경우 지구 차원에서는 아직 지구정부가 구성 전단계에 있으므로 국제기구나 지역 및 지구 차원의 다양한 레짐들이 이런 기능을 대행한다고 본다. 그리고 이런 현상이 구체화하는 지구사회의 구조적 특성을 일국 사회의 연장선상에서 이해하느냐 아니면 양자를 이분법적 단절의 관점에서 보느냐에 따라 제I유형과 제II유형으로 구분된다.

1) 일원론(제I유형)

EU의 사회헌장(Social Charter)은 EU의 거버넌스 구축에 있어 매우 핵심적이며 효과적인 기제로 작용했다는 평가를 받는다.[2] 그런데 EU의 사회헌장은 EU를 개별 EU 회원국 집합체 이상의 차원에서 별도로 구성되는 추가적인 정치공동체로 이해하기보다는 EU 회원국 간의 경계가 확장된 결과물로 이해한다. 일국주의의 연장선상에서 EU를 이해하는 것이다. 이점에서 비록 EU가 아직 국제지역사회 차원의 완성된 국가라고 할 수는 없고, 또 EU가 지구 차원이 아니라 국제지역 차원의 공동체이기는 하지만, EU의 사회헌장을 제I유형의 지구 거버넌스 구축 주체라고 하여도 무리가 없을 것이다. UN이 주관한 지구 차원의 여러 사회정책 과제에 대한 정상회의(summit)[3]도 유사한 평가를

---

2) EU를 중심으로 하는 거버너스는 지구 차원의 거버넌스라고 할 수는 없지만 지역 차원에서 작용하는 양식이 지구차원의 그것과 다를 바가 없다는 점에서 지구 거버넌스의 사례로 다루었다.

3) UN은 1992년 이래로 거의 매년 주요 사회정책과제를 주제로 세계 정상회의를 주관해 왔다. 예를 들자면 지구정상회의(Earth Summit, 1992), 인권정상회의(Human Rights Summit, 1993), 인구정상회의(Population Summit, 1994), 사

받는다. UN에 의한 결정은 회원국가를 통해 그 나라의 국민에게 전달되는 과정을 상정하기 때문이다. 그러나 국제사회의 여러 기구들이 모두 지구 거버넌스 구축에 있어 긍정적인 평가만을 받는 것은 아니다. G7, UN 안전보장이사회(Security Council), NATO, ASEAN, IMF, EU의 정치 관련 기구 등은 그의 작동양식이나 구성원리 등이 민주성을 결여하기 때문에 결과적으로 지구 거버넌스 구축에 있어 역진적이라는 평가를 받아왔다(Muetzelfeldt & Smith, 2002:66).

그러나 여전히 이들 국제기구들도 지구 거버넌스 구축의 독립변수로 평가되고 있음은 틀림없다. 보다 더 중요한 것은 이들의 작동원리에 있어 지구차원의 대응을 위해 전통적인 민족국가 간의 협력과 연대라고 하는 국제질서 이상의 것을 새로 구상하거나 채용하지 않고있다는 점이다. 국제지역 사회나 지구 차원의 협력과 연대의 문제를 민족국가 간의 협력과 연대의 문제로 치환해서 이해하고 있다는 뜻이다. 일국의 사회구조와 지구차원의 사회구조를 구분하지 않고 그의 연장선상에서 이해하고자 하기 때문이다.

그런데 이들 국제기구가 지구시민권에 대한 국가중심주의적 관점에서 지구시민사회의 핵심적 구성요소인 NGO와 적극적으로 협력하려 하지 않거나 일방적으로 NGO를 외면하는 경우, NGO는 저항운동에 나서게 된다. 1990년을 전후해서 출현하기 시작한 뒤 급진적인 증가추세를 보이고 있는 다양한 양식의 병행회의(parallels summit)[4]가 대표적인 사례다. 여러 정상회의가 지구 NGO의 의견 개진 기회를 봉

회개발정상회의(Social Summit, 1995), 여성정상회의(Women' s Summit, 1995), 주거정상회의(Habitat II Summit, 1996), 세계식량정상회의 (World Food Summit, 1996), 인종차별철폐정상회의 (Summit Against Racism, 2001),지속가능한 발전 정상회의(Summit on Sustainable Development, 2002), 정보사회정상회의(Summit on Information Society, 2003/2005) 등이 있다.

4) 국제기구의 공식적 회의와 병행하여 NGO가 범지구적으로 조직하는 병행회의는 1990년을 기점으로 출현하기 시작하여 급진적인 증가 추세를 보이고 있다. 이와 관련해서는 Pianta et al.(2005)을 참조하기 바란다.

쇄하거나 경청하려들지 않는다는 사실이 NGO의 이런 국제 회합을 촉발했으며, 그 결과 지구 차원에서 시민이 연대하거나 결속하면서 새로운 각성에 이르는 계기가 되었다. 이렇게 국제기구들의 왜곡된 권력 행사를 시정하거나 제거하려 할 때, 오히려 지구 차원의 시민사회가 활성화되는 역설적인 현상에 대해서는 그 설명의 원류를 '반(反)권위주의 모델(Anti-Authoritarian Model)' (Goodhart, 2005:10)에서 찾을 수 있다.

반권위주의 모델에 의하면, 시민사회란 국가와의 격리 내지는 대칭적 관계를 유지하면서 시민성, 관용, 투명성, 인권 등의 원리를 관철하기 위해 개인이나 집단이 권위주의 정권에 저항하거나 반대하는 헌신 속에서 구현된다는 것이다. 그러니까 억압적 강제력을 행사하는 국가권력의 질식할 것 같은 질곡으로부터 일반시민을 해방시키는 일이야말로 시민사회 구현의 첩경이자 전제 조건이라는 것이다. 이 경우 시민권은 마키아벨리식의 음모정치를 제거하거나 인권을 회복하는 과정 등에 내재되어 있는 반권위주의 내지는 반추종주의의 별명에 다름 아니다(Tismaneanu, 2001:977). 이때 국가는 그가 지니고 있는 물리적 강제력이나 시민사회 침투력 등을 동원하여 시민사회를 황폐화시키거나 타락케 하는 능력이나 가능성을 지닌 존재로 인식된다. 여하튼 국가를 시민권의 회복 내지는 발양 여부를 결정짓는 독립변수라고 본다는 점에서 국가중심주의인 것만은 틀림없다.

이를 지구 차원에서 살펴보면, 초국적 네트워크를 통해 지구 거버넌스가 정치적 지지나 압력을 동원함으로써 철의 장막 내외의 평화운동을 전개하거나 동유럽과 중남미 지역의 인권운동을 촉진시켰던 양식에서 대표적인 사례를 찾아볼 수 있다. 국가의 유형이나 인권에 대한 인식을 바꿔 평화나 인권의 회복을 기도한 경우다. 그런데 이렇게 지구 거버넌스가 권위주의 정부를 상대로 시민권 회복운동을 전개하는 경우 그런 거버넌스의 동력은 어디에서부터 비롯되는가가 당연한 의문 가운데 하나다. 이와 관련해서는 미약하나마 시민사회와 그의 동력이 전제되어 있음을 알 수 있다.

그렇다면 상대적으로 취약한 시민사회의 동력을 기반으로 어떻게 강고한 권위주의 정부를 무너뜨리고 국가의 성격을 바꾸면서 사회구조적 변환을 가져 올 수 있는가가 다음의 물음이다. 그에 대해서는 앞에서 언급한 바와 같이 '나선형 모델'이 해답을 가지고 있다. 나선형 모델에 의하면 시민사회와 국가는 '상호 형성적 관계(mutually con-stitutive nature)'(Goodhart, 2005:12)를 구축한다는 것이다. 이때 시민사회는 단순히 인권이나 민주주의에 대해 적극적이고 능동적인 양식으로만 기여하는 것이 아니라 정부의 실패를 지적하거나 신뢰를 떨어뜨리고 정통성 기반을 부정함으로써 정부의 역할이나 지향점을 바꾸기도 하는 것으로 인식된다. 바로 이 점에서 보면, 나선형 모델은 시민권 발양의 일차적인 근거를 국가에 두고 이를 촉진하거나 추동하는 보조적 장치로 시민사회를 상정하는 셈이다. 부언하면 시민사회는 시민권 발양을 위해 국가권력으로부터의 자율적 독립 공간 창출을 도모하지만, 이를 어느 정도까지 허용할 것이냐의 문제는 여전히 국가의 의사결정권 범주 내에 머물러 있다는 의미다(Goodhart, 2005:12).

이렇게 국가의 중요성을 강조하면서도 동시에 시민사회의 영향력에 주목하는 다른 사례로는 환경 레짐을 들 수 있다. 환경 레짐은 지구 시민사회와 지구 거버넌스 간의 쌍방향적 교호작용을 강조한다. 영(Young, 1997)에 의하면 지구 거버넌스의 성공 여부는 활성적인 지구 시민사회에 달려 있다는 것이다. 그렇지만 활성적인 지구시민사회야말로 지구 거버넌스의 강력한 지원과 협력을 필요로 한다. 환경 문제의 해결을 위해서는 아무리 지구시민사회가 환경의 중요성을 강조하더라도 종국에는 개별 국가를 압박해서 환경기준을 준수하거나 환경평가에 기속되도록 강제하는 지구 거버넌스의 역할이 전제되어야 한다. 그동안 국제 NGO는 멸종위기의 동식물을 보호하거나 지구 온난화 현상을 극복하기 위해 보다 강력한 억제력을 갖는 지구 거버넌스 관련 기구의 창설이 필요하다고 주장해 왔다. 눈을 멀게 하는 레이저

무기나 무차별적인 지뢰 설치의 확산을 막기 위한 군비 통제 운동에 있어서도 관련 거버넌스의 활성화가 절대적이라고 보았다(Price, 1998). 같은 맥락에서 국제사법재판소의 관할권을 확장해야 한다는 주장이 NGO에 의해 제기되어 왔다(Chemillier-Gendreau, 1996).

이 경우 NGO는 자신들의 의견을 관철시키기 위해 개별 국가와 협력하거나 국가의 통제 하에 있는 기구들과 공동대처하고자 한다. 국가의 개입을 통해 개별국가 내부의 시민사회 건설에 필요한 사회하부구조를 강화하고 이를 통해 개별국가의 활동과 그의 시민에 영향력을 미치고자 하는 것이다. 그러나 이를 위해서는 지구 거버넌스의 보다 적극적인 역할이 요청된다고 보고 있다. 따라서 이들은 모두 지구 거버넌스를 일국 수준의 시민사회를 지구 수준으로 연장하는 가운데 그의 실체를 파악하고 있으며, 지구시민사회 건설의 핵심적 구성요소로 간주하는 셈이다.

2) 이원론(제II유형)

국제기구들을 통해서 시민권의 발양과 지구 거버넌스의 형성을 겨냥하면서도 이를 단순히 민족국가 수준에서 작동하던 원리나 체제를 확장함으로써 성취하려는 것이 아니라 지구 차원의 새로운 문화나 가치의 창출을 전제로 접근하려는 경우다. 대표적인 것으로는 UN과 NGO의 관계에서 그 사례를 찾아볼 수 있다. UN은 NGO의 기능과 역할을 매우 제한적인 관점에서 이해하려는 경향을 보여 왔다. UN 헌장 제71조에 의하면 UN 경제사회이사회(ECOSOC)는 협의자 지위(consultative status)를 부여한 경우만 NGO로 간주한다. 일국 차원과는 달리 국제적 관계하에서는 NGO의 선별적 정통성 부여가 NGO 활동을 촉진시킨다고 본 것이다. UN은 자신이 협의자 지위를 부여한 NGO만을 지구 거버넌스 차원의 정통성을 지닌 NGO로 승인하는 대신 그들로 하여금 UN이 지향하는 목적가치를 구현하는 지역현장의 선봉장이 되기를 기대했다. ECOSOC는 이를 통해 지구시민사회가 보다 질서정연하게 발전하기를 기대한 것이라고 하지만, 실제로는 공식적으로 재단된 일단의 NGO를 일정한 틀에 따라 정렬하는 결과를 가져왔을 뿐이다. 이는 당연히 UN과 NGO 간의 관계를 이분법적으로 구분하는 결과를 가져왔으며, 지구시민사회의 발전에 기여하기보다는 오히려 이를 제약하는 결과가 되었다. 따라서 지구 거버넌스가 NGO와 협력적, 담론적 관계를 구축하고자 한다면 그의 현실적인 경계영역은 어디까지인가를 질문케 하는 대표적인 사례라고 하겠다.

헬드(Held, 1995)가 주장하는 세계시민주의형 민주주의(cosmopolitan democracy)도 같은 부류에 속한다. 그에 의하면 지구화로 인해 민족국가의 규제 능력이 일국주의의 경계를 넘어 확산되면서 일종의 연쇄 반응을 일으키고 있으며 그 결과 원격지에서 이루어진 의사결정이 한 나라의 정책에 영향을 미치는 현상이 심화되고 있다는 것이다. 이로 인해 기존의 민족국가 내부에서 유지되어 오던 다양한 국정관리 기구들의 대의기능이 심각한 도전에 직면하고 있어, 점진적으로 지구 전체를 관장하는 범지구적인 정체를 구축해 나가는 일이 필수적 과제라고 보았다. 그리고 이를 위해서는 '세계시민주의적 민주주의 법(cosmoploitan democratic law)'의 제정이 요청된다는 것이다. 다차원에서 이루어지는 의사결정체제에 인류 모두가 평등하게 참여할 수 있는 기회와 권리를 보장하기 위해서는 '공동의 행동구조(common structure of action)'가 필요하고, 이는 민주주의를 지향하는 세계법의 제정이 전제되어야 가능하다는 것이다. 전후 정착되어 가고 있는 세계질서와 세계인권선언(the Universal Declaration of Human Rights) 같은 데서 그의 단초를 찾아볼 수 있다. 바로 이런 변화의 연장선상에서 점차 세계정부를 구축해 나가자는 것이다.

그러니까 헬드는 일국 정부의 민주주의 관행을 범지구적으로 점차 확대해 나가면 지구 차원의 민주주의 구현이 가능해진다는 인식의 틀 위에 서 있다. 따라서 현존하는 UN을 개혁하는 일부터 시작하여 세계의회(Global Parliament) 같은 기구를 창설하게 되면, 지구적 연결망을 지닌 법률체계를 구축할 수 있게 된다는 생각이다. 그리하여 지구 거버넌스에 의존하는 정도가 높아지면 기존의 민족국가가 견지하던 주권기능이 지구 거버넌스에 전이되면서 점차 민족국가는 소멸의 길 (withe away)을 밟게 된다는 것이다(Held, 1995:233). 그러니까 독자적인 정치문화를 누리던 개별국가의 정체성이 지구 차원의 새로운 문화적 질서로 수렴된다고 보는 것이다. '문화적 혼합주의(cultural hybridization)'(Delanty, 2002:64))나 '지구문화의 창조(creation of global culture)'(Friedman, 1995)가 일어나는 것이다. 이 점에서 헬드는 일국 차원의 시민사회와 지구 시민사회가 그의 본질에 있어 서로 성격을 달리하는 것으로 인식한다.

2. 공동체중심의 지구 거버넌스

지구 거버넌스를 지구 차원의 시민사회 구성원들이 그의 사회적 권리를 발현하는 한 양식으로 보려는 경우다. 그러나 그 지구 차원의 시민사회가 어떤 속성을 지니는 것으로 보느냐에 따라서는 서로 다른 시각이 공존하고 있다. 지구 차원의 시민사회와 일국 수준의 시민사회를 동일 연속선상에 정렬되는 것으로 보느냐 아니면 양자 간의 이분법적 단절을 상정하느냐에 따라 다르기 때문이다. 이에 따라 제III유형과 제IV유형으로 구분된다.

1) 일원론(제III유형)

사회운동을 공적 의사소통이나 문화적 정체성 및 사적인 네트워크와 연계시켜 다루는 신사회운동론(new social movement theory)은 주로 시민사회의 사회문화적 측면에 초점을 맞춘다는 점에서 공동체를 통해 시민권의 실체에 접근하고자 하는 셈이다(Diani, 1997). 그러나 이들이 파악하는 시민사회는 그 개념의 본질에 있어 대체로 일국주의의 경계를 넘지 못한다. 지구화가 진행되더라도 보통의 사람들은 일상의 생활 속에서 국내 언론에 의해 묘사되거나 걸러지는 정치현상에 접하는 것이 보통인데, 국내 언론은 일국주의의 시각과 관점에서 정보를 수집하고 배포하는 것이 상례이기 때문이다. 따라서 시민은 지구화 현상을 일국주의의 경계 내에서 이해하는 결과를 낳는다. 또한 어떤 나라의 역사, 문화, 언어 등은 기본적으로 그 나라의 일국주의 경계 내에서 생성, 소멸하는 성질을 지니고 있으며, 그 사회구성원의 가치관이나 정체성의 배면에 놓여 있는 의식의 세계를 지배한다. 따라서 사회문화론적 접근을 시도하는 신사회운동론은 비록 일국주의의 경계를 넘나드는 것이기는 하지만 지구화 현상을 일국주의의 창을 통해 이해하고자 하며, 그런 점에서 지구시민사회를 민족국가 차원의 시민사회와 동일시하는 경향이 있다.

지구시민사회를 '신터콰빌 모델(Neo Tocuevillian Model)'(Good-hart, 2005:10)을 통해 설명하려는 경우도 같다. 지구차원의 시민사회는 그 운영실제에 있어 일국 수준의 시민사회와 여러 차원에서 다른 점이 없지 않다. 먼저 지구시민사회 자체가 결코 일국 수준의 시민사회처럼 민주적이라고 할 수 없다. 무엇보다도 구성원의 다양성과 이격성 및 차등성이 문제가 된다. 그러나 신 터콰빌 모델은 이를 본질적 차이라기보다는 단순히 정도의 문제로 이해하고자 한다. 이는 원래 다원주의 이론이나 집단이론 자체가 그의 과정론적 성격이나 체계론적 요소로 인해 지구차원의 시민사회를 민족국가 시민사회의 연속선상(continuum)에서 이해하려는 데에서 비롯되는 결과다. 일국 수준의 시민사회와 지구 차원의 시민사회를 등질적으로 다루고자 하는 이유다.

이런 신 터콰빌 모델에 의존하는 이들은 지구시민사회가 지구 거버넌스에 정보, 물자, 조언, 아이디어 등을 제공함으로써 지구 거버넌스의 업무수행 능력을 제고하는 관계에 있다고 본다. 지구시민사회에 의한 주의주창 운동은 지구 거버넌스로 하여금 정책개발의 우선순위를 조정하거나 적실성 정도를 높이게 한다는 것이다. 지구시민사회에 의한 경고와 주문은 지구 거버넌스로 하여금 최신의 정보를 광범위하게 수집할 수 있게 해주기도 한다. 이럴 경우 정책의 적실성이나 정교성이 높아질 것은 물론이다. 지구 거버넌스에 직접 참여하거나 그의 업무를 부분적으로 위임 받거나 또는 부족한 영역을 보완함으로써 지구 거버넌스의 정당성 정도를 높이는 것으로도 이해된다. 이 과정에서 지구시민사회는 참여 시민에게 현장교육을 실시하는 셈이 되며, 미래의 정책과제에 대해 토론하도록 유도하게 되고. 시민을 직접 지구 거버넌스에 연결시키며, 지구 거버넌스의 투명성, 개방성, 현시성 정도를 높이는 효과도 낳게 된다.

물론 지구시민사회가 지구 거버넌스의 정통성 기반을 강화시키기만 하는 것은 아니다. 시민의 참여가 적거나 참여하더라도 책임 있는 자세로 임하지 않는 경우 지구 거버넌스의 정통성 기반을 약화시킬 수 있다. 그러니까 지구 거버넌스의 정통성과 관련하여 지구시민사회는 자동적으로 긍정적 효과를 제공하는 것은 아니지만, 일종의 독립 변수로 간주되고 있음에 틀림이 없다. 그러나 무엇보다도 중요한 것은 일국 수준의 시민사회가 지구시민사회와의 관계없이 직접 지구 거버넌스에 영향을 주고받는 관계에 있다고 본다는 점이다. 이 점에서 일국 수준의 시민사회는 지구시민사회와 등질적일 뿐 아니라 그의 일부를 구성하는 것으로 이해되고 있다.

하버마스(Habermas, 1998)의 '후기 민족주의 시민권(postnational citizenship)' 개념도 여기에 속한다. 그는 EU의 등장을 후기 민족주의의 관점에서 설명하고자 한다. 자유민주주의를 지향하는 민족국가의 역사를 점검해 보면 공화주의와 민족주의 간의 긴장으로 점철되어 왔다는 것이다. 부언하면 보편적 시민권과 이의 역사적, 문화적 토대가 되는 사회환경적 맥락 간의 긴장이다. 그에게 있어 시민권은 단순히 법적 권리만을 뜻하지 않는다. 거기에서 더 나아가 사회통합에 기여하는 정치문화적 토양을 제공하는 장치로 이해된다. 그러니까 어떤 지리적 경계를 뛰어넘는 정치 공동체의 민주적 통합이 가능하기 위해서는 그에 부합하는 공동체 정치문화가 개발되어 있어야 한다는 것이다. 물론 법 앞의 평등이라는 보편적인 원리가 지리적 경계를 넘어 유럽대륙 전체에 적용 가능한 것이기는 하지만 그런 원리가 제대로 작동하기 위해서는 이를 지지하는 역사문화적 배경과 토대가 필요하다는 뜻이다. 단순하고 추상적인 어떤 원리에 대한 믿음 이상의 것으로서 그 특정의 생활양식에 매료된다든가 또는 그 특정의 감성에 침잠하는 동기나 이해관계 따위의 구체적인 애착이 있어야 한다고 보았다. 그런 의미에서 볼 때 유럽의 경우 그동안 바로 이런 정서적 동질성을 공유할 수 있는 역사적 경험을 함께 나누어 왔다는 사실이 EU의 창설을 성공시킨 핵심적 요인 가운데 하나다. 따라서 EU 같은 국제지역 공동체가 생장하기 위해서는 단순한 법적, 제도적 결합 이상의 지역 정치공동체 문화를 개발하는 것이 필수적 과제이며 이는 시민의 그에 대한 열정이 있을 때 가능하다.

2) 이원론(제Ⅳ유형)

지구 차원에서 수행하는 NGO의 역할을 확대해서 서술하려는 이들이 항용 이 범주에 속한다. 지구 차원의 시민사회와 지구 거버넌스 간의 상호작용을 분석하는 데 있어 의도적으로 지구시민사회의 비중을 강조해서 보고자 하는 전략적 접근을 취한 결과다. 주로 지구시민사회가 언제, 어디서, 어떻게 생성되는가를 낙관주의적 관점에서 예견하거나 평가하려 하기 때문에 지구문제 해결에 있어 일국 수준의 국가나 지구 차원의 국가가 수행하는 역할이나 비중을 의도적으로 약화시켜 평가하려는 경향이 있다. 그 결과 지구 거버넌스와 지구시민사회를 심각하게 구분해 보려 하지 않는 경향성도 드러나 있다.

초국적 네트워크와 협력적 관계망을 갖춘 NGO가 민족국가나 정부간 국제기구들이 풀지 못했던 지구 내지는 국제지역 차원의 과제들을 해결하는 데 있어 보다 유용하다고 보는 시각(Florini, 2000; Willetts, 1996)이 여기에 해당된다. 같은 관점에서 살라몬(Salamon, 1994)은

19세기 산업사회의 등장과정에서 민족국가가 수행했던 것만큼이나 비중 있는 역할을 오늘날의 제3섹터가 "결사체 혁명(associational revolution)"을 통해 수행한다고 보았다. 헌터(Hunter, 1995)와 웨프너(Wapner, 1995)는 지구시민사회를 초국적 과제에 대해 초국적 대안을 제시한 것이라고 보았다. 지구 차원에서 시민사회와 거버넌스가 쌍방향적으로 상승작용 하는 가운데 사회 문제 해결에 이른다는 것이다. 지구시민사회를 국가 권력의 폭력성에 대응하는 비폭력적, 규범적 도전으로 이해한 터너(Turner, 1998)도 여기에 속한다.

지구 네트워크 거버넌스 이론(theories of global network governance)(Lupel, 2003:21-29)도 유사한 관점을 지녔다. 이 이론은 국제관계나 지구정치에 대한 전통적인 국가중심주의를 부정하고 수평적 네트워크를 통한 의사결정권의 분산에 주목하고자 한다. 정보통신기술의 발전에 힘입은 탈영토적 현상은 영토적 경계 위에 조직되는 민족국가의 중심 패러다임을 근본부터 바꾸는 계기가 되었다고 본다. 그 결과 NGO가 거버넌스에 미치는 능력이 강화되고 있으며 그에 따라 정치적 권한도 확장되는 변화를 낳고 있다는 것이다. 초국적 규제의 중추가 분산되는 효과가 나타나게 될 것은 물론이다. 과거와는 달리 오늘날에 있어서는 실로 다양한 요소들이 상호작용하는 가운데 지구 거버넌스의 실체가 구체화된다는 것이다.

지구 수준에서 활동하는 다양한 양식의 초국적 NGO(Transnational NGO: TNO)와 국제 NGO(International NGO: INGO)가 급속히 확산되고 있다는 사실은 지구 거버넌스의 민주화에 진전이 있음을 시사하는 것이며, 지구 거버넌스가 지구시민사회에 의존하는 정도가 커지고 있다는 의미로 해석된다.[5]

---

5) TNGO와 INGO에 대해서는 박재창(2006, 23)을 참조하기 바란다.

V. 지구 거버넌스의 유형별 한계

앞서 살펴 본 지구 거버넌스의 여러 유형들은 자체의 논리적 모순이나 운영실제상의 문제로 인해 그것이 지구시민의 참여를 발양하거나 그런 참여를 토대로 지구 민주주의의 구현에 얼마나 기여할 것인지에 대해서는 획일적이고 보편적인 평가를 내리기가 쉽지 않다. 바로 이 점이 지구 거버넌스에 대한 논의를 매우 혼란스럽게 만들어 온 주요 원인 가운데 하나이며 지구 거버넌스를 통해 지구화 과정의 역기능을 해소하는 일이 순율적이지만은 않을 것이라는 점을 시사하는 것이기도 하다.

먼저 제I유형과 제II유형은 지구 거버넌스의 권력적 정당성 근거를 국가에서 찾는 만큼 일반시민이 거버넌스 과정에 직접 참여하고 의견을 개진하며 정치적 판단에 나설 수 있는 정치적 공간의 제공을 외면하거나 소극적으로만 수용하려는 한계를 지닌다. 이는 더 나아가 지구 차원의 국가, 보다 구체적으로는 국제기구나 지역정부 내지는 지구 정부의 구성에 있어 시민이 직접 자신의 대표를 선출하는 것이 아니라 일국 수준에서 시민들이 선출한 대리인들이 모여 대표를 뽑거나 법령과 규칙을 제정한다는 점에서 이중적인 대표성 왜곡 가능성을 내포한다. 민주주의 3차 혁명론 이래로 주인-대리인 관계에 있어 대리인이 주인의 진정한 대표자로 일하기보다는 자신의 지대추구에 열심이라는 사실은 이미 새로울 것도 없다. 그러나 그런 이들이 모여 다시 그들 사이의 대표를 뽑아 구성하는 것이 지구정부이거나 지역정부 또는 국제기구라고 한다면, 그 과정에서 발생하는 대표성의 왜곡 현상은 심각할 수밖에 없다.

또한 이런 기구들이 개별 민족국가의 대표들에 의해 구성된다는 점에서 볼 때 민족국가 중심의 자국이기주의의 경계를 벗어나기 어렵다. 지구 전체 차원의 공공성을 추구하기가 어렵게 되는 것이다. 실제로 UN은 그의 태동기부터 기구 결성의 동기 자체를 의심받아 왔을 뿐만 아니라 오늘날 현실주의적 접근을 시도하는 이들은 어느 누구도 이를 단순한 지구 차원의 도덕적, 윤리적 결정체라고 보지 않는다. 이런 상황하에서는 국익추구라는 일국주의의 이해관계를 극복하기가 어렵기 때문에 쉽게 갈등관계에 빠지게 된다. 거버넌스 운영의 실질적인 주체가 국제기구나 지역정부 내지는 지구정부의 전문가 집단이라는 점에서는 관료적 병리현상을 노정하면서 거버넌스 운영상의 지체나 왜곡 및 그 과정의 권력 남용 등이 우려되기도 한다.

이렇게 지구 거버넌스의 관련 기관이나 공직자들이 NGO의 의견을 경청하거나 수용하려는 준비태세가 미처 갖추어져 있지 않을 경우 문제가 적지 않다. 적정한 시점에서 일반시민이나 NGO와 대화하거나 진지한 자세로 의견을 경청하려 하지 않고 일종의 홍보전략 차원에서 접촉하고자 할 때 참여의 진정한 의의가 살아나기 어려울 것은 물론이다. 시민 참여를 동원하려는 정략적 동기가 개입하는 경우 진정한 협조나 정치적 합의를 도출하기도 물론 어려울 것이다.

특히 제II유형은 인식론의 차원에서 제기되는 '일국주의의 오류(domestic fallacy)'(Goodhart, 2005:15)에 빠지는 문제를 안고 있다. 지구 차원의 문제를 일국 수준의 인식론적 틀을 통해 바라보는 데에서 오는 잘못이다. 지구 차원의 민주주의 문제를 단순히 일국 차원으로 함축하는 데에서 비롯되는 과제다. 이와 연동되어 있는 인식상의 오류는 초국적 성질의 정치가 일국 수준의 정치와 기본적으로는 다를 것이 없을 것이라는 믿음이다. 그러나 이는 민주주의에 대한 인식상의 오류다. 현대 민주주의가 한 나라의 지리적 경계 위에 구축되어 있는 이유는 단지 우연히 그렇게 된 것이 아니라 민주주의의 기초가 되는 민중(demos)이나 시민주권 자체가 어떤 지리적 경계 개념을 필요로 하기 때문이다. 민주정치는 그것이 시민권에 기초한다고 할 때 단순히 시민 개개인의 이익을 대표한다는 점에서 정당성을 찾는 것이 아니라 역사적 진행 과정을 통해 이미 구축되어 있는 어떤 양식의 정치 공동체가 전제되어 있고—지리적 경계를 동반하는—이를 대변한다는 의미가 공유될 때 정당성을 얻게 된다. 따라서 민주주의의 속성 자체를 바꾸지 않으면서 단순히 그의 지리적 경계만을 확장한다는 일은 처음부터 구현 가능한 일이 아니라는 결론에 이르게 된다(Good-hart, 2005:16). 논리적 모순성을 내포하는 유형인 셈이다.

제III유형과 제IV유형은 지구 거버넌스의 동력을 지구시민권에서 찾고, 지구시민권이 발현하기 위해서는 지구 차원에 지구시민으로서의 자기 정체성 정립에 필요한 문화적 동형화가 전제되어 있어야 한다고 보지만 현실적으로는 모든 지구촌 거주민이 자신의 정체성 내지는 시민권을 다른 정체의 것과 대비하거나 구분하는 데 필요한 윤리적, 정서적, 정치적 동기를 유발하기가 쉬운 일이 아니다. 지구촌 구성원들이 지니고 있는 실로 다양한 종교적, 인종적, 문화적 차이를 감안할 때 지구민 전체가 공유하는 생활 양식상의 어떤 독특한 정서적 열망이나 문화적 충성심을 기대하는 일 자체가 비현실적이다. 따라서 지구 차원에서 작동하는 가치의 재배분 체계를 기대한다는 것은 비현실적인 과제다.

이들 유형은 또 지구차원의 공동체를 통해 지구시민권을 구체화한다고 하지만 그 과정은 지구시민사회의 핵심적 요소라고 할 수 있는 NGO 의존적이다. 그러나 경우에 따라서는 국제기구나 지역정부 내지는 지구 정부 등과 '비판적 협력'이 아니라 참여를 가장한 결탁의 양식을 취할 수도 있다. 무엇보다도 지구 차원의 시민사회에서 활동하는 NGO가 대표성을 결여하기 십상이라는 데에 문제가 적지 않다. 이론적으로 보면 사회의 다양한 세력이나 집단들이 균형 있게 자신의 의견을 반영할 수 있어야 하지만 실제로는 정치적 동원능력이나 힘의 크기에 따라 자기 의견을 투입하게 되며, 그 결과 지구시민사회는 일종의 기득권 재생산 장치로 전락하면서 민주주의의 기본정신을 왜곡하게 된다. 이런 불균형적인 참여는 특히 문화적 편향성과 결합하면서 특정의 가치관이나 협소한 관점을 강조하는 오류에 빠질 수 있다. 내부민주주의의 결여가 지구시민사회단체의 자체 의견 수립과정에서 여론을 왜곡하거나 부가적 가치를 우선적으로 추구하는 잘못으로 이어질 가능성도 있다.

따라서 지구시민사회가 '상향식 지구화(globalization from below)'를 통해 구체화된다거나 지구 거버넌스가 '지구적 전환의 정치(global transformative politics)'를 통해 지구 차원의 정책과제를 해결할 것이라는 생각은 일부 사회운동가나 이론가의 희망 사항일 뿐 사실에 입각한 경험론적 서술은 아닌 셈이다(Goodhart, 2005:13). 그러니까 지구 차원의 시민사회 구축을 통해 지구시민권를 구현하겠다는 전략은 그의 상향식 접근 양식으로 인해 매우 민주적인 것처럼 보이는 것이 사실이지만, 이는 지구 차원의 민주주의를 구현하는 데 있어 단지 부분 모형내지는 불완전 전략에 지나지 않는다.

특히 제III유형의 경우 일국 수준의 사회적 관계와 지구차원의 사회적 관계를 등질적인 것으로 파악하기 때문에, 지구 차원에서도 일국 수준에서와 마찬가지로 NGO를 통한 지구 차원의 여러 국제기구나 지역 정부 내지는 지구 정부에 대한 압력의 행사나 통제가 가능하다는 점을 상정한다. 그러나 일국 수준의 국가와는 달리 지구 차원의 국제기구는 결코 지구시민사회의 압력에 잘 굴복하지 않는다. 왜냐하면 국제기구에게는 지구 차원에서 활동하는 NGO나 국가들이 연대해서 경제 제재 조치를 취하거나 외교적, 정치적 압력을 가한다고 하더라도 그것이 크게 압력원으로 작용하지 않기 때문이다. 이는 그런 압력이 민족국가 수준에서 개별 국가가 감당해야 하는 부담과는 전혀 다른 성질의 것이기 때문이다. 물론 국제기구에 대표를 파견하고 있는 개별 국가에게는 일종의 압력원으로 작용할 수도 있는 일이겠지만 국제기구는 기본적으로 정부 간 관계에 기초하는 것이기 때문에 이런 압력에 대해서도 피해 나갈 공간을 확보하고 있기 마련이다. 특히 국제기구는 기능적으로 매우 분화되어 있기 때문에 아무리 개별 회원국가에 압력을 가한다고 하더라도, 그것이 그 협소한 분야에 대한 압력원으로 작용하기란 쉽지 않은 일이다. 대부분의 국제기구가 미국과

같은 열강에 의해 장악되고 그 나라 국민의 이익을 배타적으로 보장
하는 데에 우선적인 초점을 맞추어 운영되고 있다는 저간의 사정을
감안해 보면, 지구 차원의 국제적 연대를 통해 이런 기구에 압력을 동
원한다는 일이 과연 효과적일 수 있을까 하는 회의를 갖기에 충분하
다. 단순히 지구 레짐에 저항하는 것만으로 지구 차원의 민주주의를
구현한다는 생각은 지구 거버넌스의 복잡성을 고려해 볼 때 너무나도
단순한 발상이라고 하지 않을 수 없다.

　또한 일국 수준의 시민사회와 일원론적 관계에 있는 지구시민사회
를 통해 지구 거버넌스를 활성화해 보겠다는 생각 속에는 방법론적인
한계도 내포되어 있다. 시민사회의 공고화를 통해 국가의 성격을 변
화시키겠다는 상향식 압박 전략은 참되게 삶을 영위함으로써 정권의
성질을 바꾸거나 최소한 공적 의사결정의 자율성 정도를 높이겠다는
것에 다름 아니다. 그러나 이는 개인 단위의 삶의 양식이 시민사회의
내용을 바꾸고 시민사회의 변화가 국가의 변화로 이어진다는 논리에
기초한다. 그런데 개인의 단순 총합이 전체가 아니라는 인식론적 차
원의 본질적 오류 문제는 이 경우에도 적용된다. 지구 차원의 시민사
회는 일국 내부의 개인이 어떤 삶의 양식을 취하느냐에 따라 연동되
는 정도가 작을 뿐만 아니라 그런 연동성을 인정하더라도 그것만이
지구시민사회의 성질을 결정하는 주요 변수는 아니다. 더욱이 지구
차원의 사회구조가 변한다고 하더라도 그런 변화가 지구 거버넌스에
미치는 영향은 상대적으로 작을 뿐만 아니라 그런 변화가 지구 거버
넌스의 성질을 바꾸기 위한 필요충분조건은 아니다.

　또한 일국 수준에서와 같이 지구 차원에서도 국가와 시민사회가 대
칭적 관계를 구성한다고 보지만 이는 적어도 지구 차원에서는 사실이
아니다. 일국 수준에서 볼 때 이익 대표, 정책과정에의 참여, 여론 형
성, 대칭적 이해관계의 조율 등은 모두 제도화된 선거과정을 통해 국
가와 연계되어야 그의 실효성을 담보할 수 있다. 그러나 이는 지구 차
원의 경우 완벽하게 결여된다. 일국 수준의 시민사회에서는 시민권의

누적 현상이 투표로 계측되면서, 계측되는 만큼의 정치적 비중을 인정받게 된다. 그러나 지구 차원의 경우 이는 철저히 결여되어 있다. 시민권의 발현양식이 일국 수준과 지구 차원에 있어 서로 다르다는 점을 이 유형은 간과하는 문제점이 있다.

제IV유형의 경우는 지구 차원의 시민권 발현이 지구시민사회를 통해 이루어진다고 본다. 그러나 TNGO나 INGO처럼 지구시민사회에서 활동하는 의사결정권자들은 공식적으로 선출되는 것이 아니기 때문에 공적 정당성을 확보하지 못할 뿐만 아니라 정치적 책임의 추궁으로부터도 배제된다. 무엇보다도 지구 차원의 정치사회적 운명 공동체와 국제기구 사이에 설정되어 있는 비대칭성으로 인해 민주적 담론의 정당성이 확보되지 못한다. 아무리 지구시민사회에서의 논의가 공개성, 포괄성, 접근성, 박애주의 등에 기초한다고 하더라도 공식적인 승인을 받지 않은 정치 공동체에 의해 이루어지는 것이기 때문에 정통성을 누리기 어렵다. 지구 차원의 사회공동체가 이렇게 공적 논의나 의사결정의 결과를 법률이나 정책으로 치환할 수 있는 정치적 의사결정 기구를 결여한다면 지구 차원의 담론이 과연 무슨 소용이 있으며 또 소망스러운 것인가 하는 근본적인 물음에 직면할 것은 당연한 이치다. 지구 차원의 의사결정 결과가 어떤 특정의 민족국가가 추구하는 입장과 갈등을 빚을 경우 이는 또 어떻게 조정되어야 마땅한가의 문제가 제기될 수도 있다(Goodhart, 2005:9).

또한 일국 수준의 시민사회에서는 시민사회와 국가가 상호 형성적 관계를 구성한다. 그러나 지구 차원의 시민사회 차원에서는 그렇지가 못하다. 일국 수준의 시민사회가 민주적으로 작동하기 위해서는 공개성, 자유, 평등, 참여 등과 같은 규범 외에도 법치주의, 법집행의 강제력, 이를 담당하는 기관 등이 추가적으로 전제되어 있어야 한다. 그러나 지구시민사회에는 이런 장치들이 마련되어 있지 않다. 지구시민사회 구성원들의 권리 행사를 통해 지구시민사회가 작동한다고 말할 수는 있겠지만, 이때의 시민권 행사를 실체적 차원에서 보면 이는 지구

차원의 것이 아니라 개별 구성원이 속해 있는 민족국가의 것이며 그
렇기 때문에 그 내용에 있어 구성원마다 상이하고 편차도 크다. 지구
거버넌스는 외형상 일국 수준의 국가와 그 기능면에서 유사해 보이지
만 사실은 어느 누구의 시민권도 직접 보장해 주지 못하는 존재다. 지
구정부가 존재하지 않는다는 사실은 그 빈자리를 다른 다양한 기구들
이 대행하고 있다는 의미인 것이다. 일국 수준에서는 국가가 이런 기
구들의 역할을 통제하거나 관리할 수 있지만 지구 차원에서는 그렇지
가 못하다(Goodhart, 2005:9-10).

　그 결과 지구 차원의 사회적 관계에서는 민족국가 수준에서 목격하
는 것과 같은 민주적 의사형성의 응집력 있는 구조를 결여하게 되는
문제를 안게 된다. 민주적 결손(democratic deficit)의 문제에 직면하
는 셈이다. 지구 거버넌스는 그것이 전달하는 이미지와는 달리 평등
한 참정권을 보장하는 것이 아니라 상대적으로 강한 국가 또는 우월
적인 사회 세력의 이익을 우선적으로 대변하며 지구차원의 사회정의
나 인간의 안전권 문제에 유의하는 정도도 상대적으로 낮아지는 성질
을 지녔다. 차등 참여가 내재화되어 있기 때문이다. 따라서 민족국가
의 경계를 초월하는 정치 거버넌스의 구축은 이렇게 공동체적 체험을
공유하는 국제지역 차원까지만 가능하며, 이의 경계를 넘는 지구 전
체 차원에서는 지구 거버넌스의 구축 자체가 불가능하다고 볼 수도
있다. 지구시민사회와 민족국가 차원의 시민사회는 그의 본질에 있어
서로 다르기 때문이다. 이 점에서 하버마스는 국제지역(EU) 차원까지
는 일원론의 입장을 취하는 반면 범지구 차원에 대해서는 이원론적
입장을 취하는 일종의 절충주의적 시각을 지니고 있는 셈이다.

VI. 결론

지구시민권이 지구시민사회, 지구 거버넌스 그리고 지구 민주주의에 이르기까지의 과정이 어떤 양식을 취하며 또 어떤 역할을 수행하는지에 대해서는 실로 다양한 견해가 제시되어 왔다. 그러나 이를 종합해 보면 대체로 상향식 경로와 하향식 경로로 대별된다. 상향식 경로는 지구시민권이 지구시민사회의 발현에 독립변수로 작용하고, 지구시민사회는 다시 지구 거버넌스의 독립변수이며, 지구 거버넌스는 지구 민주주의의 발양에 대해 독립변수적 관계를 구축한다는 인식이다(Hunter, 1995). 반면에 하향식은 기본적으로 역순의 관계를 상정한다. 상향식이 대체로 시민권에 대해 공동체 중심주의적인 접근전략을 채택하는 이들에 의해 주장된다면, 하향식은 시민권을 국가중심주의적인 시각에서 접근하고자 하는 이들이 대종을 이룬다. 그러나 그렇다고 해서 이들 사이의 상호작용적 관계를 배제하는 것은 아니다(Kumar, 1994; Walzer, 1995). 오히려 다면적인 상호작용의 관계가 논자에 따라 실로 다양하게 제안되고 있는 것도 사실이다. 그러나 여기에서는 논의의 편의를 위해 주로 상향식과 하향식을 중심으로만 설명을 진행해 왔다. 이들이 기본 모형을 구성한다고 보았기 때문이다.

그런데 이 두 개의 모형이 상호작용한다는 사실은 지구시민권이 지구시민사회의 전제 조건이자 그 결과이기도 한 이중적 관계를 구축한다는 사실을 함축한다. 이는 지구시민사회와 지구 거버넌스의 관계에서도 같다. 지구시민사회는 지구 거버넌스의 독립변수이면서 종속변수이기도 한 복합적 관계를 구성하는 것이다(Muetzelfeldt & Smith, 2002:56). 지구 거버넌스가 지구 국가의 연장선 상에서 이해되기도 하고 지구시민사회의 연장선 상에서 이해되기도 하기 때문이다. 이런 복합 관계는 지구 거버넌스와 지구 민주주의의 관계에서도 같다. 지구 민주주의는 지구 거버넌스의 결과물이자 전제적 조건이기도 한 이중적 성격을 지닌다. 따라서 지구시민권, 지구시민사회, 지구 거버넌

스, 지구 민주주의는 서로 독립변수이자 종속변수이기도 한 상호의존
적 관계를 갖는다.

바로 이런 이중성 내지는 복합성에 대한 인식은 이들 간의 관계를
절충주의적 관점에서 접근하거나 이해함으로써 외견상 어느 특정의
시각을 채택하는 데서 오는 모순을 극복하는 것처럼 보인다. 그러나
실제로는 이런 절충주의적 시각이 기존의 복합구조에 새로운 복합성
유발 요인을 하나 더 추가함으로써, 오히려 혼란을 더 가중시키는 측
면이 있다. 이런 추가적인 복잡성은 지구차원의 과제 해결을 위해 지
구 차원뿐만 아니라 일국 차원의 접근전략도 모색해야 한다는 사실에
의해 보다 더 심화된다. 지구 거버넌스는 지구시민권(global citizen-
ship)이나 지구시민사회와 직결되어 있지만, 국제지역 시민권(region-
al citizenship)이나 국제지역 시민사회와도 연동되어 있으며, 일국 수
준의 시민권(national citizenship) 내지는 시민사회와도 연결되어 있
다. 이런 거버넌스의 중층구조는 당위적인 것이지만 동시에 경험적
사실이기도 하다는 점에서 문제 인식의 복잡성을 더 한다.

이런 복잡성과 모순성은 방법론상의 혼란에 의해서도 가중된다. 미
시적 접근과 거시적 접근을 연결하는 매개변수에 대한 설명 없이 양
자를 등가적으로 연결하는 경우가 대종을 이루기 때문이다. 지구화
시대에 사는 개인 또는 그의 가치관이나 행태에서부터 그들에 의해
구성되는 NGO, NGO를 기초로 형성되는 시민사회, 시민사회에 기초
하는 거버넌스, 거버넌스에 의존하는 실체적 민주주의에 이르기까지
분석단위의 일관성을 유지하지 않은 채 편의적으로 접근하는 경우가
적지 않다. 이의 대표적인 사례로는 지구 거버넌스를 들 수 있다. 지
구 거버넌스는 지구 레짐, 지구 정부, 지구시민사회, 국제기구, INGO,
TNGO 등과 개념적으로 연동되거나 등가적인 것으로 처리되기도 한
다. 따라서 그의 조작적 경계를 구분하기가 쉽지 않다. 그뿐만이 아니
다. 지구 거버넌스가 궁극적으로 추구하고자 하는 민주주의의 구체적
인 내용이 무엇인지에 대해서도 명확한 개념을 제시하기가 쉽지 않

다. 지구 민주주의가 지구촌 전체를 포괄하는 어떤 이념적 지표를 지향하는 것이라고 한다면, 지구촌과 같이 실로 다양한 이해관계와 이념적 스팩트럼이 작동하는 곳에서 과연 어떤 민주주의를 이념적 지표로 삼아야 하는 것인지를 규명하기란 쉽지 않은 일이다.

지구화 자체가 다양한 의미를 내포한다는 사실도 논의의 혼란을 한층 더 가중시키는 요인이다. 지구화는 기존의 민족국가들 사이의 대외교류가 한층 더 심화된다는 의미에서의 국제화(internationalism), 비정부 단체들을 중심으로 범지구적으로 형성되는 자율적 정책결정의 네트워크가 확장된다는 점을 시사하는 범지구화(globalization), 일국적 시민권을 초월하는 세계시민주의적 시각과 관계망의 구축을 암시하는 초국화(transnationalism), 그리고 지구화의 여파로 기존의 민족국가 내부에 새로운 구조가 자리 잡게 된다는 후기 민족주의화(post-nationalism) 현상 등을 내포한다(Delanty, 2002:52). 그러나 이 가운데 국제화를 제외하고는 어느 경우도 지구 민주주의의 구현을 위한 하향식 전략과는 잘 상합하지 않는다. 그러니까 범지구화, 초국화, 후기 민족주의화 현상 속에서는 국가와 같이 강제적 통제권을 갖거나, 배타적 회원권을 부여하거나, 독자적인 정체성을 강화하는 등의 정치적 기제를 찾기 어렵다.

따라서 앞서 논의한 지구 거버넌스의 유형 가운데 어떤 유형이 보다 더 호소력이 있는가의 문제는 전적으로 맥락적 관점에서 평가하고 이해해야 할 과제로 여겨진다. 이는 선험적으로 어느 등식의 논리적 구성 양식이 보다 더 호소력이 있다고 규정할 것이 아니라 구체적으로 시간과 공간의 구조적 특성이 한정되는 경우에만 비로소 이를 토대로 어느 유형의 지구 거버넌스가 보다 더 소구력이 있는지의 여부를 평가할 수 있을 것이기 때문이다. 이는 지구 거버넌스와 같이 실로 다층적이고 다원적인 의미를 동반하는 경우에는 보다 더 그럴 수밖에 없는 일이기도 하다. 다만 제II유형과 제III유형은 그것 자체로서 자신의 논리적 일관성 유지가 어려운 것으로 파악된다. 따라서 제I유형과

제IV유형에 주목하게 되는 데 이는 제I유형이 일국주의의 경계 내에 서나 정당성 근거가 확실한 민주적 시민권에 기초하는 것인 데 반해 서 제IV유형은 일국주의의 성격을 완전히 탈피하고 새롭게 구축되는 지구시민사회를 통해 지구적 과제를 해결하고자 한다는 점에서 공동 체중심주의와 연동되기 때문일 것이다.

참고문헌

박재창. (2006). 『지구시민사회와 한국 NGO』. 서울: 오름.

Amoore, Louise, and Paul Langley. (2005). Global Civil Society and Global Governmentality. In Randall D. Germain and Michael Kenny, eds. The Idea of Global Civil Society: Politics and Ethics in Globalizing Era. London, UK: Routledge.

Bernard, Yack. (2003). Nationalism, Popular Sovereignty, and the Liberal Democratic State. In T. V. Paul, G. John Ikenberry and John A. Hall, eds. The Nation State in Question. Princeton NJ: Princeton University Press.

Boyte, Harry, & Nan Skelton. (2008). Reinventing Citizenship: The Practice of Public Work. Center for Democracy and Citizenship. University of Minnnesota. BU-06586.

Chemillier-Gendreau, M. (1996). The International Court of Justice between Politics and Law. Le Monde Diplomatique. November. 〈http://www.globalpolicy.org/wldcourt/icj.htm〉.

Cox, R. W. (1996). Approaches to World Order. Cambridge, MA: Cambridge University Press.

Delanty, Gerard. (2002). Citizenship in a Global Age: Scoiety, Culture, Politics. Philadelphia, MA: Open University Press.

Diani, M. (1997). Social Movements and Social Capital: a Network Perspective on Movement Outcomes. Mobilization. 2:25-36.

Edwards, Michael. (2000). Civil Society and Global Governance. A Paper prepared for the deliverance at the International Conference on the Threshold: The United Nations and Global Governance in the New Millennium. 19-21 Jan. United Nations University. Tokyo.

Falk, R. (1998). Global Civil Society: Perspectives, Initiatives, Movements. Oxford Development Studies. 26:99-111.

Florini, A. (2000). The Third Force: The Rise of Transnational Civil Society. US: Carnegie Endowment for International Peace.

Frey, Bruno S. (2000). Citizenship in a Globalized World. Paper Presented at ISNIE, Tübingen, 7 September.

Friedman, J. (1995). Global System, Globalization and the Parameters of Modernity. In M. Featherstone, S. Lash & R. Robertson, eds. Global Modernities. London, UK: Sage.

Gamble, Andrew, and Michael Kenny. (2005). Ideological Contestation, Transnational Civil Society and Global Politics. In Germain, Randall D. and Kenny, Michael, eds. The Idea of Global Civil Society: Politics and Ethics in a Global Era. N.Y: Routledge.

Gans, Judith. (2005). Citizenship in the Context of Globalization. Udall Center for Studies in Public Policy. 〈http://udallcenter.arizona.edu/programs/immigration/publications/Citizenship%20and%20Globalization.pdf〉.

Germain, Randall D., and Michael Kenny. (2005). The Idea of Global Civil Society: Politics and Ethics in a Global Era. N.Y: Routledge.

Goodhart, Michael. (2005). Civil Society and the Problem of Global Democracy. Democratization. February. 12(1):1-21.

Gramsci, A. (1968). The Modern Prince and Other Writings. NY: International Publishers.

Grotius, Hugo. (2000). The Freedom of the Seas. Ontario, Canada: Batoche Books.

Habermas, Jürgen. (2002). The European Nation-State and the Pressures of Globalization. In P. D. Grief & C. Cronin, eds. Global Justice and Transnational Politics. Cambridge, MA: The MIT Press.

_____. (1998). The Inclusion of the Other. In C. Cronin & P. De Greiff, eds. Studies in Political Theory. Cambridge, MA: The MIT Press.

Held, D. (1995). Democracy and the International Order. In D. Held, ed. Cosmopolitan Democracy: An Agenda for New World Order. Cambridge: Polity Press.

Hunter, A. (1995). Globalization from Below? Promises and Perils of the New Internationalism. Social Policy. 25:6-13.

Huntington, Samuel. (2004). The Hispanic Challenge. Foreign Policy Magazine. March/April. 〈http:/www.foreignpolicy.com/cms.php?story-id=2495〉.

Hutchings, Kimberly. (2005). Subjects, Citizens or Pilgrims? Citizenship and Civil Society in a Global Context. In Randall D. Germain and Michael Kenny, eds. The Idea of Global Civil Society: Politics and Ethics in Globalizing Era. London, UK: Routledge.

Keane, John. (2001). Global Civil Society. Helmut Anhier, Maries Glasius & Mary Kaldor, eds. Global Civil Society 2001. Oxford, UK: Oxford University Press. 23-50.

Kenny, Michael, and Randall Germain. (2005). The Idea(l) of Global Civil Society. In Randall D. Germain and Michael Kenny, eds. The Idea of Global Civil Society: Politics and Ethics in Globalizing Era. London, UK: Routledge.

Krygier, M. (1996). The Sources of Civil Society. Quadrant. 40:12-22.

Kumar, K. (1994). Civil Society Again: a Reply to Christopher Bryant's "Social Self Organization, Civility, and Sociology." British Journal of Sociology. 45:127-131.

Lachman, Gary. (2007). Rudolf Steiner: An Introduction to His Life and Work. NY: Jeremy P. Tacher/Penguin.

Leopold, Aldo. (1987). A Snad County Almanac: And Sketches Here and There. NY: Oxford University Press.

Lupel, Adam. (2003). Democratic Politics and Global Governance: Three Model. Prepared for the Work in Progress Seminar Series. Department of Political Science. The Graduate Faculty. New School. NY.

Mayo, Marjorie. (2005). Global Citizens, Social Movements and the Challenges of Globalization. Toronto, Canada: Canadian Scholars' Press.

McGrew, Tony. (1999). Transnational Democracy: Theories and Prospects. In David Held, Anthony McGrew, David Goldblatt and Jonathan Perraton. Global Transformations: Politics, Economics and Culture. CA: Standford University Press.

McGill, Doug. (2003). Nine Paths to Global Citizenship. 〈http://www.mcgillreport.org/nine-paths.htm〉.

McIntyre-Mills, Janet J. (2000). Global Citizenship and Social Movements: Creating Transcultural Webs of Meaning for the New Millennium. Amsterdam, the Netherlands: Harwood Academic Publishers.

Moore, Nicola. (2004). An Inquiry into the Nature and Causes of Citizenship. The Dualsit. 11:15-27. 〈http://www.stanford.edu/group/dualist/vol11/Moore.pdf〉.

Muetzelfeldt, Michael, and Gary Smith. (2002). Civil Society and Global Governance: The Possibilities for Global Citizenship. Citizenship Studies 6(1):55-75. Taylor and Francis.

Pasha, M. K., & D. L. Blaney. (1998). Elusive paradise: The Promise and Peril of Global Civil Society. Alternatives. 23(4).

Pianta, Mario, Federio Silva, & Duccio Zola. (2005). Global Civil Society Events: Parallel Summits, Social Fora, Global Days of Action. Centre fore the Survey of Global Governance and Centre on Civil Society. London, UK: LSE. 〈http://www.lse.ac.uk/Depts/global/Publications/Yearbooks/2004/updateparallelsummit2004.pdf〉.

Price, R. (1998). Reversing the Gunsights: Transnational Civil Society Targets Land Mines. International Organization. 32:613-644.

Putnam, R. (1993). Bowling Alone: America's Declining Social Capital. Journal of Democracy. 6(1):65-78.

Risse, Thomas, & Kathryn Sikkink. (1999). The Socialization of International Human Rights Norms into Domestic Practices: Introductions. In Thomas Risse, Stephen C. Ropp & Kathryn Sikkink, eds. The Power of Human Rights: International Norms and Domestic Change. Cambridge, MA: Cambridge University Press. 1-38.

Robertson, R. (1992). Globalization: Social Theory and Global Culture. London, UK: Sage.

Salamon, L. M. (1994). The Rise of Non-profit Sector. ForeignAffairs. 73:108-122.

Scholte, Jan Aart. (2007). Civil Society and the Legitimation of Global Governance. CSGR Working Paper No. 223/07. Coventry, UK: University of Warwick.

_____. (2001). Civil Society and Democracy in Global Governance. CSGR Working Paper No. 65/01. Coventry: UK. University of Warwick.

Sekinelgin, Hakan. (2002). Civil Society as a metaphor for Western Liberalism. Civil Society Working Paper 21. Centre for Civil Society. London

School of Economic. January.

Smith, Adam. (1982). Lectures on Jurisprudence. Indianapolis, IN: Liberty Fund. Inc.

Tismaneanu, Vladimir. (2001). Civil Society, Pluralism, and the Future of East and Central Europe. Social Research. 68(4).

Turner, S. (1998). Global Civil Society, Anarchy and Governance: Assessing an Emerging Paradigm. Journal of Peace Research. 35:25-42.

Walzer, M. (1995). The Civil Society Argument. In R. Beiner, ed. Theorizing Citizenship. Albany, NY: State University of New York Press.

Wapner, P. (1995). Politics Beyond the State: environmental Activism and World Civic Politics. World Politics. 47:311-340.

Williams, J. (2002). Good International Citizenship. In N. Dower and J. Williams. Global Citizenship: A Critical Reader. Edinburgh, UK: Edinburgh University Press.

Willetts, P. (1996). From Stockholm to Rio and Beyond: The Impact of the Environment Movement on the United Nations Consultative Arrangements for NGOs. Review of International Studies. 22:57-80.

Young, O. R. (1997). Global Governance: Toward a Theory of Decentralized World Order. In O. R. Young, ed. Global Governance: Drawing Insights from the Environmental Experiences. Cambridge, MA: MIT.

Zacher, M. W. (1992). The Decaying of the Westphalian Temple: Implications for International Order and Governance. In James N. Rosenau & Ernest Otto Czempiel, eds. Governance without Government: Order and Change in World Politics. Cambridge, MA: Cambridge University Press.

제3편 지구시민권 교육

지구시민권과 다문화 교육

곽숙희

I. 서론

오늘날에는 보다 많은 사람이 범지구적으로 이동하게 되었다. 이를 두고 유엔 인구부서에서는 단순한 여행 외에도 이민(migration), 난민 (refugee), 망명(asylum) 등 실로 다양한 이름의 인구이동이 있음을 지적하고 있다. 세계은행의 통계에 의하면, 다양한 이유로 자신의 출생지 밖에서 사는 인구(migration stock)가 1990년에서 2005년 사이에 1억 5,468만 명에서 1억 9,020만 6천 명으로 증가했다고 한다(World Bank, 2006:362).

과거에는 사람들이 자신이 태어난 마을에서 전 생애를 마치는 경우가 많았지만, 최근에는 범지구 차원에서 자신이 출생한 지역을 벗어나 타 지역으로 여행하거나 이동하는 것은 물론이고 더 나아가서는 자신이 출생한 국가를 벗어나 다른 국가에 가서 사는 이동 인구의 수가 증가하게 되었다. 인구가 이동하게 된 데에는 정치, 경제, 혹은 교육 등 다양한 이유가 있을 터이지만, 이런 인구이동으로 인해 사람의 삶이 과거에는 전혀 알지도 못했던 지역의 사람과 영향을 주고받는 일이 생겨났다.

인구의 이동과 더불어 상품을 비롯한 물류의 이동 역시 전 지구 차원에서 서로 밀접한 영향을 주고받게 되었다. 최근 서해안의 한 지역에서 원유를 운반하던 유조선이 좌초하면서 이를 유출한 사건은 물류의 이동이 인간의 삶의 변화에 미치는 영향력이 무엇인지를 보여주는 대표적인 사례라고 하겠다. 지구의 저편으로부터 수송되던 원유의 유출 범위가 점점 더 넓어지면서 태안반도 전체의 생태계는 물론이고 어장을 운영하던 사람들의 삶에도 막대한 영향을 미치게 되었다.

지구촌 삶의 변화는 우리의 가족구조에도 영향을 주고 있다. 한국도 이제 외국인 노동자들을 받아들인 지 어느새 15년이 되었다. 3D업종 기피로 인한 노동력 부족 및 급속한 고령화 사회로의 진행으로 인해 외국인 노동자에 대한 수요가 급증하게 되었던 것이다. 또한 산업화, 근대화로 인해 도시화가 진행되면서 농어촌 총각들의 결혼 문제가 아시아 지역 여성들의 유입으로 해결되고 있는 실정이기도 하다. 농촌지역의 경우, 결혼한 세 쌍 가운데 한 쌍이 국제결혼이라고 할 정도로 농촌총각과 아시아 지역 출신 여성들 간의 결혼은 가파르게 증가하는 추세에 있다. 이미 외국인 노동자 자녀 또는 결혼 이주민과 한국인 사이에서 태어난 2세들이 10대가 되어가고 있다. 우리의 가족구조는 이제 더 이상 '순혈적'이 아니며, 다문화 가정이 늘고 있다.

우리의 삶이 단지 한 지역이나 한 국가에 한정되지 않고, 지구촌 다른 지역 사람들의 삶과 밀접하게 연관되어가고 있는 것이다. 그럼에도 불구하고, 지구촌으로의 변화나 발전을 의식하고, 지구촌 사회를 준비하는 데에는 아직 우리의 준비가 매우 미흡한 형편에 있다. 최근 학계와 시민사회에서 지구 차원에서의 시민사회에 대한 논의를 전개하고 있기는 하지만, '지구시민사회'를 어떻게 정의할 것인지에 대해서조차 논의가 분분한 실정이다(조효제, 2003:13-45).

지구시민사회의 개념 정의가 어려운 만큼, 지구시민을 어떻게 교육할 것인지를 정하는 일 역시 쉽지 않다. 이미 다양한 이름으로 지구시민교육이 진행되고 있고, 지구시민교육의 필요성에 대한 문제의식이 서 있기는 하지만, 지구시민을 어떻게 정의하며, 이를 위해 무엇을 어떻게 교육할 지에 대해서는 아직도 체계적인 논의가 미비한 실정에 있다. 이런 현실인식을 토대로 지구촌 시대를 준비한다는 차원에서 다문화 시대의 지구시민교육 방향을 모색하고, 무엇을 가르치며, 어떻게 가르칠 것인가를 지구시민교육에 대한 기존의 논의를 중심으로 살펴보고자 한다.

II. 지구시민교육의 정의

지구시민교육을 어떻게 정의할 것인지에 대해서는 실로 다양한 견해가 제시되어 있다. 많은 경우, 지구시민 혹은 세계시민은 서로 혼용되는 용어다. 따라서 지구시민교육은 일국단위가 아니라, 지구촌 내지는 세계 단위의 시민을 육성하자는 것이라고 할 수 있다. 무엇보다도 세계시민 또는 지구시민 교육은 국가적 차원을 넘어서는 지구촌의 문제에 대해 관심을 갖고, 이러한 문제가 전 지구 차원에서 국경을 넘어 서로 연관되어 있으며, 이에 대한 해결 역시 한 지역, 한 국가에만 해당되는 것이 아니라, 전 지구 차원에서 공동으로 노력하지 않으면 안된다는 인식을 넓히는 작업이라고 할 수 있다. 즉 전 지구의 관점에서 우리의 삶이 서로 연관 되어 있으며, 문제의 해결 역시 공동으로 모색해야 하며, 전 지구 차원에서 상생의 길을 찾아야 한다는 것을 일깨워주는 작업이라고 할 수 있다.

그런데 이런 지구시민교육은 그동안 여러 가지로 지칭되어 왔다. 이는 지구시민교육이 세계나 지구를 어떻게 이해하고, 어디에 보다 주안점을 두고 교육하느냐에 따라 서로 다른 의미를 동반하는 데에 기인한 결과다. 즉 지구시민교육의 형성배경, 시대적인 상황이나 흐름에 따라, 혹은 교육이 이루어지는 지역이나 사회의 관심과 우선순위에 따라 다양한 형태로 진행되어 왔다. 물론 세계시민이라는 용어는 철학적으로는 아주 오래전부터 존재해 왔다. 칸트의 세계시민윤리에 대한 논의를 비롯해서 많은 철학자들이 보편윤리로서의 세계시민윤리나 덕목 등에 대해 논의해 왔다. 최근에는 모렌도르프(Mollen-dorf)가 세계시민의 정의(cosmopolitan justice)라는 개념을 통해, 만일 사람들이 타자에 대한 도덕적 의무를 가지고 있다면, 이는 아무런 제한 없이 모든 사람에게 부과되어야 한다고 주장하면서, 모든 시민들의 정의에 대한 의무를 지구 차원에서 조명한 바 있다(Enslin & Tji-attas, 2004).

그러나 현대사회에서 철학적, 윤리적 논의를 넘어 구체적으로 세계시민교육 혹은 지구시민교육에 대해 논의한 것은 1950년대 유네스코의 창립으로 인해 보다 더 본격화 되었다고 할 수 있다. 그러나 유네스코는 지구시민교육이라고 부르지 않고, 국제이해교육(Education for International Understanding)이라고 불렀다. 그런데 이 국제이해교육에 대한 개념 정의 역시 이를 구체적으로 수행하는 시대에 따라 교육의 내용이나 영역이 다르며, 어떤 국가에서 어떤 목적으로 실시하느냐에 따라서도 다양한 모습을 보여주었다.

유네스코는 제2차 세계대전이 끝난 이후 창립되었기 때문에, 1950년대의 국제이해교육은 어떻게 하면 지구촌에서 다시는 전쟁이 일어나지 않고, 평화롭게 살 수 있는지에 보다 관심을 두었다(이삼열, 2003:8-29). 말하자면, 평화교육에 보다 많은 주안점을 두었다. 그러나 1960년~1970년대에는 저개발국가의 빈곤과 개발의 문제로 교육의 중심이 옮아갔다. 즉 사회정의와 발전교육에 보다 많은 주안점을 두었다. 그러나 냉전시대가 끝나고 사회주의 국가들의 붕괴가 잇따르자, 1980년~1990년대에는 민주주의에 대한 관심과 시민사회 형성에 대한 교육으로 방향을 옮겨갔다. 동시에 발전이후의 문제들 즉 경제성장과 기술의 발전, 산업화 이후의 환경오염문제 등에 주목하게 되었다. 2000년대에는 유엔이 지속가능한 발전의 세기(2005년~2015년)를 선언하면서, 주로 지속가능한 발전에 관한 교육을 강조하게 되었다.

유네스코를 중심으로 펼쳐온 이러한 국제이해교육의 발전과정을 통해서 알 수 있듯이, 국제이해교육은 평화, 사회정의와 발전, 민주주의와 시민사회, 지속가능한 발전 등 다양한 영역을 포괄한다. 그러나 실제로는 자국의 이해를 확대하려는 이데올로기와 결합하면서 경우에 따라서는 국가와 국가 간의 이해, 문화와 문화 간의 이해를 촉진하려 한다는 국제이해교육이 실제로는 다른 나라의 문화와 사회에 대한 이해를 촉진하기 보다는 자신들의 문화나 이념을 전파하려는 수단으로 활용되는 측면도 없지 않았다. 혹은 다른 나라의 문화에 대한 이해를 그 나라의 언어를 익히는 외국어 교육인양 오해하는 경우도 있었다. 또한 국제이해교육의 본래 의도는 엘리트 교육이 아니었지만 엘리트 중심적인 교육이라는 한계를 지니게 되었던 것도 부정할 수 없다. 이는 국제이해교육을 실시하는 과정에서 실제로 국제 관계나 교류에 관여할 수 있는 학교들이 대부분의 국가들에서 엘리트 중심적인 학교일 수밖에 없는 까닭이었다.

이렇게 볼 때, 지구시민교육이라는 용어는 국제이해교육의 수행 과정에서 생겨난 자국의 이념이나 문화의 우월성을 강조할 수도 있다는 오해나 선입견을 불식할 수 있다는 장점을 지녔다. 또한 엘리트 중심 교육이 아니라 범시민 차원의 교육이라는 점을 강조할 수 있다는 점에서도 유리하다. 지구시민교육과 국제이해교육이 그의 내용에 있어서는 크게 다른 것이 아니지만, 전자가 상대적으로 시민의식이나 시민사회 등의 함의에 조금 더 강조점을 둔다고 보여지기 때문이다. 즉 지구시민교육은 국제이해교육의 영역을 포괄하면서도, 지구촌 시대의 시민이 감당해야 할 역할에 대해 교육한다는 점에서 국제이해교육과는 차이가 있는 셈이다.

한국에서는 아직까지 지구시민교육학과가 대학교에 개설되어 있지 않지만, 일본에서는 히토쓰바시대학 대학원 사회학 연구과에 지구사회 연구전공을 개설하여 지구사회론, 상관문명론, 국제이동론, 평화사회론, 지구정보론, 지구시민론, 국제협력론 등 다양한 과목을 교수하고 있다. 이는 지구시민으로서의 의식을 함양하는 것 외에도 국제적 차원에서 활동할 글로벌 전문 인력을 양성하고자 한 것이다. 이런 점들을 고려해 볼 때, 책임 있는 지구시민으로 살아가는 데 필요한 지식 및 태도를 함양하는 교육, 국제 이해를 위한 교육, 국제 협력을 위한 교육, 국제 평화를 위한 교육, 인권 및 기본적 자유를 위한 교육 등이 글로벌한 과제를 포함할 경우 이를 지구시민교육이라고 정의할 수 있을 것이다(박주웅, 1997:10-28).

이렇게 지구시민교육은 지구시민사회의 어느 측면을 강조하느냐에 따라 다양한 목표를 지녔다. 경제적 측면에서는 지구 자본주의에 대한 대항세력의 결집이나 초국적인 기업에 대한 저항을 겨냥한다. 정치적 측면에서는 사회하부구조에서 전반적인 민주주의를 확산하는 일에, 문화적인 측면에서는 가난한자에 대한 지원과 같은 지구적 연대에 주목한다. 구조적 측면에서는 지구촌 구성원 간의 교류를 증대하고자 한다. 그러나 지구적 규모로 공생하기 위한 실천 작업 가운데 하나라는 측면에서 볼 때는, 모든 나라들이 지구의 관점에서 공존하는 데 필요한 도덕적 기준이나 가치 준거를 창출하고, 문화적 질서를 확립하며, 그 과정에서 환경에 대한 시민 의식, 혹은 다양한 문화와의 공존이나 타 문화에 대한 이해, 지구촌 시대의 시민의 역할 등에 대해 교육하는 과제가 지구시민교육에 포함된다(Oxfam, 2006).

이를 반영하듯 지구시민교육과 관련해서는 국제이해교육 외에도 지구시민 윤리교육, 지구시민 환경교육, 지구촌 체험학습 등 실로 다양한 용어가 사용되어 왔다. 이들은 교육내용, 교육과정, 교육방법 등에 있어 서로 차이가 나는 것이 사실이기는 하지만 이들이 모두 지구시민을 상대로 시민교육을 실시하는 것이라는 점에서는 같다. 그만큼 지구시민교육의 내포적 영역이 분명하게 정의되어 있는 것이 아니라

포괄적인 내용을 다루면서 아직은 형성, 진화하는 과정에 있음을 뜻
하는 것이라고 하겠다. 지구시민 자체가 하나의 의미로 고정되어 있
지 않고, 시대와 사회의 변화에 따라 변화하는 동적인 개념이기 때문
이기도 하다. 따라서 지구시민교육이 함의하는 바는 지구시민이 단지
어떤 고정적인 과제 하나만을 수행하는 것이 아니라, 지구 차원에서
발생하는 시대적 요구의 변화에 따라 보다 포괄적인 권리와 의무를
감당하며 나아가 일종의 사회 공동체 구성원으로서 짊어져야 하는 책
무를 이행할 수 있도록 훈육하자는 것일 것이다.

　지구시민교육은 이렇게 그동안의 일국주의 사고를 벗어나 소위 초
국가성(deterritorialization)이나 탈영토성(supranationalization) 차원
으로(박재창, 2006:39) 사고의 지평을 넓히는 일, 말하자면 기존의 사
고의 틀을 완전히 전환하는 내용을 포함하지 않을 수 없다. 보다 구체
적으로 말하자면 지역에 위치한 자신의 삶과 지구가 어떻게 상호 연
관성을 갖고 있는지에 대해 인식하며, 지구시민으로서의 역할을 수행
하는 데 필요한 태도를 함양하고, 기술을 연마하는 것이라고 할 수 있
다. 이는 또 지구시민사회를 형성하기 위한 것이라고도 할 수 있는 데,
이를 위해서는 지구시민사회의 행위주체들 사이에서 지구 문제에 대
한 인식의 공유는 물론, 초국가적인 활동을 위한 연대나 참여에의 동
기가 공유되어 있어야 한다. 그래서 지구시민교육은 이러한 지구시민
사회에서 활동하는 행위 주체들 간에 자신들의 삶의 질은 물론이고
다른 사람들의 삶의 질을 위해 참여하는 데 필요한, 또는 지역은 물론
이고 세계적인 차원에서 보다 적극적으로 기여하기 위해 전 지구적인
차원의 문제에 대해 지식과 이해, 기술과 가치를 연마하기 위한 일종
의 길잡이로서의 역할을 수행하기 위한 것이라고 할 수 있다. 지구의
문제를 어떻게 이해하고, 해결하느냐에 따라 교육의 내용이나 영역이
달라질 수 있는 일이기는 하지만, 전 지구 차원에 대한 문제인식에서
출발하고 교육하는 것이라면, 이는 모두 지구시민교육의 영역에 해당
하는 것이라고 간주해 볼 수 있을 것이다.

III. 지구시민교육의 영역

지구시민교육을 지구 차원의 과제와 연관된 지식과 태도를 함양하는 일이라고 정의한 데에서 알 수 있듯이, 지구시민교육의 대상 범위는 정치, 경제, 사회, 문화 등 실로 넓고 다양하다. 지구촌 시대에 발생하고 당면하는 많은 문제의 원인을 규명하거나 해결하기 위한 방안조차도 글로벌한 차원을 떠나서는 생각할 수 없기 때문이다. 이런 의미에서 지구시민교육의 대상 영역은 지구촌 시대가 가속화될수록 보다 더 확대될 수밖에 없다. 그러나 그렇다고 해서 핵심적인 과제를 전혀 준별해 낼 수 없는 것은 아니다. 지구시민교육은 지구화 현상과 관련하여 대체로 세계의 상호연관성, 다문화, 사회정의와 평등, 지속가능한 발전, 평화 등을 주요 과제로 다룬다(DFID, 2005:2).[1]

결국 범지구 차원에서 사람들이 어떻게 상호 연관되어 있으며, 어떻게 상호 신뢰하고, 평화롭게 살 것인가를 모색하는 데 필요한 과제를 다루는 셈이다. 이를 위해서는 사람들 간에 평화가 전제되어야 하고, 이는 또 다양한 사람들에 대한 인권의 존중과 정의 및 평등을 실현하는 일이 선행되어 있어야 한다는 것이다. 또한 인간 사회 자체의 기술을 발전시키거나 삶의 질을 증진시키는 일뿐만 아니라, 생태계 전체가 지속가능할 수 있는 방법이 무엇인지를 모색하는 것이다.

1. 세계의 상호연관성

지구시민교육은 무엇보다도 먼저 나의 삶이 나 혼자만으로는 영위될 수는 없고, 기본적으로 입고, 먹고, 마시고, 자고, 일하는 등의 일상

---

1) DfES의 국제전략센터는 지구 차원에서 조망하는 지구시민권, 갈등해결, 다양성, 인권, 상호연관성, 사회 정의, 지속가능한 발전, 가치와 포용을 지구시민교육의 주요 대상 영역으로 구분한 바 있다.

생활이 모두 지구 차원의 다른 사람들과 연관되어 있음을 일깨우는
일에 주목하지 않을 수 없다. 내가 소비하거나 활용하는 모든 재화와
자연환경이 나 이외의 다른 사람, 더 나아가서는 내가 전혀 알지 못하
는 미래세대의 삶에 영향을 미칠 수 있다는 사실을 깨닫게 하는 일이
필요하다. 가령 매일 우리가 숨을 편하게 쉴 수 있는 공기나 먹고 마시
는 물 역시 공공의 재산임을 알아야 한다. 내가 많은 물을 소모함으로
써 미래의 세대들은 물 부족에 시달릴 수 있다는 점을 생각할 수 있도
록 해야 한다. 내 삶의 양식을 선택하거나 특정한 행동을 취하는 일이
어떻게 지구의 다른 편에서 사는 사람의 삶의 질에 긍정적으로 혹은
부정적으로 영향을 미칠 수 있는지를 아는 일이 필요하다.

　세계체제에 대한 이해와 함께 급속히 이루어지고 있는 세계화의 한
가운데에 서서 개인의 삶이 어떻게 서로 연관성을 맺으며, 초국가적
인 정치적, 경제적, 사회적, 문화적 변화가 어떻게 개별국가나 사회,
더 나아가서 개인에게 영향을 미치는 지를 분석하고 비판할 수 있어
야 한다. 동시에 국가 간의 영역을 넘어서는 초국가적인 자본주의나
다국적 기업에 대한 이해와 더불어, 초국가적인 차원 혹은 다국적 차
원에서 국제적인 사안이나 문제를 다루는 국제기구나 국제단체들에
대한 이해 역시 필요한 일이다.

　소위 글로벌 거버넌스(global governance)의 관점에서 지구화과정
은 어떻게 국제기구, 초국적 기업, NGO, 국제자본, 매스미디어 등이
상호교류하며, 상호 조정과 협력하는지, 더 나아가서는 지구 문제를
해결하며, 상생하는 지구시민사회로 발전하기 위해서는 어떤 공동체
윤리나 가치관이 필요한 지를 이해하는 일이 필요하다(박재창, 2006:
31-65). 다양한 문화와 정치적, 사회적, 종교적, 경제적, 법적, 기술적,
과학적 발전이 어떻게 서로 영향을 미치는 지를 이해하며, 이들이 어
떻게 서로 복잡하게 얽혀 있는지, 어떻게 세계가 지구공동체인지, 또
한 지구공동체의 의미는 무엇인지 등을 이해할 수 있어야 한다.

2. 다문화와 문화 다양성

지구화의 급속한 진전과 더불어 기술, 통신, 교통수단이 발달하면서 물적 교류는 물론이고 인적 교류가 점점 더 활발해지고 있다. 많은 나라들이 서로 다른 문화적 배경, 국적, 민족, 언어, 종교를 가진 사람들로 인해 점점 더 다양해지고 있으며, 그 결과 모든 사람들을 있는 그대로 받아들이고, 그들 간의 차이를 이해하며, 존중하는 일이 필수적 과제가 되고 있다.

이는 한국의 경우에 있어서도 예외가 아니다. 그러나 많은 사람들은 다문화사회로 변화하고 있는 한국사회의 현실을 인정하려 하지 않고 있으며, 아직도 한국을 단일 민족사회로 보려는 견해가 지배적이다. 다문화사회로 진입하고 있는 한국사회의 현실을 외면하는 것은 실제로 이 사회에 살고 있는 많은 외국인들, 이주민의 자녀들에 대한 차별과 편견은 물론이고 이들과 함께 일하며, 가정을 이루어 살고 있는 한국 사람들에 대한 편견과 차별로 이어진다.

사실 많은 사람들은 한국인을 순수한 단일민족이라고 믿는다. 순수 혈통에 대한 신화는 혼혈과 잡종은 열등하다는 편견으로 이어져서, 혼혈인을 한국사회 밖으로 내몰거나, 차별과 냉대 속에 떨도록 했다. 그런데 혼혈인 혹은 외국인을 보는 시각에 있어서도 얼굴색의 차이에 따른 차별속의 차별이 존재한다. 유럽과 미국을 중심으로 유입되는 서구문화에 대한 수평적 관계 형성에 실패함으로써 이에 대한 사대주의에 가까운 굴복적 사고가 자리 잡고 있는 상태에서, 다시 아시아 태평양 혹은 아프리카 지역출신이나 그런 얼굴색을 한 사람들에 대해 차별하는 현상으로 이어지고 있다.

최근 유엔 인종차별철폐위원회는 다문화사회로 진입하고 있는 한국사회에서 오랫동안 지속되어 온 순혈주의 전통에 주목하면서, 교과서 등 교과과정에 나타나 있는 순혈주의로 인한 다문화·다민족주의에 대한 차별의 폐지를 권고한 바 있다. 2007년 8월 17일 유엔 인종차

별철폐위원회는 "한국 사회는 다(多)인종적 성격을 인정하고, 인종차
별금지법을 제정하라"고 권고한 바 있다.[2]

　이번 권고안에서 한국 담당 조사관을 맡은 케말(Kemal) 유엔 CERD
위원은 "한국 사회에서 널리 쓰이는 순혈(純血)이니 혼혈(混血)이니
하는 표현부터 삼가야 한다"고 했다(김수혜, 2007). 한국사회가 이제
더 이상 민족과 국가를 동일시 할 수 없는 또 다른 변화의 분기점에 와
있음을 보여주는 사례라고 하겠다. 따라서 단일민족을 강조하는 민족
주의 교육은 지구촌 시대를 맞이하여 변화하지 않을 수 없으며, 지구
시민교육은 이러한 차원에서 기존의 민족주의 교육에 대해 반성을 촉
구하는 기제로 활용되어야 한다. 나의 문화가 존중되는 것처럼, 나와
는 다른 문화를 존중하고, 사람들의 다양성을 존중하고 수용하는 일
이 필요하게 된 것이다. 그래서 지구시민교육에서는 이러한 문화적
다양성과 수용성, 관용을 포함하지 않을 수 없다.

　유네스코의 문화다양성 선언문은 이러한 차원에서 다문화 이해에
대한 접근 방향을 제시하고 있다. 문화다양성을 인류 공동의 유산으
로 받아들이며, 문화다양성에서 더 나아가 문화 다원주의의 중요성을
강조한 것이다. 그런데, 문화다양성을 위해서는 인권이 존중되어야
하며, 문화 다원주의를 위해서는 전 지구 차원에서의 상호 협력이 요
청된다(유네스코 한국위원회, 2004:1-36).

---

2) 이 권고안에서 위원회는 구체적인 법제정을 요구하기도 했다. 즉 국제적인 인
　권법 혹은 국제적인 조약의 비준을 통해서 법·제도적 차원에서 개정하거나
　시정할 것을 요구하고 있다. 사실 '인종 차별'이 무엇인지 법적으로 정의할
　필요가 있으며, 이주 노동자, 결혼 이민자, 다문화 가정 자녀들에 대한 사회적
　차별을 줄이려면, 차별이 무엇인지부터 규정하는 일이 필요하다. 그러나 한국
　헌법에는 인종 차별 금지를 구체적으로 적시한 조항이 그동안 없었다. 그래서
　보다 실효성 있는 법률과 행정 조치가 필요한 실정이다.

3. 평등과 사회정의

지구시민교육은 문화, 민족, 종교, 성별, 언어의 차이에도 불구하고, 똑같이 평등하게 존중받고, 이해되어야 함을 강조한다. 설령 외모나 언어가 다르다고 해도, 다른 사람들이 우리와 똑같이 먹고, 자고, 입고, 일하고, 사랑하고, 아이를 낳고, 감정을 갖고 사는 인간적 존재라는 사실을 인지하고, 수용하는 일이 필요하다. 지구촌에서 서로 공존하며, 평화롭게 살기위해서는 나뿐만 아니라 다른 사람들의 보편적 권리와 의무는 물론 성별, 지역, 신분, 계급, 인종, 종교가 서로 다른 이유로 차별하지 않고, 존중하는 것을 배워야 한다.

지구시민으로서 우리가 서로 어떻게 다른지를 아는 '다름'에 대한 인지와 함께 그러한 차이가 있음에도 불구하고 같은 인간으로서 어떻게 존중받고 존중해야 할지, 즉 서로 '같음'을 배우는 것이 무엇보다도 중요하다(곽숙희, 2006). 세계 각처에서는 아직도 인종 간의 갈등, 종교 간의 갈등, 문화적 차이에 대한 갈등 등으로 인해 서로 평화롭게 공존하지 못하는 사례가 적지 않다.

지구시민교육은 우리가 어떻게 서로 다른 문화를 가지고 다른 생각을 하며 다른 종교를 믿게 되는지 그 차이성에 대한 교육을 포함하되, 이러한 차이에 대한 이해가 차별을 만들지 않도록 사회 정의에 대한 의식 교육을 병행해야 한다. 모든 인간은 보편적 가치나 보편적 인권 (universal value)을 가지고 있고 서로 동등한 인격체이기 때문에 동등한 기회가 부여되어야 한다는 사실을 교육해야 한다. 구체적으로 나뿐만 아니라, 다른 사람들도 교육을 받을 권리가 있고, 집회와 의사표현의 권리, 이동의 자유, 사상과 종교 및 신념의 자유, 고문당하지 않을 자유, 임의적으로 구금되지 않을 자유, 공정한 재판을 받으며 법 앞에서 평등할 자유, 자신의 사생활을 보호할 자유, 선거에 참여할 자유 등이 있음을 아는 것이 필요하다.

더 나아가서 유엔을 비롯한 국제적인 인권에 대한 선언문이나 합의

문에 대한 이해 역시 필요하다. 예를 들어, 경제적, 사회적, 문화적 권리협약, 시민과 정치적 권리 협약, 인종차별 철폐협약, 여성에 대한 모든 형태의 차별에 대한 협약, 아동의 권리협약, 고문방지에 대한 협약, 이주자와 이주자 가족에 대한 협약 등 국제적 차원에서 다루고 있는 인권에 대한 이해를 통해 여러 국제협약이 개별국가에 미치는 영향이 무엇인지 알며, 이를 토대로 다양한 형태의 차별에 대처해 나갈 수 있도록 향도하는 일이 필요하다.

또한 전 지구 차원에서 인간으로서 가지는 나의 권리가 존중받기를 기대하는 것처럼, 다른 사람도 인간으로 살아갈 수 있는 기본권이 보장될 수 있도록 하고, 이를 통해서 사회정의가 실현될 수 있도록 책임감과 연대감을 갖도록 하는 일 역시 필요하다.

구체적으로는 먼저 지역단위에서 볼 때 불균형 발전으로 인해 인간의 권리를 보장받지 못하게 되거나 차별이나 사회적 부정의가 횡횡하는 것을 막고, 국가 또는 지구촌 차원에서도 개발도상국과 선진국 간의 부정의, 즉 남북문제에 유의하며, 어떻게 지구촌 전체의 차원에서 정의가 실현될 수 있는 지를 고민하고 그의 대안을 모색해 보도록 해야 한다.

왜 많은 개발도상국이나 분쟁국가의 정치적 혹은 경제적 문제가 선진국의 개입이나 발전과 상호 연관되어 있는지, 개발도상국의 발전을 위해 지구촌 차원에서는 어떤 양식의 연대가 필요한 것인지, 그리고 궁극적으로는 지구촌 모든 사람들이 인간적인 삶을 누릴 수 있도록 하기 위해서는 어떤 사회정의를 어떻게 모색해야 하는지를 고민해 보도록 해야 한다. 물론 이러한 개인의 자유와 권리가 때로는 서로 상이한 이해 당사자들 사이에서 충돌을 일으킬 수도 있는 것이며, 그럴 경우 어떻게 조정하며 협력할 것인지를 모색하는 일 역시 지구시민교육이 다루어야 할 과제다.

4. 지속가능한 발전

발전은 그동안 흔히 경제적인 성장으로만 이해되었던 것이 사실이다. 그리고 양적인 성장과정에서 인간의 삶의 질에 대해서는 별로 유의하지 않았던 것도 사실이다. 경제성장을 위해 자연을 무한정 착취하고 오염해도 좋다는 생각도 있었다. 발전이라는 명목하에 인간의 삶이나 문화적 다양성이 무시되기도 했다. 발전의 개념 속에는 인간의 삶의 질을 향상시키는 인간의 수명, 교육의 기회, 정치적 선거권 및 피선거권의 향유, 경제 시장에의 참여 등이 내포되어 있으나, 이러한 발전이 과연 총체적으로 인간과 사회 및 환경의 지속가능한 발전을 약속하게 되는 것인지, 현재의 발전 방향이 바람직한 것인지 등을 재검토하도록 하는 일이야말로 지구시민이 유의해야 할 중요한 과제 가운데 하나다.

이런 맥락에서 볼 때 환경오염을 사전에 방지하는 교육은 물론이고, 오염된 환경을 복원할 수 있도록 노력하게 하는 교육도 필요하다. 환경에 대해 올바른 태도를 지니고 자연 자원을 적절히 사용할 줄 알며 환경을 보존하는 데 대해 책임감을 갖도록 하는 것이 필요하다. 최근의 유엔기후협약에 대한 논의에서 보는 바와 같이, 전 지구 차원의 지속적인 발전을 위해서는 많은 국가가 지구 환경에 대한 책무를 인식하고 의무사항을 논의하며 이를 준수하는 일이 중요하다.

아직도 환경이 우선이냐, 경제발전이 우선이냐의 논쟁이 진행되고 있기는 하지만, 지구시민으로서 전 지구 차원에서 모두가 성장하면서도 어떻게 하면 지구의 지속가능한 발전을 견지하고 이를 위해 선진국과 개발도상국이 협력하며, 의무를 이행할 것인지에 대한 이견을 조정할 수 있어야 하는 것이다.

5. 분쟁과 갈등의 예방 및 평화 교육

지구의 도처에서는 분쟁과 갈등이 끊이지 않고 있으며, 여전히 많은 사람들이 서로를 죽이는 전쟁 중에 있다. 보스니아, 르완다, 수단, 이라크, 아프가니스탄 등 21세기를 살고 있는 오늘날에도 인종청소라는 용어가 난무할 정도로 원한과 복수, 갈등과 분열로 인해 지구촌은 아직도 전쟁 중 이다. 뉴스나 신문지상에서 접하는 이웃나라의 분쟁은 사실상 한국에 살고 있는 나와는 아무런 관련성이 없어 보인다.

그러나 한국의 한 NGO 단체가 아프가니스탄에 봉사활동을 갔다가 인질로 잡혀 고초를 겪은 후 풀려난 것이나 최근에는 이라크에 대한 한국군 파병을 연장할 것인냐를 놓고 설왕설래하는 것을 보면, 이러한 분쟁과 갈등이 나와는 전혀 상관없는 남의 나라 이야기가 아님을 알 수 있다. 이웃나라의 분쟁에 의도하든 의도하지 아니하든 관여되어 있거나 영향을 받고 있는 것이다.

실제로 지구촌에서 일어나고 있는 분쟁과 갈등의 원인 역시 단지 자국민간의 이해관계 충돌로만 일어나는 것이라고 볼 수 없으며, 주변 이웃나라는 물론이고 강대국의 개입 등과 상호 연관되어 있음을 알 수 있다. 그래서 갈등과 분쟁의 원인뿐만 아니라 이에 대처하기 위한 해결방안 역시 지구차원에서 공동으로 모색해야 하는 것이 현실이다. 이러한 점을 고려할 때, 지구시민교육은 이러한 분쟁과 갈등을 줄이고 평화를 정착하는 일에 관심을 두지 않을 수 없다.

더 나아가서는 폭력과 갈등의 다양한 형태, 즉 국가와 국가 간 혹은 민족과 민족 간의 갈등뿐만 아니라 작게는 지역사회, 학교, 가정 등에서 일어나는 갈등이나 폭력을 인식하고, 이러한 폭력을 예방할 수 있는 교육도 필요하다. 어떻게 이해가 서로 다른 당사자 간에 의사를 소통하며, 협상할 수 있는지를 터득하게 하는 한편, 그에 따라 평화를 실현할 수 있는 능력을 함양하도록 하는 일 역시 필요한 과제다.

IV. 지구시민교육의 방법

많은 정부기관은 물론이고 시민사회단체 등에서 다양한 형태의 지구시민교육이 진행되고 있지만 지구시민교육을 위한 종합적이고 구체적인 교육과정이나 정책대안이 아직은 마련되어 있지 못한 것이 현실이다. 물론 많은 사람들이 지구시민교육의 필요성을 느끼고 있기는 하지만, 어떤 방법으로 어떻게 이를 수행할 것인지에 대해서는 여전히 보다 더 논의되어야 할 과제로 남아있다.

지구시민교육의 방법을 모색하는 데 있어 지구시민사회가 성장하는 것이 의미하는 바는 무엇인지, 지구시민이 된다는 것은 무엇을 의미하는지, 지구시민으로서의 역할은 무엇인지 등에 주목해야 할 것은 당연한 이치이다. 즉 우리의 의도와는 상관없이 우리가 세계 차원에서 수동적으로 지구시민이 되어가고 있는 것이라면, 지구시민교육은 보다 적극적으로 지구시민이 되는 길을 모색하고 능동적으로 그에 대처하는 방안을 고민해 보자는 것이다. 그런 만큼 지구시민교육은 지구촌에서 살아가는 삶들의 가치관이나 생활양식에 주목하지 않을 수 없게 되어 있다.

그런 만큼 지구시민교육이 지구 문제에 대한 인지적 측면, 지구시민으로서의 삶에 대한 가치적 측면, 지구시민으로서의 가치를 함양하는 정서적 측면, 그리고 지구시민으로서의 가치를 실행할 수 있는 실천적 행동 이 네 가지 차원을 포괄해야 하는 것은 당연한 일이다. 그리고 이들은 서로 연동되어 있다는 데에 특징이 있다. 따라서 지구시민교육은 지식, 가치, 정서, 실천을 함양하는 총합적(holistic) 방법으로 수행되어야 마땅하다. 지구시민교육은 단지 지식만을 혹은 단지 행동만을 가르치고 어느 한 측면만의 능력을 함양하려는 것이 아니며, 인지적, 정서적, 가치적, 행동적 측면 모두에서 균형성이 유지되도록 해야 하는 작업인 것이다. 즉 지구 차원에서 이루어지는 사회구조적인 변화에 대한 분석적, 비판적인 이해뿐만 아니라, 지구상의 많은 사람들과 연대할 수 있고, 그러면서 동시에 지구 차원의 문제 해결을 위해 노력할 수 있어야 하는 것이다.

이를 위해 지구시민교육은 지구적인 문제를 인식하고 분석할 수 있는 능력을 배양하는 것뿐만 아니라, 지구적인 차원의 문제 해결을 위한 실천적 능력을 함양하는 데 기여할 수 있도록 훈육해야 한다. 비판적 사고, 효과적으로 자신의 의사를 표현할 수 있는 능력, 부정의와 불평등에 대해 도전할 수 있는 능력과 정의감, 사람과 사물을 존중하고 협동과 갈등을 해결할 수 있는 기술, 더 나아가서는 자기 존중과 다른 사람에 대한 배려, 사회정의와 평등을 위해 참여하며, 다양성을 존중하고, 지속가능한 발전을 위해 고민하고, 환경에 대해 관심을 갖도록 하며, 나아가서는 인간에 대해 신뢰할 수 있도록 키우는 일이 요청된다(Oxfam, 2006:4). 동시에 지구 차원의 태도와 가치를 갖도록 하기 위해 보다 많은 대화와 모임에 적극적으로 참여하도록 유도하는 일도 필요하다. 지구적 관점에서 올바른 시민상을 정립하고, 편견이나 선입견을 배제할 수 있도록 긍정적인 모델을 제시하며, 이를 통해 보다 긍정적인 사고를 갖도록 유도하는 일도 요청된다.

그런데 이러한 지구시민교육을 실시할 때, 지속적, 반복적으로 실천하는 일은 매우 중요한 과제다. 지속적이고 반복적으로 실천할 때, 지구시민으로서의 의식과 태도를 강화할 수 있을 것이기 때문이다. 그런데 이는 참여적 교육방법을 통해 보다 효과적으로 담보될 수 있다. 지구시민교육은 참여적 방법을 통해 아동이나 청소년이 자신이 배운 것을 실천하도록 유도해야 하는 것이다. 지구시민교육에 참여할 동기를 유발하며, 올바른 행위 습득을 통해 지구시민으로서의 성취감을 고양하는 전략이 필요한 이유다. 궁극적으로 지구시민교육을 통해 지구촌에 대한 관심을 유발하여, 어떻게 지구를 돌볼 것인지에 대한 적극적인 태도를 형성하는 데 기여할 수 있어야 한다.

지구시민교육을 실시할 때에는 그래서 지구촌의 문제나 이슈에 대해 서로 모순적인 입장을 이야기 하고, 자신을 표현하도록 하며, 다른 사람의 의견이나 입장을 경청하는 가운데 자신의 가치와 태도를 반성할 수 있도록 해야 한다. 이런 관점에서 볼 때 토론은 물론 논쟁, 역할극, 설문조사 등은 지구시민교육이 교육방법으로 채택할 수 있는 대표적인 것들이다. 그러니까 지구시민교육을 위한 방법으로는 문제제기 교육과 비판적 사고를 키우는 훈련, 적극적으로 활동할 시민으로서 갖추어야 할 지식 · 기술 · 가치관을 확립하며, 지구 차원의 문제가 안고 있는 복잡성을 인지하고, 일상생활의 일부로 지구를 이해하도록 하자는 것이다. 또한 인간이 환경과 어떻게 연관되어 있으며, 인간이 서로 어떻게 연관되어 있는 지를 이해하는 일도 중요하다.

이런 점을 감안해 볼 때 지구시민교육은 어떤 단일의 주제를 다루거나 다른 것과 동떨어진 과제를 다루는 것이 아니라, 보다 포괄적이고 다양한 내용을 학제 간 접근을 통해 전수해야 한다. 지구시민교육은 모든 교과과정에서, 모든 교과목에서, 모든 연령대에서 이루어질 수 있는 것이다. 따라서 지구시민교육은 좀 더 유연성을 갖출 필요가 있다(Oxfam, 2006:3). 연령에 맞지 않게 너무 이해하기 어려운 것을 획일적으로 제시하거나, 대부분을 다른 나라나 다른 나라의 사람들에 대해서만 교육해서는 안될 것이다. 무엇을 생각해야 할지를 피교육자 스스로가 고민하도록 유도하기보다는 일방적으로 무엇을 해야 할 지를 설교하는 것과 같은 태도는 피해야 마땅한 일이다. 지구촌의 문제들은 실로 복잡다단하게 서로 얽혀져 있는 데도, 이를 간단히 도식화해서 너무나도 단순한 해결책을 제시하는 것 같은 일도 피해야 할 과제 가운데 하나다.

그러나 그렇다고 해서 지구시민교육을 별도의 새로운 교과목으로 이해하고 접근해야 할 필요는 없다(Oxfam, 2006:3). 지구시민교육 자체가 사회환경의 지구화 라는 상황 변화에 조응한 결과물로 여겨지기 때문이다. 기존의 교과를 보다 유연하게 지구적 맥락으로 수정하거나 보완하는 것으로 충분하다는 뜻이다. 그러나 그렇다고 해서 단순히 일국의 경계를 넘는 학습이 모두 지구시민교육인 것은 아니다. 그런 점에서 지구시민교육 과정이 경계하고 반성해야 할 과제 또한 적지 않다.

실제로 지구시민교육을 진행하다 보면 해외여행이나 국제교류를 많이 하게 되는데, 이때 많은 사람들이 지구시민교육을 해외여행 혹은 국제교류와 등식화하는 경향이 있다. 이는 반성해야 할 태도다. 물론 해외여행이나 국제교류는 지구시민교육 방법 가운데 하나다. 다른 지역이나 문화에 대한 체험을 통해 지구시민교육의 효과를 겨냥할 수는 있는 일이지만, 그렇다고 해서 그것이 바로 지구시민교육의 전부인양 생각해서는 곤란한 일이다.

지구시민의 관점에서 볼 때 이런 교육을 통해 증진하고자 하는 것이 과연 무엇인지를 차분히 따져보아 한다. 지구 문제에 대한 보다 심층적인 이해인가, 혹은 다른 지역이나 세계 사람들과 연대할 수 있는 행동인가, 각 지역 사람들의 문화를 존중하는 가치를 배우자는 것인가 등에 대해 문제의식을 가져야 한다. 물론 외국을 자유롭게 넘나드는 것은 그동안 국가 간에 혹은 지역 간에 막혀있던 경계를 허물고, 이동의 자유를 확보한다는 의미에서 진일보한 것이고, 이것도 세계화를 통한 생활양식 변화의 한 측면이라고 할 수 있을 것이다. 그러나 이러한 해외여행이 반드시 자신의 주변에서 일상적으로 경험하는 세계화 현상을 자동적으로 반추해 보도록 하는 것은 아니라는 데에 문제의 핵심이 있다.

세계화의 물결 속에서 학교에서든 교육현장에서든 학생들에게 혹은 교원들에게 세계화든 혹은 반 세계화든 세계화나 세계체제 혹은 다른 문화나 사회를 이해하고 이를 존중하기 위해 무엇을 준비해야 하는지를 고민해야 한다. 단순한 해외여행은 그것이 자동적으로 여행 참가자의 가치나 태도 변화로 연결되지 않기 때문이다. 해외여행은 지구시민교육을 위한 하나의 수단이 될 수 있는 것은 분명하지만, 그렇다고 해서 해외여행을 많이 한다는 것이 지구시민교육의 필요충분 조건을 모두 충족시켜 주는 것은 아닌 것이다.

 따라서 단순히 해외여행을 하는 것이 아니라, 그런 해외여행을 통해서 무엇을 배우고, 무엇을 익힐 것인가를 계획하는 일이 보다 더 중요하다. 또한 그러한 여행의 체험을 어떻게 나누고, 어떻게 지구시민으로 기여할 것인가를 고민하도록 하는 일은 보다 더 중요한 일이다. 다른 나라에 사는 사람들 역시 우리와 똑같은 인권을 가진 존재이기 때문에 이성적 차원에서 존중하는 것뿐만 아니라, 보다 더 나아가서는 감성적 차원에서도 이들과 끈적끈적한 정과 사랑을 나눌 수 있는 유대관계, 연대관계를 형성할 수 있어야 한다.

 또한 지구시민교육은 어학교육이 아니다. 한국의 경우 최근에는 대학생들이 해외배낭 여행에 나서는 것을 넘어서 초중등 학생마저 어학연수, 혹은 조기유학을 위해 외국으로 나가는 일이 비일비재하게 되었다. 소위 '기러기 아빠'라는 유행어가 등장할 정도로 외국에 나가 공부하는 사람들의 비율이 증가하게 된 것이다. 그러나 이러한 국제적인 교류나 어학연수가 반드시 외국의 경험을 배우고, 이를 통해 외국의 문화를 이해하며 존중하는 능력을 함양하게 되는 것은 아니다. 그보다는 주로 그 나라의 언어를 익히고, 단편적인 지식을 쌓는 일에 초점이 맞추어져 있다. 물론 그 나라에 잠시 여행을 한다는 것, 혹은 그 나라의 어느 도시나 마을에 있었다는 것만으로도 의미가 아주 없는 것은 아니다. 그러나 단순히 그것만으로 그 나라를 다 알 수 있게 되는 것은 아니다. 더군다나 그 곳의 사람들도 우리와 같은 지구촌 시민이라는 관점을 기르는 일은 그냥 저절로 생겨나는 것이 아니다. 즉 어떤 나라의 언어를 배우려고 할 때도 그 나라의 문화 속에서는 무엇을 배울 것이며, 무엇을 존중할 것인지를 고민하도록 해야 하며 나아가서는 그 나라를 이해하고 존중하려는 자세와 연결되도록 해야 한다 (곽숙희, 2006).

 이를 위해서는 지구시민교육이 일국의 국경 밖에 있는 사회에 대한 이해를 촉진하는 작업이라고 생각하는 영토주의적 발상을 벗어나는 일이 필요하다. 지구시민교육은 지구촌에 대한 관심의 외적 표출 가운데 하나이기는 하지만, 그렇다고 해서 단순히 자신이 속한 영토 밖의 다른 나라에 대해 관심을 갖는 일이라고만 이해해서는 안 된다. 지구시민교육은 지구 차원의 관점에서 다른 나라의 문제에 관심을 가지는 일이기는 하지만, 지구 차원에서 자신이 속한 지역과 사회, 문화에 대해 관심을 갖는 일이기도 하기 때문이다. 지구 차원의 문제가 어떻게 지역에서 표출되고 있는지에 대해 관심을 갖는 일이 되어야 한다. 예컨대 지구시민교육의 한 영역이라고 할 수 있는 다문화(inter-cultural)교육은 다른 나라의 문화에 대한 이해(inter-national under-standing) 뿐만 아니라, 한 국가 내에서의 다양한 문화에 대한 이해(intra-cultural understanding)를 함축하는 것이기도 하다.

문화 간 이해 혹은 다문화 이해는 흔히 다른 나라의 문화에 대한 이해, 즉 국경을 넘어 다른 나라 사람의 문화에 대해 이해하거나 존중하는 일로 이해되는 것이 보통이다. 실제로 다른 나라의 문화나 인종 혹은 종교 등에 대해서는 꽤나 관용적이면서도, 다른 나라의 문화가 이주민 등으로 인해 자기 나라의 영토권 안으로 유입되어 하부문화(sub-culture)로 성장하는 것에 대해서는 시선이 곱지 않은 경우가 허다하다. 지구시민교육은 국경을 넘어선 다른 나라의 문화뿐만 아니라, 그 문화가 또 하나의 하위문화로서 자기 나라의 영토권 안에서 어떻게 자리매김하고 있는지를 이해하려는 노력이기도 한 것이다(곽숙희, 2006).

지구시민교육은 또 가치적 측면에서 문화적 편향성, 문화적 사대주의나 문화적 우월주의에 대한 반성을 촉진하는 일이기도 하다. 타문화에 대한 존중과 이해가 부족하거나 다른 나라에 대해 단편적이고 피상적인 지식을 선호하는 현상은 흔히 한국 사람들이 소위 해외 연수 지역이나 연수대상 국가를 선정하는 데서도 찾아 볼 수 있다. 즉 연수대상지역으로 흔히 미국이나 유럽 국가들을 선호하는 경향이 있는데, 이는 선진국에서는 무엇인가 배울 것이 있는 데 반해서 한국보다 경제적으로 가난한 국가들, 아시아나 아프리카 국가들의 경우에는 그

렇지 않다고 보기 때문인 것이다. 즉 이들 나라에서는 배울 것이 없다
거나 혹은 이들 지역의 사람들에 대해 배려하거나 존중하려 하지 않
는 사례들이 많은 것이다. 제3세계라고 하더라도 그 나름대로의 문화
적 다양성이 있다는 점을 인정하는 것이 아니라, 나보다 못한 문화라
고 경시하려는 문화적 우월주의의 경향이 강한 셈이다. 선진국에 대
한 문화적 사대주의와 함께 저개발국에 대한 문화적 우월주의는 비판
적으로 극복되어야 마땅한 일이다. 서구는 물론 저개발국에 대해 지
니고 있는 이런 편향성이나 우월주의를 극복하고, 균형적 시각을 갖
도록 하는 데에 지구시민교육이 주목해야 하는 것은 당연한 일이다
(곽숙희, 2006).

그런데 이런 지구시민교육을 위해서는 일방적인 문화 표출을 경계
해야 한다. 즉 지구시민교육은 쌍방향적으로 서로의 문화나 사고를
표출할 수 있도록 해야 한다. 일례로 결혼 이주민이나 외국인 노동자
가 한국 땅에 있으니 일방적으로 한국의 문화와 관습을 배우도록 강
요하는 것은 쌍방향적 차원에서 이루어지는 다문화 교육의 교류나 수
용이라고 할 수 없다. 따라서 이들도 자신의 문화를 표출할 수 있는 장
을 마련해 주는 일이 필요하다. 외국인 혹은 결혼 이주민이 한국에 적
응하는 교육만이 아니라, 우리가 어떻게 다른 문화를 수용하고 존중
하고 배우며 상호작용할 것인가를 가르쳐주는 교육 과정이 되어야 하
는 것이다.

우리가 타문화를 배우고 수용한다는 것은 동시에 이주 노동자나 결
혼이주민이 자신의 문화를 적극적으로 표출할 수 있는 장이 마련되어
있어야 한다는 사실을 의미하는 것이다. 즉 상호간의 문화적 교류와
수용의 과정을 통해서 이루어지는 긍정적인 의미의 사회관계 형성 교
육이 포함되어야 하는 것이다.

V. 지구시민교육의 교과과정

지구시민교육의 영역과 방법에 내포되어 있는 특성을 감안해서 지구시민교육을 위한 교과과정을 짜야 할 것은 물론이다. 이를 위해서는 지구 차원의 많은 문제들을 감안해야 하며, 그렇기 때문에 교육방법론에 있어서도 다학문적인 접근이 요청된다. 그러나 여기에서는 다만 지구시민교육에 필요한 기초자료를 제공한다는 의미에서 옥스팜(Oxfam)의 지구시민교육 교과과정을 소개하는 것으로 대신하고자 한다. 앞서 이미 언급한 것처럼, 지구시민교육을 위해서는 지구 차원의 문제에 대한 지식과 이해, 기술, 가치와 태도 등 인지적, 정서적, 행동적 측면의 균형적인 성장을 촉진하는 일이 중요하다. 옥스팜의 지구시민교육 교과과정은 바로 이런 점을 균형 있게 고려하여 교과과정을 구성하고 있다.[3]

1. 지구시민을 위한 지식과 이해

먼저 인지적 측면에서 볼 때 지구시민교육은 지구의 다양한 영역에

지식과 이해	유아 (5세 미만)	유치 (6-7세)	초등저학년 (8-10세)	초등고학년 (11-13세)	중학 (14-16세)	고등 (16-19세)
지구화와 상호 연관성	-자기 주변 지역의 환경에 대한 감각 -서로 다른 장소에 대한 인식	-더 넓은 세계에 대한 감각 -서로 다른 장소들 간의 상호 연결성	-국가간의 무역 -공정한 무역거래	-상호 연관성에 대한 인식 -우리의 정치체계와 다른 나라의 정치체계에 대한 인식	-남북의 권력관계에 대한 이해 -세계경제와 세계 정치 체제에 대한 이해 -윤리적 소비	-지구 문제나 이슈의 복잡성에 대한 이해

3) 옥스팜의 지구시민 교과과정을 소개하되 이를 영국과 한국 간의 연령에 따른 교육제도 차이를 감안하여 연령별로 재구성 하였음을 밝힌다.

지식과 이해	유아 (5세 미만)	유치 (6-7세)	초등저학년 (8-10세)	초등고학년 (11-13세)	중학 (14-16세)	고등 (16-19세)
사회적 정의와 평등	-무엇이 정의로운 것인가 -무엇이 옳고 무엇이 옳지 않은 것인가	-부자와 빈자에 대한 의식	-집단간의 공정성 -불평등의 원인과 영향	-사회 안의 사회간의 불평등 -기본적 권리와 책임감	-빈곤의 원인 -빈곤퇴치를 위한 다양한 입장 -지구시민으로서 역할	-세계화 논쟁에 대한 이해
다양성	-타인에 대한 의식 -사람들 사이의 유사성과 차이점에 대한 인식	-사람들 간의 유사성과 차이점에 대한 보다 많은 인식	-상이한 문화, 가치, 믿음에 우리 삶에 기여하는 바 -편견의 속성과 편견을 없애는 방법	-다양성의 이슈에 대한 이해	-서로 다른 문화와 사회에 대한 이해	-서로다른 문화와 사회에 대한 보다 심층적 이해
지속가능한 발전	-살아있는 것과 살아있는 생물의 필요성 -생물에 대해서 어떻게 돌볼 것인가 -미래에 대한 감각	-우리가 환경에 미치는 영향 -과거와 현재에 대한 인식	-인간과 환경 간의 관계 -자원의 한정성에 대한 인식 -사물을 변화시킬 수 있는 우리의 잠재력	-지역적 차원 혹은 지구적 차원에서 경제적, 사회적 발전에 대한 다양한 입장 -가능한, 선호할 만한 미래에 대한 이해	-지속가능한 발전을 위한 지구적 정언명령 -지속가능한 세계를 위한 삶의 스타일	-의제 21에 대한 이해 -지속가능한 발전을 향한 삶의 스타일
평화와 갈등예방	-우리의 행동이 미치게 될 영향이나 결과들	-과거와 현재 우리사회에서의 갈등 -갈등의 원인과 해결: 개인적 차원	-갈등의 원인 -갈등의 영향 -갈등을 없애며, 갈등을 예방하기 위한 전략	-지역적 차원과 지구적 차원에서의 갈등의 원인과 영향 -갈등과 평화와의 관계	-평화를 유지하기 위한 조건들	-갈등문제와 갈등 해결의 복잡성에 대한 이해

출처: 옥스팜(Oxfam, 2006:5)에서 발췌 작성

대한 지식과 정보를 획득하며, 비판적 사고를 키우고, 지구촌의 다양
한 문제들이 발생하게 된 이유가 무엇이며, 이에 대응하기 위해서는
어떻게 행동하는 것이 옳은지, 그리고 이렇게 문제를 해결해 나가는
과정에서는 어떤 윤리적 딜레마에 빠질 수 있는 것인지 등에 대해 이
해력을 높여야 한다(APCEIU, 2006: 11). 그런데 이렇게 지구촌 문제
의 복잡성을 비판적으로 분석하며, 심층적으로 접근하고, 또한 윤리
적으로 판단하도록 하는 데 있어서는 연령에 대한 고려를 통해 접근
할 필요가 있다. 왜냐하면 연령에 따라 이해력의 정도가 다르고 지구
화 현상이 미치는 영향력이나 내용이 다르기 때문이다.

2. 지구시민을 위한 기술

지구시민이 되기 위한 기술을 키운다는 측면에서는 어떻게 다른 사
람들의 의견을 경청하며, 동시에 어떻게 자신의 의견을 표현할 수 있

기술	유아 (5세 미만)	유치 (6-7세)	초등저학년 (8-10세)	초등고학년 (11-13세)	중학 (14-16세)	고등 (16-19세)
비판적 사고	-다른사람 경청하기 -질문하기	-다른 관점 에서 보기 -문제제기 할 수 있는 능력 키우 기	-편견, 스테 레오 타입 의 의견 없 애기 -다른 관점 을 평가하 기	- 미디어 읽기 - 정보를 갖 고 의사결 정하기	-비판적으 로 정보 분석하기 -윤리적 판 단 내리기	-내용이 많 고 복잡한 이슈 다루 기
효율적으로 의사표현 할 수 있는 능력	-자신의 입 장을 표현 하기	-증거에 입 각해서 의 견을 표현 하는 것을 시작하기	-증거를 찾아내고 선택하기 -근거가 있 는 사례를 발표하는 것을 시작 하기	-근거가 있 는 논증을 통해서 자 신의 입장 을 진척시 키거나, 변 화할 수 있 는 것을 배 우기	-정보에 입 각해서 이 성적이며, 설득력있 게 논쟁하 기	-정치적 변 화를 읽기 -합당한 정치적 과 정에 참여 하기

기술	유아 (5세 미만)	유치 (6-7세)	초등저학년 (8-10세)	초등고학년 (11-13세)	중학 (14-16세)	고등 (16-19세)
부정의와 불평등에 도전할 수 있는 능력	-불공정함을 알고, 적정한 행동을하기 시작하기	-불공정함을 인식하고, 적절한 행동하는 것을 시작하기	-불공정함을 인식하고, 도전하기	-불평등의 원인에 대해서 도전 시작하기	-불평등에 대해서 적절한 행동인지를 선택하기	-정의롭고 공정한 세계를 위해서 캠페인 활동하기
사람들을 존중하기	-살아있는 것과 살아 있지 않은 것을 돌보기 -다른 사람들 고려하기를 시작하기	-다른 사람들의 요구에 대해서 고려하고, 대응하기 -우리의 삶과 다른 사람들의 삶과의 연관성을 파악하기	-우리의 선택이 어떠한 결과를 미칠지 인식하면서 선택하기	-살아있는 것과 살아 있지 않은 것을 고려할 수 있는 능력 키우기	-지속가능한 세계를 위해서 인간적인 삶의 스타일을 따르기	-지속가능한 세계를 위해서 인간적인 삶의 스타일을 따르기
협력과 갈등해결	-협력 -나눔 -평화적으로 문제해결을 시작하기 -참여를 시작하기	-사교성 -사회참여와 다른 사람들을 포용하기	-그룹의 의사결정을 존중하고 이행하기 -의사조정하기	-협상	-협상 -중재	-협상 -갈등해결

출처: 옥스팜(Oxfam, 2006:6)에서 발췌 작성

는지, 사안에 따라 어떻게 윤리적 판단을 내리며, 다양한 이해 당사자의 행위의 이면에는 어떠한 행위 근거가 있는지, 또한 다양한 이해당사자가 갈등과 분쟁을 겪을 때 이를 조정하며 협상하는 데 필요한 능력은 무엇인지를 감안하여, 이에 필요한 능력을 함양하고자 한다.

3. 지구시민을 위한 가치와 태도

지구시민의 가치와 태도를 함양한다는 측면에서는 지구시민으로 행동하는 데 필요한 동기를 부여하며, 어떻게 자기 자신뿐만 아니라 다른 사람을 배려하고 존중하며 또한 협력할 수 있는지, 다른 사람이나 다른 세계에 대한 관심을 유도할 수 있는지 등이 검토되어야 한다.

가치와 태도	유아 (5세 미만)	유치 (6-7세)	초등저학년 (8-10세)	초등고학년 (11-13세)	중학 (14-16세)	고등 (16-19세)
자아 정체성과 자아존중	-자아정체성과 자아 존중	-자아에 대한 인식과 자아존중	-자아의 중요성에 대한 인식	-개방성	-개방성	-개방성
배려와 존중	-자기 주변의 사람들에 대한 관심	-조금 더 큰 범위의 다른 사람들에 대한 관심	-지역적, 세계적 차원에서 다른 사람들에 대해 배려하기	-배려 -다른 사람들의 필요와 권리에 대한 감성 키우기	-인간존중민 공통의 필요에 대한 인식	-개인적, 집단적 책임감에 대한 감각
사회적 정의와 평등에 대한 참여	-공정한 놀이에 대한 감각	-인간적 존중에 대한 감각 -다른 사람을 위해서 말할 수 있는 의지	-세계적 사건에 대한 이해증진 -정의에 대한 감각	-부정의와 불평등에 대한 관심 -불평등에 대한 행동을 할 의지	-사회적 정의와 평등에 대한 참여	-빈곤극복을 위한 참여
다양성에 대한 가치와 존중	-다름과 다양성에 대한 긍정적 태도	-다른 사람들을 공평하고 대우하는 것에 가치를 두기 -다른 사람들의 경험으로부터 배우려는 의지	-차이와 다양성을 존중하기	-모든 사람들의 권리를 존중하기	-모든 사람들을 공평하게 대우하는 것에 가치를 두기	-모든 사람들을 공평하게 대우하는 것에 가치를 두기

가치와 태도	유아 (5세 미만)	유치 (6-7세)	초등저학년 (8-10세)	초등고학년 (11-13세)	중학 (14-16세)	고등 (16-19세)
환경에 대한 관심과 지속가능한 발전에 대한 기여	-자신이 살고 있는 환경과 살아있는 생물에 대한 감사 -새로운 세계에 대한 호기심과 경의감 키우기	-보다 넓은 환경에 대한 관심 -자원에 대한 가치 두기 -환경을 돌보는 의지를 배우기	-환경과 자원활용에 대한 책임감을 키우기	-사람들과 환경에 대한 우리의 삶의 스타일이 미치는 영향에 대한 관심	-지구의 미래에 대한 관심과 미래세대에 대한 관심 -지속가능한 세계를 위한 삶의 스타일에 참여	-지속가능한 발전에 대한 기여
인간이 할 수 있다는 신념	-실수로부터 배우고 인정하려는 의지	-우리의 행동이 미치는 결과를 인식하기 -협력하며 참여하려는 의지	-세계를 더 좋게 만들 수 있다는 신념 및 각자 개인들의 참여에 따라 달라질 수 있다는 신념	-지구의 문제를 이해하려는 의지	-보다 평등한 미래를 위해서 행동하려는 의지	-보다 평등한 미래를 위해서 행동하려는 의지

출처: 옥스팜(Oxfam, 2006:7)에서 발췌 작성

VI. 지구시민교육의 향후 과제

1. 통합적 시각 및 전문성의 확보

지구시민교육이 여러 영역 혹은 방법론에 따라 다양하게 진행되고 있기는 하지만, 이를 통합적이며 체계적인 양식으로 추진하지는 못하고 있다. 그러나 지구시민교육은 보다 종합적인 차원에서 지구적인 이슈나 문제를 이해하고, 방법론을 모색하며, 다양한 실천방안을 모

색하도록 해야 한다. 지구시민이 되는 일은 일상의 모든 영역과 연계되어 있기 때문이다. 따라서 이를 위해서는 현재 진행되고 있는 다양한 영역에서의 교육들을 비판적으로 검토하고, 어떻게 하면 보다 통합적이고 체계적으로 교육할 수 있을 것인지를 고민해 보아야 한다. 학교교육의 교과과정에서도 지구시민교육이 어떻게 통합될 수 있는지, 시민교육 차원에서는 지구시민교육을 어떻게 수행할 것인지, 교과과정은 물론 교육내용에는 무엇을 담아야 할 것인지 등을 고민해야 한다. 교육대상별로는 유아나 초중등학생을 대상으로는 어떻게 하며 대학생이나 성인을 대상으로 하는 경우에는 무슨 교육을 어떤 방법으로 해야 하는지를 검토하여 대상별 맞춤형 교육을 모색해야 한다.

이러한 여러 형태 혹은 다양한 영역에서의 교육을 누가 담당할 것인지, 유아기관은 물론 초중등 교육기관의 교원을 대상으로는 누가 어떻게 교육할 것인지가 생각해보아야 할 또 다른 차원의 과제다. 학교 정규과목이나 비정규과목과는 어떻게 교육내용을 상호 보완할 것인지도 고려해야 한다. 또한 단기적이고 파편적인 교육을 시행할 것이 아니라, 교육과정에 대한 보다 다차원적인 접근을 통해 대상별 혹은 단계별 교육내용을 상호연계시키고 강화해 나가야 한다는 점도 유의해야 할 과제다.

2. 평생 교육 차원에서의 접근

지구시민교육을 활성화하기 위해서는 지구시민교육에 대한 문화, 신념체계, 선호도를 지속적으로 생산하고 재생산하는 기제를 마련하는 일이 필요하다. 정당, 기업, 언론, 교육기관, 인터넷, 종교기관, 문화단체 등 광범위한 기구나 단체들의 적극적인 참여가 요구된다. 이런 단체나 기구들의 지원체계를 통해서 지구시민교육에 대한 참여의지와 지속성을 확보할 수 있을 때, 지구 시민적 가치를 일반 대중에게 확산, 보급할 수 있게 된다. 언론이나 미디어에서 지구시민의 가치나 활동을 보도하고 여론을 이끌어내는 일 역시 필요하다. 더 나아가서는 유아교육 기관을 비롯하여, 초중등 교과서에 지구시민사회의 가치를 반영하고 이를 교육하는 일이 필요하며, 구체적으로는 대학에서 시민사회관련 강좌나 학과를 개설하는 일 역시 하나의 방법이 될 수 있다.

물론 이런 지구시민 문화조성을 통해 어떤 지구시민으로서의 가치를 확장할 것인가에 대해서는 논쟁의 여지가 적지 않다. 보다 사회개혁이나 제도개혁으로 나아갈 것인가, 혹은 정치발전에 주력할 것인가 등등의 과제가 그것이다. 그러나 그럼에도 불구하고, 이런 지구시민 문화조성 사업은 지구시민교육의 지속성을 담보할 수 있게 될 것이다. 지구시민교육은 사실상 전 국민의 의식개선을 위해 평생에 걸쳐 실시되어야 하는 과제인 것이다.

유아기부터 학교교과 과정을 통해서는 물론이고 학교 교과과정에 참여하지 못하는 다수의 사람들을 위해서는 성인 교육 차원에서 평생에 걸쳐 지구시민교육 영역과 관련된 다양한 이슈를 주지하고 교수하는 일이 필요하다. 가령 다문화 교육의 경우, 이주노동자 관련 담당 공무원들이나 이주노동자를 다수 고용하는 사업체, 결혼이주민 관련사업체 등의 직원, 다문화 가정을 이루고 있는 가족들을 대상으로 하는 교육이 필요하다. 즉 단순히 외국인 노동자나 결혼이주민에게만 한정되어서는 안 된다. 다문화 교육은 다양한 문화를 이해하고 수용할 줄 아는 '관용' 의 힘을 길러주자는 것이기 때문에 직접적으로는 외국인 노동자와 관련을 맺은 기업주, 직장동료, 남편 혹은 부인이나 가족, 이들의 자녀를 가르치는 교사, 학교행정가, 지역주민 등으로 그의 대상범위를 확대해야 한다. 따라서 학교현장은 물론이고, 미디어 교육, 사회교육의 방법 등도 모색해야 한다.

지구환경에 대한 배려가 우선해야 한다는 점에서는, 어떻게 대규모 재난에 대비하고, 예방할 것인가에 대한 교육은 물론이고, 사후 처방이 무엇인지에 대한 교육 역시 필요하다. 즉 전 국민을 상대로 지구 차원의 변화에 대해 인식하고 지구 차원의 문제에 대비하며 문제 발생 시에는 어떻게 대응할 것인지 등에 대해 포괄적이고 지속적으로 홍보하고 교육하는 일이 필요하다.

지구시민교육은 새로운 교육이 아니라, 국가라는 영역을 넘어서 지구 차원에서 인식하고 지구화 시대를 대비하도록 준비하는 일종의 재교육 과정인 것이다(Purcell, 2003:566). 학교교육에서는 물론이고 평생교육 차원에서도 국가단위의 사고에서 벗어나 지구 차원의 시민이 되기 위해 필요한 것이 무엇인지를 총체적으로 재교육해야 하는 것이다.

3. 다양한 전략의 모색

지구 차원에서 지구촌 시민으로 직접 마주치고 일상적인 생활을 영위할 때, 보다 현실감 있는 지구시민교육이 이루어진다고 할 수 있다. 그래서 '작은 지구촌'의 경험을 쌓는 일이 효과적일 수 있다. 즉 자연스럽게 나와 다른 사람의 존재를 알게 하고, 이들과의 공통적인 체험을 쌓도록 하는 것이 필요하다. 다른 문화에 대한 이해와 존중은 다른 문화 혹은 다른 문화배경을 가진 사람과 다양한 체험을 공유할 때 보다 용이하게 체득된다. 언어, 문화, 민족이 다른 사람들과의 다양한 체험활동을 통해서 문화 간 차이의 존재를 지각하도록 하는 것이다.

그러나 이러한 차이가 자신의 정체성을 위협하는 것이 아니라, 오히려 풍부하게 하는 것이라고 인식하도록 유도하는 일이 필요하다. 따라서 작은 지구촌에서의 삶은 자연스럽게 지구촌 일원으로서 갖추어야할 감수성을 개발하기 위한 경험 학습의 하나로 인식되어야 한다.

체험학습을 통한 지구시민교육을 위해서는 외국인과의 교과외적활동이나, 이들과 접촉하는 기회의 확장을 통해, 타문화에 대한 사전적 이해를 높이는 것도 하나의 방법이 될 수 있다. 다문화사회에 대한 이해교육의 핵심적인 부분 가운데 하나는 타문화를 이해하려는 감수성과 이를 위해 노력하는 자세를 사전에 훈련하는 일이 필요하다는 점이다. 이를 위해서는 외국인과의 일회적인 만남이 아니라 지속적인 관계를 형성해 나가도록 이주민 현장기관과 자매학교를 만들어 교사들은 물론이고 학생들이 지속적으로 교류하는 프로그램이나 파트너십을 구축하는 전략도 모색해 볼 수 있을 것이다.

VII. 결론

지구시민교육은 지구 문제에 대한 인식과 통찰 및 그에 대응할 수 있는 방안을 모색하거나 실천하는 일을 통해서, 세계화, 인권, 다문화, 지속가능한 발전과 평화 등 지구 차원의 다양한 문제를 치유하거나 예방하는 데 기여할 수 있도록 지구시민을 육성하는 데 그 목적을 둔다. 이러한 지구시민교육을 위해서는 단지 인지적 측면뿐만 아니라, 정서적, 실천적 측면까지를 포괄하는 총체적인 접근을 필요로 한다. 또한 보다 체계적이고 전문성을 갖춘 교과과정, 교육내용, 교육방법이 모색되어야 하며, 이를 담당할 전문가의 육성을 필요로 한다.

그러나 지구시민교육의 이런 특성에도 불구하고 결코 새로운 교과과정이 아니라 기존의 교육을 지구차원으로 연장하고자 하는 것이라는 인식이 필요하며, 그렇기 때문에 기존의 교육과정에 통합해서 운영하는 일이 필요하다. 지구시민교육은 유연성을 가지고 평생교육 차원에서 한 나라의 시민에서 세계의 시민으로 변화하도록 지원, 조장하는 일이다. 이런 점에서 지구시민교육은 지구촌의 변화를 인식하고 그에 대응해 나가도록 하는 삶의 재교육과정이라고도 말할 수 있을 것이다.

참고문헌

곽숙희. (2006). 「다문화사회에서 인식의 변화 -다문화사회와 다문화교육의 필요
　　성」. 유네스코아시아태평양국제이해교육원. 국제이해교육 포럼 자료집
　　〈http://blog.naver.com/pka345/20043874551〉.

김수혜. (2007). 한국은 다인종국가로 가고 있다, 『조선일보』, 2007년 12월 11일
　　(16). 〈http://kr.news.yahoo.com/service/news/shellview.htm?linkid=
　　13&articleid=2007121100164079934&newssetid=495〉.

박재창. (2006). 『지구시민사회와 NGO』. 서울: 오름.

박주웅. (1997). '글로벌 교육' 을 시작하다, 『문화일보』, 1997년 10월 28일. 〈http://
　　www.munhwa.com/news/view.html?no=199710287001001〉.

유네스코 한국위원회. (2004). 「모두 다르게, 모두 소중하게, 청소년과 유네스코
　　문화다양성 선언」. 유네스코와 옥스팜 국제청소년 의회 프로젝트. 옥스
　　팜 공동체 해외지원. 1-36.

이삼열. (2003). 「국제이해교육의 철학과 역사적 발전」. 아시아 태평양 국제이해
　　교육원, 『세계화시대의 국제이해교육』. 서울: 한울아카데미. 8-29.

조효제. (2003). 아시아 시민사회 비교연구의 방법. 『아시아 시민사회—개념과
　　역사』. 서울: 아르케. 13-45.

주성수. (2006). 한국 시민사회 지표: 연구배경, 과정, 결과. 주성수 편저. 『한국
　　시민 사회지표』, CIVCUS 국제 공동연구 한국보고서. 서울: 아르케. 13-
　　45.

APCEIU. (2006). A Trainer's Guide, Designing Training Programmes for EIU
　　and ESD, UNESCO Bangkok.

DFID(Department for International Development). (2005). Development for
　　Education and Skills. Qualification and Curriculum Authority. Develop-
　　ment Education Association. UK.

Enslin, P., & M. Tjiattas. (2004). Cosmopolitan Justice: Education and Global
　　Citizenship. Theoria. 104:150-168.

Oxfam. (2006). Education for Global Citizenship, A Gudie for Schools.
　　GB:Oxfam.

Purcell, Mark. (2003). Citizenship and the Right to the Global City: Reimagining the Capitalist World Order, International Journal of Urban and Regional Research, September. 27:564-90.

Sure Start. (2005). Developing the Global Dimension in the School Curriculum. British Council., DfES 0123456. March.

World Bank. (2006). World Development Indicators.

World Order. (2003). International Journal of Urban and Regional Research. 27(3):564-90.

지구시민권과 청소년 교육

박선영

I. 서론

역사적으로 볼 때 근대 이전부터 청소년을 지칭해 온 '청년(youth)'이라는 단어에는 미성숙이라는 부정적 의미가 함축되어 있다. 근대 이후 사용된 '미성년(adolescence)'이라는 단어에도 급속한 성장에 따른 전환기적 존재라는 의미가 내포되어 있다. 그러나 청소년이라는 개념을 본격적으로 일반화하기 시작한 18세기의 루소는 청소년을 '축소된 성인'으로서가 아니라 '독립된 인격체'로 보았다. 긍정적 시각에서 보기 시작한 것이다. 그렇기 때문에 루소는 사상 처음 청소년기에는 지적욕구와 함께 호기심을 충족시키는 일이 무엇보다도 중요하다고 보았다. 이후 산업혁명을 거치면서 스텐리 홀은 청소년의 신체적·정서적 발달을 생물학적 측면에서 이론화하였고, 마가렛 미드는 사회·문화적 측면에서 청소년의 발달을 문화인류학적 관점에서 설명하였다(한국청소년정책연구원, 2007).

현대적인 의미에서는, 1995년 OECD가 위기의 청소년이라는 개념을 소개하면서 '학교생활에 적응하지 못하고, 직업인 내지는 성인으로서의 삶의 이행에 어려움이 있으며, 그 결과 사회발전에 적극적으로 기여하지 못할 것 같은' 존재라고 정의한 바 있다 (국가청소년위원회, 2005).

그런데 영국은 2001년 '연계복지(Connexions)'라는 종합복지지원제도를 도입하면서 모든 청소년을 위기의 청소년이라고 규정했다. 모든 청소년은 학업을 마치고 성인의 삶으로 이행하는 과정에서 비록 그 수준에 있어 차이가 나기는 하지만 모두가 크고 작은 형태의 위기를 경험하게 된다는 것이다(Connexions, 2001). 청소년은 사춘기를 거치면서 급격한 신체발달과 정서변화 그리고 심리변화를 경험하게 되는 데, 이러한 변화 자체가 청소년에게 있어서는 위기로 작용한다는 것이다.

따라서 청소년을 보호하려고 한다면 보다 적극적으로 접근해서 바로 이런 특성을 극복하거나 감안해야 한다고 보았다. 이는 특히 오늘날의 청소년이 그 어느 때보다도 변화가 심한 격동의 시대에 산다는 점에서 볼 때 보다 더 강조되어야 할 과제다.

그런데 청소년의 의사와는 관계없이 청소년을 에워싼 환경의 변화는 점점 더 가속도가 붙을 것으로 예상된다. 따라서 청소년의 건강한 발달과 복지를 담보하려고 한다면 바로 이런 세기의 변화를 감지하고 이에 적극적으로 대처하는 일이 중요하게 되었다. 바로 지구적 변화에 유의하고 그 속에서 지구사회의 일원으로 살아가야 한다는 현실을 청소년에게 일깨워 주고 필요한 정보를 제공하는 일은 단순히 청소년의 교양을 제고하는 차원에서의 문제가 아니라 청소년의 생존 및 본질적 속성과 직결되어 있는 숙제인 것이다.

청소년의 이런 전화기적 속성과 부정형성은 청소년을 법률 차원에서 규정하는 데에도 나타나 그 기준이 나라마다 다르고 심지어 같은 나라에서도 법률에 따라 다르다. 한국의 경우 청소년기본법에서는 9

세 이상 24세 이하를 청소년이라 규정하는 데 반해서 민법과 소년법은 20세 미만자로 규정하면서 각각 미성년자와 소년이라고 부른다. 이외에도 청소년보호법, 아동복지법, 근로기준법, 형법, 공연법 등에서 규정하는 청소년의 연령은 법의 목적에 따라 조금씩 차이가 있다(한국청소년정책연구원, 2007).

이런 현상은 외국의 경우에도 크게 다르지 않다. 영국은 의무교육이 끝나는 16세와, 대학에 입학하는 연령인 18세, 후기 청소년 혹은 초기 성인으로 간주하는 24세를 기준으로 법 제정의 목적에 따라 청소년을 규정하는 등 연령 기준을 다양하게 정해 두고 있다(국가청소년위원회, 2007). 그러나 그렇다고 해서 청소년의 연령 기준을 통일적으로 규정한 나라가 아주 없는 것은 아니다. 미국은 1935년 루스벨트 대통령이 법령에 의해 16세부터 24세까지를 청소년으로 규정한 후 현재에 이르고 있고, 일본은 청소년을 나면서부터 29세까지로 정하여 청소년의 권리를 최대한으로 보장하고 있다. 중국에서는 청소년의 연령 범위를 더 넓게 규정하여 10세에서 44세까지로 정해 두고 있다. 독일은 13세에서 25세, 스웨덴은 13세에서 25세까지로 규정한다.

통상적으로 1985년 세계 청소년의 해 이후 유엔에서 규정하는 청소년의 연령은 15세에서 24세까지이다(한국청소년정책연구원, 2007). 이는 모두가 청소년의 권리를 최대한 보장하고 지원하며 공공의 복리와 보호를 확대하기 위하여 청소년이 감당해야 할 의무와 제한을 최소화하고자 한 데 따른 결과로 여겨진다.

그런데, 청소년에 대한 이런 연령 기준의 설정은 각국의 교육제도와 연동되는 것이 보통이다. 따라서 학교를 통해 청소년에게 지구시민교육을 실시하는 경우 전 세계적으로 비슷한 사회적 · 정치적 위치에 있는 이들에게 서로 비슷한 수준에서 서로 다른 문화권을 이해하고 그 속에서 생활하는 방식을 터득하도록 유도한다는 특성을 지니게 된다. 또한 지구시민교육의 한 방법으로 고려될 수 있는 청소년 국제교류에 있어서도 생물학적, 정서적, 신체적, 심리적 발달이 비슷한 청소년 간의 교류가 이루어진다는 점에서 청소년 차원의 시각과 관점을 교환하고 넓혀 서로의 이해와 공감대를 확장하는 데 유리하게 된다. 그러나 무엇보다도 중요한 것은 청소년기가 신체적, 정서적, 심리적으로 가장 많은 변화를 겪는 시기이기 때문에 이 시기에 지구시민교육을 실시하는 경우 그에 따른 영향력과 효과가 매우 클 것이라는 점이다. 이 시기에는 자의식을 갖게 되고 자아정체성을 추구하게 되며 지적 호기심과 추상적 사고력도 발달하게 되는데 바로 이 점이 청소년기의 대표적인 특징들이다(한상철, 2003).

따라서 청소년기에 어떤 교육을 제공받고 어떤 환경 아래 놓이느냐는 청소년의 자아정체성 형성에 있어 결정적 요인으로 작용하게 된다. 그런데 오늘날은 범지구 차원의 사회·문화·경제 간 교류가 그 어느 때보다도 활발한 만큼 청소년에게 개인적·지역적 차원의 자아정체성 외에도 국제사회 일원으로서의 자아정체성을 확립하도록 견인하고 지도하는 일은 일종의 시대적 당위에 속한다.

그럼에도 불구하고 아직 우리 사회에서는 이에 대한 인식의 지평이 열려 있지 않은 실정이다. 아니 지구시민교육은 고사하고 일국중심의 시민교육 자체가 매우 부진한 실정에 있다. 우리 사회에서 청소년을 대상으로 실시하는 시민교육으로는 학교의 사회과 교과과정 내에서 단편적으로 이루어지는 교육과 시민단체와 청소년단체나 평생교육기관에서 공급자의 의도에 따라 일정한 형식이나 주제 없이 산발적으로 행해지는 것이 전부다(국무총리실, 2005).

앞으로 다가올 시대의 주역이 될 청소년에게 한 사회 구성원으로서의 역할과 책임을 강조하는 시민교육은 아무리 그의 중요성을 강조해도 지나침이 없을 것이다. 개인의 삶에 주목하는 권리와 책임의 차원을 넘어서서 공동체의 번영과 발전을 위해 책임과 권리를 실천하고자 하는 의지 없이 한 사회의 발전적인 미래를 기대하기는 어려운 일이다. 그러므로 시민 혹은 지구시민으로서의 정체성 확립을 위해 우리의 청소년에게 지구시민에 관한 의식교육과 실천적 학습활동을 실시한다면, 그들이 장차 우리 사회의 다양한 공동체 안에서 그 구성원으로서의 책임과 역할을 수행해 나가는 데 있어 큰 밑거름으로 작용하게 될 것은 자명한 이치다.

이런 현실인식과 문제의식을 토대로 본 장(章)에서는 시민교육의 한 영역이라고 할 수 있는 지구시민교육을 청소년을 대상으로 실시하고자 할 때, 우리가 유의해야 할 과제에는 어떤 것들이 있는지를 주로 영국의 사례를 중심으로 살펴보고 이를 통해 정책적 시사점을 얻어 보고자 하는 데에 우선적인 목표를 두고 있다.

II. 청소년 지구시민교육의 등장 배경

원래 청소년 시민교육의 중요성을 지각한 것은 1980년대 초반 유럽, 특히 영국에서부터였다. 그러나 교과과정 내에 편입되어 공식적이며 의무적인 교과로 채택하기 시작한 것은 2002년 이었다(Crick, 2002). 유럽연합과 영국은 청소년이 개인적 · 사회적 책무성을 다하고 자신이 속한 지역사회의 역할을 인식하며 정치를 비롯한 사회현안에 관심을 가지고 능동적인 시민의 역할을 감당할 수 있도록 만들기 위해서는, 본격적인 성인의 삶으로 전이되기 전인 청소년기에 반드시 시민교육을 받을 수 있도록 해야 한다고 보았던 것이다.

그런데 이런 문제인식의 기저에는 영국사회가 점점 다양화 되어감에 따라 거기에서 비롯되는 문화적 · 정치적 긴장을 해소해야 할 수요가 높아지고 있다는 현실인식이 크게 작용했다. 영국의 청소년들이 지리적으로는 영국이라는 한정된 지역에 거주하고 있지만, 실제의 일상생활에 있어서는 세계 각국의 음식과 문화를 소비하는 지구 시민으로 살아가고 있었던 것이다. 영국 통계청의 조사에 따르면 2001년 기준으로 이미 영국의 타민족(Non White British)출신 인구가 전체 인구 가운데 무려 7.9%나 차지하게 되었다(Office for National Statistics,

2008). 게다가 유럽연합 내의 노동이민자와 불법체류자의 숫자까지를 합하면 실제로 영국에 거주하는 타민족은 통계치보다 훨씬 많으며, 영국의 수도인 런던은 백인 영국인이 아닌 사람이 45%나 된다고 2008 년 봄 영국 통계청에서 공식적으로 발표한 바도 있다(Office for National Statistics, 2008).

따라서 세계화(국제화)와 문화다양성에 대한 노출이 빠르고 크게 확장되어 있는 영국의 청소년들로 하여금 영국인으로서의 자아정체 성뿐만 아니라, 유럽연합 회원국민으로서의 자아정체성, 그리고 지구 시민사회 일원으로서의 자아정체성을 확립할 수 있도록 시민교육 교 과과정을 지구적 관점에서 편성하고 이를 통해 문화다원성을 지원하 고자 했을 것은 당연한 이치다. 영국과 같은 다문화 사회에서 나와 다른 사람의 사회적 정체성과 문화적 독창성을 인정하지 않고서는 고립 될 수밖에 없으며, 자신의 발전도 기약할 수 없다는 사실을 알리는 일 이 매우 중요하다고 보았을 것은 의심의 여지가 없는 일다.

그런데 이렇게 영국이 청소년 지구시민교육에 주목하게 된 이유 가 운데 하나는 단순히 영국사회의 다문화적 속성에 조응하기 위한 것 외에도 청소년의 전반적인 교육성취도 하락과 높은 학업중퇴율 그리 고 비행 증가 등으로 인해 영국의 공교육에 새로운 패러다임을 설정 하는 일이 절실히 요청된다고 보았기 때문이기도 했다(Harber, 2006). 2001년 영국 교육기술부(Department for Education and Skills)가 펴낸 『성공하는 학교(*Schools Achieving Success*)』라는 백서 에서 밝히고 있는 영국의 교육 현장과 그에 대한 개혁의지는 다음과 같다.

· 한 세대 전까지만 해도 영국은 낮은 학업성취도를 보여주는 교육제 도에 대해 비교적 관대한 편이었다. 이유는 기술이 부족하거나 혹은 기술 이 아예 없이도 가질 수 있는 일자리가 충분했었기 때문인데, 지금은 더 이상 그런 상황이 아님을 명심해야 한다. 지금 영국은 교육에 있어서의

부진을 극복해야할 때가 되었다.

· 21세기의 경쟁적인 지구 경제구조에서 번영하기 위하여 영국은 영국 국민 전체의 지식과 기술을 변형시켜야할 것이다. 모든 개별적인 아동들이 그들이 어떤 상황에 놓여있건 간에 지구적 경제사회에서 살아남을 수 있도록 교육을 통해 준비해야 한다(DfES, 2001:5).

위의 백서는 기존의 영국교육제도에 나타나 있는 문제점을 비판하고 나아가 교육과정에 대한 감사 활동, 개별 맞춤식 교육, 우수교원 포상 등에 대한 구체적인 방법을 제시하면서 교육의 수준을 높이는 것만이 범지구적인 경쟁에서 살아남는 길임을 강조한다. 또 이 백서는 교육의 다양성을 강조하고 있는 데, 이는 교육제도의 다양성을 통해 학생들이 자신의 능력과 적성에 맞는 교육을 받을 수 있도록 배려하기 위한 것이었다. 그러나 이 백서에서 무엇보다도 중요하다고 여겨지는 점은 청소년이 지구 공동체 안에서 살아남기 위해서는 지구 사회에 대한 이해와 지구적 삶의 실천력을 강화하는 일이 필요하다는 점을 역설하고 있다는 사실이다. 기존의 상급학교 진학만을 위한 학교들은 많은 학생들이 직업을 찾거나 상급학교로 진학하는 데 필요한 기술과 지식을 가르치기 때문에 소수의 학문적으로 우수한 학생들에게만 교육을 제공하는 셈이 되었다고 지적하면서, 학생들은 자신이 처한 상황과 능력에 관계없이 지구 사회 안에서 살아남을 수 있도록 그들 개개인에게 꼭 필요한 교육을 제공해야 한다고 주장한다. 따라서 영국의 교육당국은 청소년에게 가장 필요한 발달과업중 하나로 지구사회에 대한 올바른 인식과 실천능력을 지목한 셈이다.

그런데 이렇게 영국을 위시한 서유럽 사회가 교육에 대한 새로운 관점에 서서 과연 교육이 청소년들로 하여금 자신이 살아가는 시대를 이해하는 데 도움을 주는가에 대해 문제의식을 가지고 고민하기 시작한 것은 1960년대부터였다(Hicks, 2007:5). 힉스(Hicks)에 의하면 이

러한 문제의식이 처음에는 지구차원의 상호의존성에 대한 관심으로
표출되다가, 이어 환경문제가 중요 관심사로 자리 잡게 되었다고 하
면서 교육의 초점이 변화하고 있다는 사실에 주목하고자 한다. 그에
따르면, 그 이후에는 지구 차원의 불공평성에 관심을 두었으며 개발
이라는 주제로 관심이 이동하다가 이는 자연스럽게 평화와 분쟁이라
는 이슈로 옮겨졌고 이후에는 인종차별이 주요 이슈로 떠오르게 되었
다는 것이다. 오늘날에 가까워질수록 시민성과 지속가능한 발전이 사
회적 관심의 표적이 되다가 지금은 지구시민교육에 주목하게 되었다
는 것이다.

　그러니까 청소년에 대한 지구시민교육은 하루아침에 시작된 것이
아니며, 힉스가 설명하고 있는 것과 같이 유럽과 영국을 중심으로 아
동과 청소년들이 살아가야할 세상에 대해 보다 적극적으로 이해하고
준비해야한다는 의견을 가지고 그때그때 필요하다고 판단되는 교육
의 주제들을 교과과정이나 교육내용에 포함시켜 점진적인 변화를 도
모해 왔던 것이다. 자연스럽게 시대상황을 반영하여 조금씩 교육의
내용과 방법이 변화했으며, 그 결과 지금의 청소년을 상대로 하는 지
구시민교육을 탄생시키게 된 것이다. 다시 말하면 청소년을 대상으로
하는 지구시민교육이란 세상의 변화에 대한 교육계의 점진적인 조응
의 결과인 셈이다.

　이런 관점의 연장선 상에서 옥스팜(Oxfam, 2006)은 지구 차원에서
의 사회관계가 급변하고 상호의존성 정도가 점점 더 증가하는 오늘날
에 있어서는 이러한 변화에 대비하기 위한 교육 내용의 개발이 절실
히 요청된다고 보았다. 점점 더 아동과 청소년의 삶이 다른 세계로부
터 영향 받는 일이 빈번해지고 있기 때문에 이에 조응하여 아동과 청
소년에게 자신과 타인의 웰빙을 위하고 긍정적으로 기여하는 데 필요
한 지식과 이해, 기술과 가치를 공급하는 일이 보다 더 중요하게 되었
다는 것이다. 지구시민교육의 필요성을 절감한 것이다. 그런데 지구
시민교육은 아동과 청소년이 다양한 양식의 활동과 참여 학습방법을

통해 자신의 학습과정에 스스로 깊이 관여할 수 있도록 하는 데 주목하려는 것이기 때문에 다른 교육과정이 갖지 못하는 장점을 지닌다고 보았다. 이로 인해 자신감, 자존감, 비판적 사고, 커뮤니케이션, 협동심, 갈등 해결 등에 필요한 기술을 함양하게 되고, 청소년의 동기부여, 행동변화, 학교에서의 성취감 증진 등에도 기여하게 된다고 보았다. 시야를 넓혀 보면, 세계의 자원 활용이 매우 불공정하고 파괴적인 양식으로 이루어지고 있기 때문에 빈부격차가 점점 더 커지고 있으며 가난은 전 세계의 수백만 사람들로 하여금 자신의 기본권조차 누리기 어렵게 만들고 있다는 인식을 확산시키는 효과도 있다고 보았다. 내일의 주역인 아동과 청소년이 지구촌의 실상을 올바르게 이해하고 적극적인 관심을 갖으며, 어느 누구와도 함께 나누고 공존해야 한다는 윤리적 각성에 이르러야 하고 또 그렇게 하도록 만드는 데 있어 지구시민교육은 필수적 과제라는 것이다.

III. 청소년 지구시민교육의 전개과정

1. 지구교육의 구성요소

영국에서의 지구시민교육은 그 연원을 '세계연구(world studies)' 내지는 '지구교육(global education)'에 둔다고 할 수 있다. 1970년대와 1980년대에 걸쳐 영국에서는 세계연구라는 용어로 보다 더 잘 알려져 있는 지구교육이 지구적 사안, 사건, 관점에 대해 가르치고 학습하는 것에 관심을 둔 교육의 한 분야를 지칭하는 학문적 용어로 사용되었다(Davies, 2005).

〈그림 1〉은 세계연구 또는 지구교육의 기본 구성양식을 보여주는 모형이다. 즉, 지구적인 시각을 제공하기 위한 교육은 그의 하위 구성영역을 지식, 태도, 기술로 나눌 수 있으며, 각각의 영역에 필요한 기

본 학습 내용이 있고, 이들은 상호의존성과 연관성을 지닌다고 보았다. 다시 말해 세계 및 지구에 대한 지식은 올바른 이해를 바탕으로 정립되는 태도를 통해 실제로 실천하는 기술이 함께 하지 않는다면 별 의미가 없다고 보았던 것이다. 그러니까 지구교육은 이 세 가지 영역을 관통하는 것이어야 하는 데, 먼저 지식영역은 우리가 남들과 다르다는 사실, 이 세상에는 부와 가난이 함께 존재하며, 이런 이유로 인한 갈등이 상존한다는 사실 등을 인식하자는 것이다.

더 나아가 우리의 미래와 환경이 가치 있는 것이 되도록 하기 위해 필요한 지식을 습득하는 일도 지식영역의 중요한 과제 가운데 하나다. 두 번째로는 태도의 영역이다. 세계를 이해하기 위해서는 청소년들이 인간에 대한 존엄성을 바탕으로 다른 문화에 대해 존중하는 태도를 가지며 정의와 공정한 삶의 자세를 유지하도록 해야 한다는 것

〈그림 1〉 '지구교육'의 분석 틀

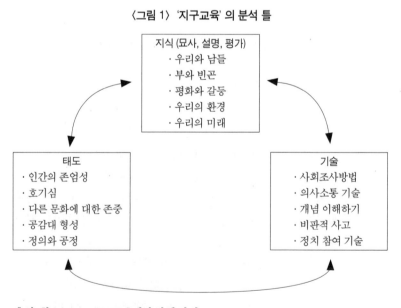

출처: 힉스(Hicks, 2007:16)에서 발췌 작성

이다. 마지막으로는 기술의 영역인 데, 앞서 언급한 지식과 태도를 실천하기 위해 청소년들에게 실질적으로 요청되는 기술을 습득시키자는 것이다. 이에 필요한 기술로는 사회조사방법, 민주적인 의사소통 기술, 추상적인 개념을 이해하고 비판적으로 사고하는 능력, 정치 참여 기술(정치문해: Political Literacy) 등이 있다. 그러므로 '세계연구'나 '지구교육'은 단지 지식만을 갖춘 시민이 아니라, 아는 바를 공정하고 객관적인 태도와 기술로 실천에 옮기는 적극적 시민을 양성하자

〈표 1〉 '지구연구' 의 구성요소

지구연구의 구성요소	내용
원인과 결과	넓은 관점에서 볼 때 우리의 행동과 우리가 빚어내는 사건들은 각기 다른 종류의 원인을 가지고 있다. 여러 유형의 행동과 결과는 우리가 한 것이건 아니면 정부나 혹은 대기업이 한 것이건 간에 여러 종류의 파생효과를 초래하지만 주로 의도되지 않았거나 예측되지 않은 것이 대부분이다. 원인과 결과를 이해하는 것은 우리의 삶을 조절하고 넓은 세상의 사건들을 좀 더 이해하는 데 도움을 준다.
의사소통	사람들은 다양하고 서로 다른 방법과 언어(때로는 문자가 아닌 방법으로도)로 정보, 관점, 감정을 교환한다. 다른 사람이 우리를 이해하기 원한다면 우리 역시 다른 사람의 행위와 동기를 이해하려고 노력하는 것이 의사소통의 기본이다. 대중매체는 보다 넓은 세계로 나가는 가장 기본적인 의사소통 방법임에도 불구하고 어쩔 수 없이 편견과 왜곡을 담고 있다는 사실을 숙지해야 한다.
갈등	우리는 갈등 속에서 살고 있다. 인간은 끊임없이 서로 갈등하는 존재이며 이러한 갈등은 우리가 사는 사회 내에서도 일어나지만 다른 사회와의 관계 속에서도 생겨난다. 갈등은 분석될 수 있고 또 다양한 방법으로 해소할 수도 있다. 갈등이 어떻게 일어나는지를 이해하는 것은 그것들을 건설적으로 해결하기 위한 첫걸음이 된다.
협동	공통의 문제를 해결하기 위해 개인, 집단, 국가는 종종 함께 일을 하거나 혹은 함께 일하기를 원한다. 협동은 협동하지 않으면 불가능한 일들을 가능하게 하며 분쟁이 평화롭게 해결되기 위해서는 반드시 필요한 요소이기도 하다. 또한 협동은 타인과의 수준 높은 의사소통이나 민감성을 요구하면서도 경쟁의 다른 보상 수단이 되거나 경쟁을 활기 있게 하는 요소가 될 수도 있다.

지구연구의 구성요소	내용
힘의 배분	사람과 집단은 세상에서 일어나는 것들에 영향을 줄 수 있다. 대부분의 집단과 국가에서 힘과 부가 불공평하게 배분되기도 한다. 그리고 이는 인간이 영위하는 삶의 기회, 자유, 복지에 영향을 미친다. 이러한 불평등에 대한 인식은 공정과 정의에 대해 중요한 문제의식을 갖게 한다.
공정성	공정성은 다른 사람의 권리를 존중하고 모든 이의 관심을 염두에 두는 갈등해결방법을 모색하는 길이다. 어떤 법은 국가적 수준과 국제적 수준에서의 공정성을 법제화하고 제도화하려고 한다. 세상이 좀 더 공정한 곳이 되기 위해서는 지구 안에서의 조화와 공정한 삶의 방식을 통해 인간이 필요로 하는 것이 충족되도록 하는 데에 우선순위를 두어야 할 것이다.
상호의존성	인간이란 누구나 돌봄이나 정서적인 지원에서부터 상품이나 서비스의 교환에 이르기까지 실로 다양한 범주의 여러 방법을 통해 서로 의존하기 마련이다. 이런 상호의존성은 모든 삶의 영역에서 개인, 집단, 국제사회에 이르기까지 다층적으로 펴져 있다. 이는 일반적으로 긍정적인 효과와 부정적인 효과를 모두 동반한다. 인류가 당면하는 가장 시급한 과제들은 국경을 넘나드는 지구적인 수준에서 뿐만 아니라 지역적 수준에서 접근하더라도 해결 가능한 것이 대부분이다.
공통점과 차이점	인간은 각기 다른 삶의 모습을 가지고 있음에도 불구하고 내면의 세계로 들어가 보면, 비슷한 요구와 소망을 가지고 살아간다. 이러한 전제가 인간들 사이의 차이를 이해하고 찾아낼 수 있도록 하며, 우리가 공유하고 있는 것에 대한 이해를 돕게 한다.
사회변화	변화는 세상에서 지속적으로 일어나는 현상으로서 우연하게 또는 의도적으로 인간에 의해 만들어진다. 좋은 것으로의 변화가 일어나기 위해서는 각자의 필요와 동기가 서로 조화를 이루도록 해야 한다. 다시 말하면 좋은 변화를 유도하기 위해 때로는 자신의 삶에 가해지는 통제와 조절을 수용할 수도 있어야 한다.
가치와 믿음	인간은 각자 중요하다고 생각하는 것이 다르고 삶의 방법, 행동, 전통도 각각 다 다르다. 우리의 가치, 믿음, 성, 사회적, 문화적 배경 등은 우리가 만나는 사람이나 사건을 보는 눈에 영향을 미치며 다른 사람 역시 우리를 보는 방식에서 영향을 받는다. 다른 사람의 가치나 믿음을 이해하는 것은 다른 사람을 이해하는 출발점일 뿐만 아니라 우리 자신을 더 잘 알 수 있게 해주는 기제(機制)다.

출처: 힉스(Hicks, 2007:17-18)에서 발췌 작성

는 것이다.

그런데 힉스(2007:17-18)는 앞서 소개한 '세계연구'와 '지구교육'을 위한 분석적 구성요소들을 개인의 행태 차원에서 보다 세분화 하여 원인과 결과, 의사소통, 갈등, 협동, 힘의 배분, 공정성, 상호의존성, 공통점과 차이점, 사회변화에 대한 이해 등을 주요변수로 제시하면서, 이에 대해 보다 구체적인 설명을 시도한 바 있다. 이는 〈표 1〉에서 보는 바와 같다.

힉스의 이런 서술은 공정성과 가치, 믿음과 태도, 그리고 의사소통과 기술이 서로 직결되어 있다는 점을 제외하고는 거의 대부분이 지식에 대한 언명으로 이해된다. 그러니까 지구교육을 구성하는 3대 요소인 지식, 태도, 기술 가운데 지식에 보다 더 비중을 두고자 했다는 의미로 해석된다.

그러나 유럽의회나 유네스코 등은 태도와 가치에 보다 더 강조점을 두었다. 먼저 유럽의회는 그의 '지구교육' 헌장에서 '지구교육'이 학습자에게 지역과 지역 그리고 세계적인 수준사이에서의 연관성을 인식하게 하자는 것이지만 궁극적으로는 그 속에 존재해야 하는 평등성에 대한 이해를 돕자는 것이라고 정의한 바 있다(Davies, 2005). 이에 반해 오슬러와 빈센트(Osler & Vincent, 2002)는 좀 더 적극적인 시각에서 '지구교육'을 설명하고자 한다. 이들은 '지구교육'이 인권과 비판적 사고 및 책임감 있는 참여를 유도하기 위한 것이며 사회정의에 바탕을 두는 교육학적 접근의 산물이라고 이해한다. 그리고 무엇보다도 인권이라는 가치 기준 아래에서 이루어져야 한다는 점을 강조한다. 2000년 유네스코도 '지구교육'이란 인권, 평화, 국제적인 이해, 관용, 비폭력에 관한 교육이며, 민주주의 원칙과 다문화에 관한 관용성을 토대로 하는 것이라고 보았다.

그러니까 지구교육은 지식, 태도, 기술을 그의 3대 구성요소로 하는 것이지만 기술보다는 주로 지식과 태도에 주안점을 둔 셈이다. 이런 논의의 연장선상에서 보면, '지구교육'은 민주주의와 개발 및 인권을 지향하며 이의 구현을 가능케 하는 가치, 태도, 행동을 함양함으로써 지구 차원의 평화를 건설하자는 것으로 이해된다. 따라서 청소년 지구교육은 지구교육을 통해 청소년과 젊은이들이 서로 의존하는 세상에서 함께 살아가도록 준비하기 위한 전략, 정책, 계획을 포괄하는 것이라고 할 수 있다. 이는 협동, 비폭력, 인권과 문화다양성에 대한 존중, 민주주의와 관용의 원칙 등을 기본 원리로 삼아 비판적으로 사고하고 책임감 있게 참여함으로써 사회정의를 구현하고자 하는 것이라는 데에 특징이 있다. 따라서 학습자들에게 있어서는 지역, 국가, 세계의 문제들을 상호 연결시키면서 그 속에 내포되어 있는 불평등성을 포착할 수 있도록 자신의 능력을 연마할 것이 요청된다.

2. 지구교육의 목표

한 마디로 말하자면, 청소년을 위한 '지구교육'은 청소년들로 하여금 상호 의존적인(interdependent) 세상에서 서로 조화롭게 살 수 있게 도와주자는 것이다. 그렇다면 이를 위해 어떤 역량을 훈육해 내야 하는 것일까? 파이크와 셀비(Pike & Selby, 1988)는 '지구교육'을 통해 진작시키고자 하는 역량을 다섯 가지로 구분하여 제시한 바 있다.

첫째, 지구교육은 체계 의식(systems consciousness)을 함양해야 한다는 것이다. 체계 안에서 생각할 수 있는 능력을 습득하고, 세상의 체계적인 성질을 이해하며, 자신의 능력과 잠재력을 종합적이고 체계적인 관점에서 파악하고 신장시켜야 한다는 것이다.

둘째로는, 지구교육이 관점 의식(perspective consciousness)을 제고할 수 있어야 한다. 학습자가 자신의 세계관이 다른 사람과 다를 수 있다는 점을 인식하고 다른 사람의 관점을 수용할 수 있는 능력을 지니도록 키워야 한다는 것이다.

셋째, 지구의 건강에 관한 의식(health of planet awareness)을 함양해야 한다. 이를 위해 학습자들은 지구의 생태에 대한 인식과 공정, 인

〈그림 2〉 리차드슨(Richardson)의 지구과제 분석 틀

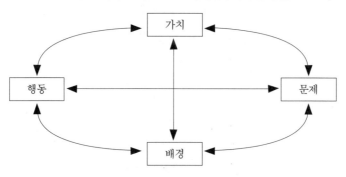

출처: 힉스(Hicks, 2007:15)에서 재인용

권, 책임 등에 대한 이해는 물론이고 지구의 생태를 개선하기 위한 책임감을 갖도록 하여야 한다. 또한 건강한 지구를 만들기 위하여 미래를 염두에 둔 생각과 실천을 학습하도록 해야 한다.

네 번째로는, 개입에 대한 의식과 미래에 대한 준비(involvement consciousness and preparedness) 능력을 키워야 한다. 학습자들은 그들이 개인적으로나 집단적으로 취하는 선택과 행동이 지구의 현재와 미래에 영향을 줄 수 있다는 사실을 절감하도록 해야 한다. 그러므로 다양한 수준에서 이루어지는 민주적인 의사결정에 효과적으로 참여하는 데 필요한 사회적, 정치적 행위기술을 개발하여야 한다.

마지막으로는, 과정 지향적(process mindedness)이어야 한다. 지구교육을 학습하는 동안 자신의 학습과 자기개발이 자유롭게 그리고 평생에 걸쳐서 이루어져야 한다는 사실을 알고, 흥미 있고 재미나지만 가끔은 위험하기도 하다는 눈으로 세상을 바라볼 수 있는 관점을 개발하도록 해야 한다.

이상에서 살펴본 바와 같이 지구교육은 그 용어에도 내포되어 있듯이 학습자를 한 영역에 국한시키지 않고 시공간을 초월하여 교류하고 발전하게 하고, 범지구적인 문제와 사안들을 민주적이고 평화적인 방

법으로 해결하며, 인간존엄과 인권존중의 사상 및 가치를 조화롭게 실천하도록 하자는 데에 목적을 둔다. 그러기 위하여서는 범지구적인 문제와 사안을 올바르게 인식하는 것이 무엇보다도 중요하게 된다. 그런데 힉스(Hicks, 2007)는 범지구적인 사안을 올바르게 이해하기 위한 틀로서 리차드슨(Richardson, 1979)의 기본개념을 재인용하여 〈그림 2〉와 같은 관계 모형을 제시했다.

위의 그림에 따르면 지구 차원의 문제를 포착하고 그에 대응하기 위해서는 그 사회 구성원 개개인이 가지고 있는 가치 내지는 목적의식, 문제를 둘러싸고 있는 배경에 대한 인식, 취할 수 있는 행동의 양식에 대한 평가 등이 서로 영향을 주고받는 과정을 거치게 된다는 것이다. 따라서 앞에서 지적한 지식, 태도, 기술에 대해서는 바로 이런 4가지 요소들 사이의 상관관계를 규정하는 매개변수로 이해한 셈이다. 그러므로 지구교육을 실시하기 위해서는 바로 이런 4가지 변수들의 상호작용적 특성과 상호연계성을 이해하도록 하는 일이 중요하며, 이들 4가지 변수들 간의 상호작용을 통해 지구교육 자체가 가능해진다고 보았던 셈이다.

3. 지구시민권 교육의 과제

이런 지구교육의 개념에 도덕적, 윤리적 요소를 가미하면서 일국주의의 경계를 초극하고자 한 것이 지구시민권 교육이라고 할 수 있다. 그러니까 지구교육이 일국주의하의 시민권을 토대로 지구 차원의 활동이나 상호의존성에 주목하고자 한 것이라고 한다면, 지구시민권 교육은 바로 이런 일국주의의 지리적 경계나 숙명적 연대의식을 초월하는 새로운 차원의 시민권이 지구 차원에서 개발되거나 작동하고 있음을 인식하고자 하는 것이라고 할 수 있다. 이를 이해하기 위해서는 먼저 지구시민권에 대한 논의를 검토해 볼 필요가 있다.

다우어(Dower, 2003)에 의하면 지구시민이란 지구적인 관점에서

도덕적인 가치관을 유지해야 하는 데, 이때의 가치관은 모든 인간이 어떤 수준이상의 기본권을 가지며 그렇기 때문에 이를 존중하고 증진시켜야 할 의무가 있음을 의미한다고 보았다. 그러므로 다우어는 모든 사람이 지구적인 윤리와 보편적인 규칙과 가치에 대해 이해하고 이를 지켜나가야 한다고 주문한다. 이런 맥락에서 지구시민이 함양해야 할 지식으로는, 시민성과 지구시민성의 차이점, 지구 공동체로서의 세계와 이의 정치적, 경제적, 환경적, 사회적 함의, 상호의존성, 지구화, 다양화, 권리와 책임, 지속가능한 변화, 삶의 질, 사회정의와 평등 등에 관한 주요 개념, 인권과 아동의 권리, 민주적 절차(지역적 내지는 지구적 차원에서 긍정적인 행동변화를 보이는 것을 포함하여) 등에 관한 것이라고 보았다.

　1997년 옥스팜도 『지구시민권을 위한 지구교과(*Global Curriculum for Global Citizenship*)』라는 교재에서 리차드슨이 제시한 바 있는 지구교육 모형을 토대로 지구교육의 신 모델을 제시했다. 옥스팜은 지구시민이란 세계가 어떻게 돌아가는지를 이해하고, 사회적 불공정에 대항하며, 지구적 변화를 시도하고, 적극적으로 그 변화에 동참하는 사람이라고 보았다. 부언하면, 지구시민이란 보다 넓은 세계를 인식하고 세계 시민으로서 각자가 담당해야 할 역할을 이해하고, 다양성을 존중하며 그에 가치를 부여하고, 세계가 경제적, 정치적, 사회적, 문화적, 기술적, 그리고 환경적으로 어떻게 움직이는지를 이해하며, 사회 부정의에 항거하고, 지역수준에서부터 지구수준에 이르기까지 다양한 수준에서 이루어지는 사회문제에 참여하고 공헌하며, 세상을 좀 더 평등하고 지속가능한 곳으로 만들기 위한 의지를 가지고 노력하고, 그런 행동에 책임질 줄 아는 사람이라고 본 것이다.

　바로 이런 지구시민에게 부여되거나 스스로 개척해 온 권리와 의무의 총체가 바로 지구시민권이라고 한다면, 지구시민권 교육은 바로 이런 권리와 의미를 이해하고, 이를 가치나 윤리의 차원에서 내면화하며, 그에 필요한 기술을 습득하게 하는 것이라고 할 수 있을 것이다.

바로 이런 맥락에서 데이비스(Davies, 2007)는 지구시민권 교육을 개인이나 집단이 자신의 지역과 지구가 처한 상황을 이해하도록 돕고, 다른 사회 안에서 가져야 할 책임감을 지도하려는 도덕적이고 윤리적인 계획이자 정책적 의도라고 하였다. 이는 지역사회에의 관심, 공공영역에서의 공명정대성, 내밀한 영역에서의 가족애, 자기 개인의 이익과 같은 다차원의 관심사에 대해 일련의 책임감을 느끼는 데에서 기인하는 것으로서, 보편적인 평등에 대한 인식, 인간과 전체 세계에 대한 배려에 의해 발로된다는 것이다.

오슬러(Osler, 2006)도 지구시민권 교육을 참여적인 활동이며, 지역과 지구의 불평등을 완화하려는 일에 대한 책임감의 발로이고, 동시에 개인의 안녕과 지구를 훼손하는 행위들을 막고자하는 노력의 일환이라고 보았다. 그리고 이는 지구화와 세계시민주의(cosmopolitanism)에 대한 이해와 밀접하게 관련되어 있다고 보았다.

따라서 지구시민권 교육에는 다른 지역 사람과 자신의 공통점에 대한 이해, 상호의존성에 대한 이해, 자신을 돌아보는 비판 정신(critical spirit), 모든 것을 포괄하는 소속감과 자아존중감, 다중정체성 인식(our own and as a community), 다양성에 대한 가치부여, 변화에 조응할 수 있는 기술과 자신감 등이 내포된다.(Davies, 2004).

4. 청소년 지구시민권 교육

지구시민권 교육을 청소년을 대상으로 할 때 보다 효과적이고 그 필요성도 크다는 인식은 지구시민권 교육을 적령기 학생 중심의 교육으로 전환하게 했다. 이런 관점의 연장선상에서 영국의 교육 및 고용부(Department for Education & Employment: DfEE, 1999)는 전 학령기 학생의 교과과정에 포함되어야 할 지구시민의 기본구성요소로서 시민성, 지속가능한 발전, 사회정의, 가치와 견해, 다양성, 상호의존성, 분쟁해결, 인권 등을 들었다. 시민권 재단(Citizenship Foundation)은 중등교과과정[1]에 포함되어야 한다고 보는 지구시민권 관련 지식과 과제로서 다음의 것들을 들고 있다.

- 권리와 책임
- 인권
- 국가적, 지역적, 종교적, 인종적 다양성
- 선거와 민주주의
- 의회와 다른 형태의 정부
- 미디어와 언론의 자유
- 자원조직

- 분쟁해결
- 소비자, 고용주, 고용인의 권리
- 지구시민성
- 경제
- 지속가능한 발전
- 사법제도
- 사회변화를 유도하는 방법

인간의 기본적인 권리와 존엄성에 대한 이해, 민주적 공동체 운영을 위한 제도와 질서, 공동체 구성원간의 다양성과 상이성, 지구 자체의 존엄성과 환경 보호 등에 주목하자는 셈이다. 그리고 이를 위해 관련 정보나 지식을 습득하는 일, 기본적인 정의감이나 인권의식과 같은 가치관을 정립하기, 그리고 이를 실천하는 데 필요한 기법과 기술을 연마하는 일 등을 중시한다. 그러나 이런 교육을 통해 청소년이 얼마나 적극적인 시민성을 체득할 수 있게 되느냐에 대해서는 기존의

---

1) 영국의 핵심단계 3과 4는 우리나라의 중등학교 교육과정에 해당한다.

연구가 그리 많지 않다. 그 이유는 청소년의 생활이 학교 내의 활동과 학교 외의 활동으로 나뉘는데다가, 진정한 의미의 시민성이란 단기간의 행동이나 행동의 변화를 기준으로 평가될 수 있는 성질의 것이 아니기 때문이다. 그럼에도 불구하고 데이비스 외(Davies er al., 2004)는 적극적인 시민이 되는 방법으로 학교 내의 민주적인 의사결정이나 활동에 참여하는 것과 지역사회봉사를 통해 경험을 축적하는 것을 보다 보편적이고 효과적인 학습전략으로 보았다.

이런 관점들을 종합하여 옥스팜(Oxfam, 2006)은 청소년에 대한 지구시민권 교육(global citizenship education)이 보다 공정하고 지속가능한 세상을 만들기 위해 사회공동체의 의사결정에 참여하는 데 필요한 지식, 태도, 기술을 습득시키기 위한 것이며, 동시에 그들의 삶을 움직이는 지구적인 힘에 대한 이해를 촉진시키고자 하는 것이라고 규정했다. 다시 말해 지구시민권 교육은 궁극적으로 지구시민성을 높이자는 것인 데 이를 위한 교육은 아동과 청소년에게 복잡한 지구적인 문제에 대해 비판적으로 사고할 수 있는 능력을 안전한 교실 환경 속에서 기를 수 있도록 그 기회를 제공하자는 것이다. 이런 교육은 모든 연령의 아동과 청소년에게 필요하며 아주 어린 아동이라고 하더라도 미디어와 테크놀로지를 활용해서 오늘날의 논쟁적인 문제들에 조응해 나갈 수 있도록 교육해야 한다고 보았다. 지구시민권 교육은 아동과 청소년이 자신의 가치를 발견하고 자신의 의견을 제시하도록 하되 다른 사람의 의견도 존중할 줄 알도록 도와주는 교육이기도하고, 또한 아동과 청소년이 어떻게 자신의 권리를 행사하고 책임을 다하며 이를 위해 이성적인 결정을 내릴 수 있는 지를 가르치는 과정이기도 한 것이다.

이런 인식 속에서 옥스팜(Oxfam, 1997)은 지구시민권 교육이 토론, 역할연기, 문제해결법, 지역사회 조사 등 다양한 교수법을 사용하며, 청소년들이 우리의 결정이 다른 사람의 삶에 영향을 주듯이 우리의 삶에 영향을 주는 지구 저편의 사람들의 결정이 어떻게 만들어지고 있는지를 이해하는 데 도움을 주고자 고안되었다고 보았다. 그런데 브라운리(Brownlie, 2001:2)는 지구시민의식(지구시민성)을 지속가능한 발전이나, 분쟁, 국제무역 같이 매우 중요하고 복잡한 범지구적 과제를 다루는 학습 그 이상의 것이라고 보고, 거기에서 더 나아가 우리의 삶 속에서 드러나는 지역성과 공동체 내부에서 당면하게 되는 지역적 과제들을 지구적 관점에서 다루기 위한 것이라고 했다.

종합해 보면 지구시민성이란 지구교육의 기본 가치와 개념을 바탕으로 범지구적인 차원에서 공동체를 인식하고 그에 따라 자신의 역할과 책임을 다하자는 것이며, 청소년 지구시민권 교육이란 바로 그런 지구시민성이 청소년들에 의해서 최대한 발현될 수 있도록 돕자는 것이라고 할 수 있겠다.

IV. 학교의 지구시민교육 내용

청소년에게 지구시민권 교육을 실시하려는 영국 정부의 노력은 2002년 국가교과과정(National Curriculum)에 시민교육교과를 도입하면서 시동되었다고 할 수 있다. 지구시민교육은 바로 이 시민교육교과 안에서 매우 비중 있는 주제영역으로 심도 있게 다루어지기 시작했다. 이를 검토해 보면 지구시민교육의 구체적인 내용이 무엇이며, 이를 위해 어떤 과제를 청소년 학습자들에게 부과해야 하는지를 알 수 있다. 구체적인 교과과제가 제시됨으로서 오히려 의도하는 교육의 대상과 목표가 무엇인지를 보다 더 명확히 해주는 효과가 있다.

그런데 영국의 교육 시스템에는 모두 4개의 핵심단계(key stage)가 구축되어 있다. 이 4개의 과정은 의무교육과정이고 이 단계를 마치고 나면 상급학교 진학을 위한 별도의 과정을 2년 정도 밟게 된다. 그러니까 이들 4개의 핵심단계를 모두 마친다고 해서 곧 바로 대학에 진학할 수 있게 되는 것은 아니다. 그러나 이 4개의 핵심단계를 마치고 나면 일종의 졸업능력 시험을 거쳐 중등학교 일반증서를 받게 된다. 이 과정이 끝나는 시기가 대략 16세여서 영국의 많은 청소년 정책과 방향이 16세를 기준으로 운영된다. 이 가운데 특히 핵심단계 3과 핵심단계 4는 청소년이 성인으로 이행하기 직전 그러니까 학생이 상급학교에 진학하거나 직업전선에 나가기 직전 단계에서 일반시민이 지녀야 할 기본 소양을 함양하려는 데에 기본 목표를 둔 것이라고 할 수 있다.

여기에서는 영국 교육 시스템에서 청소년으로 간주하는 핵심단계 3과 핵심단계 4단계에서 이루어지는 지구시민교육의 구체적인 내용을 살펴보고자 한다.

1. 핵심단계 3의 지구시민교육

다음의 〈표 2〉는 청소년이 지구시민으로서의 자기 정체성을 확인하는 것을 돕기 위해 우선 자신만의 고유한 정체성을 찾을 수 있도록 도와주려는 것이다. 특히 영국 청소년의 경우, 많은 다문화적 환경을 접하고 있으므로 다중정체성(multi-identities)적인 관점에서 자신의 정체성을 파악하도록 유도하고 있고, 정체성이란 변할 수 없는 것도 있지만, 직업이나 사는 지역에 따라서 얼마든지 바뀔 수 있다는 점을 이해시키려는 데에 주안점을 두고 있다.

이렇게 자신의 정체성을 확인한 후, 자신이 속한 지역사회를 이해할 수 있도록 유도하고자 한 것이 〈표 3〉에 나타나 있는 학습단원의 주요내용이다. 지역사회의 다양성을 존중하고 지역사회에 어떤 이민역사가 존재하는지, 어떤 특별한 문화적 특징이 존재하는지를 이해함으로써, 자신과 지역사회에 대한 이해를 한 단계 더 높여보자는 것이다. 따라서 역사수업시간이나 지리수업시간과도 연계하여 활용할 수 있을 것이다.

이렇게 자신이 속한 근린 지역사회의 정체성을 파악하게 한 후에는 좀 더 넓은 지역사회인 지구차원으로 이동하여 지구시민에 대한 기본

〈표 2〉 나의 정체성은 무엇인가

핵심단계 3	나의 정체성은 무엇인가
학습목표	• 그룹 활동에 필요한 규칙의 재이해 • 다양한 정체성과 다양성에 대한 이해와 탐구
가능한 학습활동	• 그룹 활동에 필요한 규칙의 재이해 • 두 명씩 짝을 지어 자신의 조상은 어디서 왔는지, 자신과 다른 사람들은 어떻게 다른지를 논의하고 가계도 그리기 • 종교적인 정체성 같은 좁은 주제를 가지고 서로 다른 정체성 비교하기 • 다중 정체성(multiple identity)에 대해 생각해 보기. 예를 들어, 흑인, 가톨릭 신자, 런던 음악가, 영국계 아시안 등의 다중 정체성 가운데 공통점과 차이점 찾아보기 • 1년 전과 5년 전 자신의 정체성에 변화가 있었는지, 앞으로는 어떤 변화가 있을지 상상해 보기. 예를 들어, 직업의 변화, 거주지의 변화, 종교의 변화 등 • 유엔 아동권리협약을 통해 모두가 다 지녀야 하는 권리와 세계시민으로서의 정체성 생각해 보기
성취결과	• 차별, 고정관념, 인종차별주의를 타파하기 위한 기본 규칙을 이해하게 된다 • 자신의 정체성을 생각해 보게 된다 • 자신과 다른 정체성과의 차이를 이해할 수 있다 • 정체성이란 자신이 가지고 있는 여러 요소들에 의해 만들어짐을 이해할 수 있다 • 개인의 고유한 정체성은 모두 다르고 존중받아야 한다는 사실을 배울 수 있다 • 다문화, 다양성의 사회에서 중요한 것은 서로에 대한 존중이라는 사실을 배운다

개념과 자신이 왜 지구시민의 정체성을 갖아야 하는 것인지에 대해 학습하게 하고자 한다. 이는 다음의 〈표 4〉에 나타나 있는 단원의 주요 내용이다. 이는 결국 지구사회에서 역할과 책임을 다하고 권리를 행사하는 지구시민이 되기 위해 필요로 하는 자질에 대해 논의하고 학습하게 하자는 것이다.

지구 차원에서의 자기 정체성을 파악하고 지구사회에 대한 개념을

〈표 3〉 내가 속한 지역사회는 어떤 모습일까?

핵심단계 3	내가 속한 지역사회는 어떤 모습일까?
학습목표	• 지역사회 인식하기 • 지역사회의 특징을 파악하고 지역사회의 다양성을 존중하기
가능한 학습활동	• 지역사회에 대한 사진, 신문, 도서관 자료 등을 모은다. 지역에 이민자 가 있는지, 어떤 이유로 그 지역으로 이민을 오게 되었는지, 이 지역사회 는 역사적으로 어떤 이민역사를 가지고 있는지, 이민자들이 가져온 것 으로 현재 널리 알려져 있는 풍습과 축제에는 어떤 것이 있는지를 조사 하고 전시하기 • 지금의 지역사회의 모습과 자료를 담아 타임캡슐 제작 • 이러한 활동이 지역사회에 미치는 영향 생각해 보기 • 다른 문화와 피부색을 가졌을지라도 학교와 지역사회 안에서 갖는 평등 권에 대해 토론하기
성취결과	• 지역사회의 다양화와 다문화를 이해하고 존중하게 된다 • 평등권에 대한 이해를 넓힌다

〈표 4〉 지구시민이란 무엇인가? 세계 지역사회란 존재하는가?

핵심단계 3	지구시민이란 무엇인가? 세계 지역사회란 존재하는가?
학습목표	• 지구시민에 대해 정의하고 지구시민으로서의 자질 습득하기 • 다양한 문화와 사회가 상호 얼마나 보완적이며 연결되어 있는지에 대해 이해하기
가능한 학습활동	• 지구시민이 되기 위한 자질과 그 기준에 대해 토론하기 • 지구시민으로 생각되는 잘 알려진 사람 하나를 선정하여 그 사람이 위 에서 토론한 세계시민으로서의 자질과 기준에 어떻게 부합하는지를 토 론하기 • 다른 나라로부터 배울 수 있는 점을 생각해 보기, 특히 대가족을 이루고 사는 나라들과 노인 문제 등을 연결시켜 보기 • 세계적으로 유명한 지역문화에 대해 생각해보고, 여러 문화가 함께 어 우러진 사례들을 찾아보기, 퓨전음악, 음식 등 • 세계화(지구화)가 무엇인가를 이해하는 것은 물론 세계화가 지역에 미 치는 영향이 무엇인지에 대해 논의하기 • 이러한 세계화의 흐름 속에서 학생들의 역할 인식하기
성취결과	• 지구(세계)시민에 대한 이해를 높인다 • 지역사회가 변화하고 있다는 사실과 변화를 주도하는 요인들에 대해 이 해한다 • 지구화(세계화)의 영향에 대한 이해를 높인다

〈표 5〉 지구 시민으로서의 책임

핵심단계 3	지구 시민으로서의 책임
학습목표	• 학생들 스스로가 책임감을 가지고 변화의 주인공이 될 수 있음을 인식하기 • 다양한 정보 활용 능력을 위한 조사방법 익히기 • 학교와 지역사회 내의 다양성 즐기기
가능한 학습활동	• 지구화가 미치는 정체성에 대해 토론하기 • 지역이나 국가를 상대로 압력단체들이 취하고자 하는 것에 대해 이해하기 • 지역적, 국가적, 세계적으로 학생들이 바꾸고 싶은 것들이 무엇인지 토론하기 • 위의 변화를 가능하게 하기 위하여 학생들의 책임과 역할이 무엇인지 생각하게 하기 • 자선단체의 역할이 무엇인지와 자선단체가 지속가능한 사회에서 어떤 역할을 하는지 알아보기 • 학생들이 그간의 수업과 활동을 통하여 다양성과 다문화에 대해 느끼고 배운 점을 토론하고 사회 내에 존재하는 불평등이나, 차별 등을 해결하기 위해 자신들의 책임과 역할에 대해 토론하기, 학생들 스스로도 문화의 다양성을 즐길 수 있는 방법 강구하기
성취결과	• 어떻게 개인이 사회의 변화를 주도할 수 있는지에 대한 이해력을 높이게 된다 • 변화를 이루기 위한 가장 효과적인 방안을 탐색하게 된다 • 영국사회 내의 이민자들과 소수민족들이 어떻게 영국사회에 기여하고 있는지에 대해 이해력을 높이게 된다 • 다문화, 다양화 사회의 중요성을 인식하게 된다

세울 수 있게 되었음으로 이제는 본격적으로 바로 그런 지구시민이 감당해야 할 책임이 무엇인지를 알아보고자 한다. 지구화가 미치는 부정적인 영향에 대해 이해하고, 이에 대응하여 지구시민이 감당해야 하는 책임에는 어떤 것들이 있는지를 알아보며, 이를 실천하려면 어떻게 해야 하는지를 알아보고자 하는 실천적 성격의 단원이 바로 〈표 5〉에 나타나 있는 바다. 이런 학습을 통해 학습자들은 자신이 지역사회, 더 넓게는 지구사회에 긍정적으로 기여를 할 수 있다는 자신감을

〈표 6〉 이번엔 어떤 싸움들이?

핵심단계 3	이번엔 어떤 싸움들이?
학습목표	현재 분쟁이 되고 있는 사건에 대해 이해하기 • 글로벌 커뮤니티로서의 세계의 면모들에 대해 이해하기 • 문제점을 파악하고 분석하기 • 정보에 대해 적절한 의문을 제기하기와 가능한 자료 파악하기 • 자료로부터 필요한 정보 선택하기
가능한 학습활동	• 분쟁지역에 대한 뉴스 하나를 선택하기. 이미 학생들이 알고 있는 것으로부터 토론을 시작하여 신문이나 텔레비전에서 헤드라인으로 다루고 있는 것들에 대해 논의하기. 지도를 사용하여 어디에 위치하는 지를 알아보기 • 대안으로 분쟁지역의 사진이나 군사력에 관한 뉴스를 사용하여, 그들은 누구이며 유엔의 힘은 어떤가? 영국 군인들은 어떤가? 왜 이 모든 것들이 세계의 일부분인가? 등을 논의하기 • 키워드에 관한 리스트를 만들어 보기. 예를 들어 지역명과 중요한 인물의 이름 등 • 위에서 만든 키워드 리스트를 가지고 혼자 또는 짝을 지어 인터넷이나 또는 다른 방법을 통하여 키워드에 대해 정의를 내리고 필요한 경우 조사하여 요약하기. 그리고 학급에서 공유하기(정보를 공유할 수 있는 정보 게시판 같은 것을 사용할 수 있다) • 학급토론을 통해 학생들의 조사로부터 핵심이슈를 도출하고 학생들이 그것에 대해 어떻게 인식하고 있는지, 어떻게 알게 되었는지에 대해 질문하기. 이때 학생들의 질문을 정보 게시판에 게시할 수도 있다. • 분쟁지역의 주요한 이슈를 파악하고 묘사하기
성취결과	• 주요한 정치문제 등에 대해 다른 정보원으로부터 여러 가지 정보를 수집하고 모을 수 있다. • 현재 진행 중인 분쟁의 핵심적 특징들을 파악할 수 있다. • 현재 진행 중인 분쟁에 대해 중요한 사안들을 분석하고 그에 관련된 질문들을 제기할 수 있다.
주의사항	• 이번 단원은 대중매체에 의해 보도되는 어떤 사건들을 파악하는 데 필요한 구조적인 틀로도 사용될 수 있다. • 교사들은 이 단원을 다룰 때 난민출신 가정의 자녀나, 분쟁지역에서 온 학생들이 있을 수 있으므로 특별히 민감하고 조심스럽게 다루어야 한다. • 이번 단원의 목적 가운데 하나는 학생들이 현재 관심을 가지고 있는 것에 대한 관심을 유도하는 데 있다. 개인의 삶의 역사가 좋은 예가 될 것이고 지나치게 세부적인 주제를 다룸으로써 관심이 지나쳐서 한쪽으로 치우친다거나 감정적으로 변하는 것은 삼가야 한다.

핵심단계 3	이번엔 어떤 싸움들이?
주의사항	• 예를 들어 발칸반도 분쟁의 경우, 공격을 받고 있는 지역에 살고 있거나 유엔 군인에 의해 국경이 통제 받고 있는 지역에 살고 있는 사람들의 감정에 대해서도 초점을 맞출 수 있다. • 이 지역을 보여주는 지도가 있으면 이해하는 데 큰 도움이 될 것이다. • 국제기구로부터 발행되는 간행물이나 정보자료들을 자료 게시판에서 함께 공유하도록 하는 것도 좋은 방법이고, 게시판에 질문을 먼저 부착한 후 그에 상응하는 답을 함께 부착함으로써, 좀 더 생동감 있고 실질적인 게시판으로 만들 수도 있다.

얻을 수 있게 될 것이다.

이런 지구사회에 대한 일반적인 이해와 대응태도에 관한 논의 및 능력 개발을 토대로 구체적인 상황을 부여하고 이에 대처하기 위한 지혜를 함양하려는 것이 〈표 6〉에 나타나 있는 전쟁에 대한 대응능력 개발 과제다. 9·11 테러이후 지구촌 전역에서는 새로운 갈등 표출의 한 양식으로 등장한 테러에 대한 우려가 확산되었다. 분쟁 성찰에 대한 지구사회적인 수요가 급증한 것이다. 이런 인식의 연장선상에서 전쟁을 올바르게 이해하고 그에 대처하는 양식을 학습하게 하고자 했다. 전쟁에 대한 객관적이고도 정확한 지식을 학습하는 것은 청소년들이 선입견이나 편견을 갖지 않도록 하는 데 있어 매우 중요한 일이라고 여겨진다. 특히 영국처럼 무슬림의 수가 점점 더 눈에 띄게 증가하는 경우에는 선입견이나 편견으로 인해 차별과 폭력이 생기지 않도록 해야 할 수요가 클 수밖에 없다.

다음의 〈표 7〉은 위에서 학습한 전쟁에 대한 이해를 바탕으로, 전쟁지역에서 일어날 수 있는 구체적인 상황을 가정해 보고, 그런 상황에 대한 대응방안을 모색해 보도록 함으로써 인간이면 누구나 가지는 인권에 대한 소중함을 일깨우고자 한 것이다. 이는 청소년의 공동체 의식을 함양하고 지구적인 책임감을 고양하게 될 것이다.

다음에 연이어 제시되는 〈표 8〉, 〈표 9〉, 〈표 10〉, 〈표 11〉도 분쟁

〈표 7〉분쟁지역 사람들에게는 무슨 일이 일어날까?

핵심단계 3	분쟁지역 사람들에게는 무슨 일이 일어날까?
학습목표	• 현재 진행 중인 분쟁지역에 대한 다양한 자료들을 분류하고 수집하기 • 분쟁을 다루는 미디어의 자세와 방법을 학습하기. • 유엔 인권헌장 이해하기. • 각각 서로 다른 종류의 자료들을 통해, 정치적, 도덕적, 사회적, 문화적 이슈에 대해 고려해 보기. • 자료 요약하기.
가능한 학습활동	• 분쟁으로 인한 문제점을 사례 연구 같은 것을 통해 현재 진행 중인 분쟁과 연결해 생각해보도록 하기. 예를 들어 싸움의 본질이, 민간인, 평화기구, 인권기구에 미치는 영향 분석하기. • 분쟁에 대한 여러 생각과 관점, 추후 해결책 등을 놓고 브레인스토밍하기. • 여러 종류의 신문들로부터 기사를 발췌하여 나누어주고 그 기사 가운데 서로 다른 점을 표시하게 하기. 예를 들어 같은 교전지역에 대한 기사라고 하더라도 그의 본질과 민간인에 미치는 영향은 서로 다른 관점에 따라 다른 이야기가 될 수 있다. 이를 학생들이 정리, 종합한 후 포스터도 만들어보게 한다. • 유엔의 인권선언문 숙지하기. • 유엔 인권선언문이 이번 단원에서 학습하는 내용과 어떤 관련이 있는지를 토론하기. 예를 들면 분쟁지역에서 인권이 보호되고 있는가? 인권이 보호되지 않는 상황에 있는 사람들은 누구인가? 그들이 빼앗긴 권리에는 또 무엇이 있는가? 등이다. • 학생들이 이미 만들어 놓은 포스터에 인권과 관련하여 주석을 달고 학교에 게시하기.
성취결과	• 다양한 자료로부터 정보를 분석한다. • 그룹 토의에 참여한다. • 분쟁에 포함된 다양한 당파 사이에서 주요한 차이점을 파악한다. • 사회적, 도덕적, 문화적 차이에서 오는 갈등을 파악한다. • 분쟁지역에서 다루어져야 하는 인권과 국제 인권 헌장의 중요성을 인식한다.
주의사항	• 학생들에게 분쟁의 여러 국면을 자세히 살펴보고 일반적인 지식을 함양하도록 한다. • 정보수집에 있어 미디어 사용이 가능한 일이지만, 이에 대한 자세한 내용은 다음 과에서 다룬다. • 사례연구로서 발칸반도의 분쟁을 다루어 특정 지역의 사건이나 파괴 등에 초점을 맞출 수 있다. • 인권과 난민을 다룬 단원과 연계해서 이해하도록 한다.

〈표 8〉 이번 분쟁에서 누구를 믿어야 하는지 우리는 어떻게 알 수 있나?

핵심단계 3	이번 분쟁에서 누구를 믿어야 하는지 우리는 어떻게 알 수 있나?
학습목표	• 본문 저자의 견해와 관점 파악하기 • 정보검색과 결과 평가에 있어 ICT사용법 익히기 • 미디어가 제공하는 많은 정보의 중요성 파악하기 • 특정 이슈에 대한 개인의 의견을 정당화하기 위하여 글로 혹은 구두로 표현하는 법 익히기 • 그룹과 학급의 토론과 논쟁에 참여하기 • 다른 사람들의 경험을 이해할 때 자신의 지식을 이용해 보기 • 자신의 생각이 아닌 다른 관점을 생각하고 표현하고 설명해 보기 • 주요 사건, 상황, 인물에 대해 생각해 보기 • 다양한 종류의 기술을 사용하여 역사적 지식과 이해를 상호교환하기
가능한 학습활동	• 1과에서 만들었던 키워드를 사용하여 혼자, 또는 둘 셋씩 인터넷 검색을 통하여 정보를 조사하고 연구 활동하기. 각각의 역사적 사건마다, 그 사건을 기록하는 당사자는 어떤 입장이었는지, 어떻게 그렇게 말할 수 있는지 스스로 질문해 보게 함으로써, 작가의 관점을 3문장 정도로 표현하게 하기. • 교사는 학생들의 결과물을 가지고 토론을 주도하되, 한쪽으로 치우친 정보들을 어떻게 다루어야 하는 지를 강조하기. • 다음과 같은 여러 방법의 예가 있다 - 논쟁: 한쪽으로 치우친 편파적인 상황의 재판을 가정해 본다, 예를 들어 X는 그 분쟁에 대해 고소를 당했다. (이미 조사한 자료들 중에 이러한 예들이 충분히 있을 수 있다). 학생들에게 이의 반대상황을 가정해 보게 한다. 양 팀으로 나누어, 각각의 입장을 발표하게 하고, 증인을 내세우게 해 본다. - 광고 캠페인: 학생들이 분쟁지역에 대해 소개하는 내용을 담은 리플렛을 작성해 보도록 한다. 이때 광고물의 목적은 분쟁을 가라앉히기 위한 것으로서 분쟁의 위험성을 알리고 화해를 촉구하는 데 있다. • 교사는 다른 사람들의 경험을 감안하여 토론하도록 이끌며 자신의 의견이 아닌 다른 사람의 의견을 인용할 때도 정확하게 인용할 수 있도록 지도한다.
성취결과	• 대중매체나 혹은 다른 정보매체의 신빙성에 대해 평가할 수 있게 된다. • 인터넷의 사용이 유용하고 빠른 정보를 제공하기는 하지만 인터넷 역시 치우친 정보를 제공할 수도 있음을 인식할 수 있게 된다. • 자신과는 다른 사람들의 의견을 이해하고 설명할 수 있게 된다. • 특별한 관점을 가지는 사람들의 다양한 동기를 구별할 수 있게 된다. • 글 혹은 말을 통해 그룹 활동에 참여할 수 있게 된다.

핵심단계 3	이번 분쟁에서 누구를 믿어야 하는지 우리는 어떻게 알 수 있나?
성취결과	• 다른 사람의 다른 의견일지라도 자신의 의견을 받쳐 줄 수 있는 증거자료가 될 수 있음을 배우게 된다. • 활동을 통하여 학습한 역사적인 사건과 주요 인물들의 중요성을 설명할 수 있고 적절한 전문용어를 구사할 수 있게 된다.
주의사항	• 이미 학습한 바 있는 대중매체를 사용하여 심화 학습함으로써 미디어의 중요성을 인식하게 한다. 신빙성 있는 뉴스와 역사적 자료를 제공하는 웹사이트가 이미 소개되어 있기는 하지만, 그 외에도 얼마든지 신빙성 있는 자료들이 있을 수 있으므로 다양한 정보를 고루 이용하도록 한다. 또한 학생들로 하여금 다양한 자료로부터 한쪽으로 극단적으로 치우치지 않는 관점을 가지고 자료를 수집할 수 있도록 하여야 한다. • 이런 연구조사의 목적은 학생들이 스스로 자료를 찾고, 학급의 다른 친구들과 함께 연구하도록 하고, 여러 가지 극단적인 의견들을 텔레비전과 신문보다는 인터넷에서 보다 더 자주 발견할 수 있다는 사실을 감지할 수 있도록 한다. 학생들로 하여금 극단적인 의견도 간결하게 다시 요약할 수 있는 방법을 배우도록 해야 한다. • 이 활동의 또 다른 목적은 결과를 얻는 것이 아니라 학생들이 그 과정을 이해하게 하는 것이다. 문제점을 지적하는 것은 민감한 사항이므로 교사들은 민감한 사항과 주제, 가치들을 간접적으로 다루는 것이 바람직하다. 학생들이 자신의 지식을 사용하여 의견을 만들어낼 수 있도록 하는 것이 중요하며 증거가 빈약한 주장들은 언제라도 바뀔 수 있음을 인정할 수 있게 해야 한다. • 학생들로 하여금 자신의 지식과 정보, 역사 수업을 통해 얻은 역사관련 지식과 해석을 활용하는 기술을 사용할 수 있게 한다. • 분쟁해결 전문가들이 분쟁을 해결하기 위하여 상반된 의견을 이해하고 조정하는 중재자 역할을 수행하고 있다는 사실과, 이런 일의 중요성을 인식하게 한다.

과 전쟁의 원인을 고찰하도록 고안된 학습단원의 사례다. 분쟁의 근원이 무엇이며, 분쟁 속에서 우리가 어떻게 대처하고, 누구를 믿어야 하는가를 고민할 수 있도록 유도하자는 것이다. 무엇보다도 분쟁을 평화롭게 해결하기 위해서는 평화에 대한 기본지식을 이해하는 일이 선결 과제라고 보고 이를 청소년의 삶과 직결된 사례의 제시를 통해 촉진하고자 했다.

〈표 9〉 분쟁의 근원은 무엇인가

핵심단계 3	분쟁의 근원은 무엇인가?
학습목표	• 현재 일어나는 분쟁들은 과거의 사건들과 관련이 있다는 사실을 인식하기 • 사회, 문화, 종교, 인종적 다양성에 대해 학습하기 • 주요 사건과 주요 인물, 변화 등을 공부하는 것의 중요성 인식하기 • 협력을 위한 협정을 어떻게 선택하고 사용하는가와 역사 관련 정보 수집을 위해 필요한 용어 습득하기 • 정보의 우선순위 파악하기 • 정치 현안이나 정신적, 도덕적, 사회적, 문화적 이슈에 대해 고찰하기 • 문맥의 행간에 대한 이해와 암시하는 의미 파악하기
가능한 학습활동	• 현재의 분쟁을 야기하는 계기가 되었던 중요한 역사적인 날짜들을 골라보기. 그 역사적인 날짜가 시사하는 의의에 대해 논의하기. • 각각의 사례에 대해 최대 100자로 카드에 정리하기. 그 카드에는 사건이 일어났던 역사적인 순간을 적고 짤막한 내용을 첨부한다. • 학생들의 지식과 이해정도를 체크하기 위하여 교사는 시기별 질문을 할 수 있다. 또한 여러 가지 관련된 질문을 함으로써 학생들의 이해도를 확인하고 관심을 불어넣을 수 있다. • 현재 그 분쟁의 당사자들이나 지도자들이 각각의 중요한 사건들이 적힌 카드를 보게 되면 무엇이라고 할 것인지에 대해 질문하기. • 분쟁의 처음 시작은 어디까지 거슬러 올라가나, 현재까지 어떤 영향을 미치고 있나, 분쟁의 원인이 인종적인 문제에서 야기된 것인가, 아니면 종교, 국가적인 것인가, 인권과 관련하여 어떤 문제점들이 제기될 수 있을까? 우리에겐 어떤 의미가 있는가 등의 질문도 학생에게 좋은 질문이다.
성취결과	• 중요한 사회, 문화, 종교, 인종적 차이가 사회에 미치는 영향과 현상을 적절하게 설명하고 묘사할 수 있게 된다. • 그룹 활동이 가능하고 다른 그룹에서 나온 결과물을 사용하여 게시물을 만들 수 있다. • 적절한 용어를 사용하여 자료의 우선순위를 선택할 수 있고, 그 사건의 중요성을 설명할 수 있다. • 현재 사회에서 문제가 되는 이슈들에 대해 어느 정도의 지식을 갖거나 이해하는 일의 중요성을 인식할 수 있다. • 역사는 반드시 중립적이지 않으며 현재에까지 영향을 미칠 수 있다는 사실을 이해할 수 있게 된다. • 인권, 폭력, 국제 정세 등에 대해 이해를 할 수 있게 된다.

핵심단계 3	분쟁의 근원은 무엇인가?
주의사항	• 학생들에게 과거에 대한 통찰은 물론 현대사회와 관련지어 생각할 수 있는 것들에 대해 파악할 수 있도록 고안되었다. 학생들은 역사적인 사실에 대해 아주 자세하게까지 알아야 할 필요는 없으나 현재 일어나고 있는 분쟁과 관련한 기본지식은 알아야 할 필요가 있다. • 학습을 준비함에 있어서 역사적인 날짜나 사건들을 다룰 때 반드시 전문교사일 필요는 없다. 연구조사방법을 사용하면서 학생들에게 질문을 유도하도록 하고 비전문교사를 위해 역사적인 배경이나 지식을 제공한다. • 연구조사에 잘 따라오지 못하는 학생들을 위하여 나라를 찾고 지역을 찾는 작업들을 도와주는 것도 가능하다.

〈표 10〉 평화를 유지하기란 왜 이렇게 어려울까?

핵심단계 3	평화를 유지하기란 왜 이렇게 어려울까
학습목표	• 우선순위의 결정과 정보 선택에 관한 복습 • 적절한 기술을 사용하여 지식과 이해의 의사소통하기 • 학교의 활동들을 협의하고 결정하기 • 적절한 기구와 방법을 이용하여 정보의 조직과 제공하는 법 습득하기
가능한 학습활동	• 학생들에게 이 마지막 과업은 분쟁에 대한 지식 함양과 더불어 기술 습득 그리고 미디어를 통한 다양한 정보의 이해에 있다는 것을 설명해 준다. • 가상 언론인을 위해 문서자료 준비해주기: 분쟁지역에서의 일을 시작하려는 언론인에게 그룹별로 그 지역에 대한 정보를 제공하는 문서를 작성해보는 활동. 그 언론인은 그 지역에 대한 정확한 정보가 필요하고 그 분쟁이 어떻게 발생했는지에 대한 충분한 사전지식이 필요함을 감안하도록 한다. 또한 어떻게 미래의 개발을 위한 연구가 이루어져야 하는지에 대한 조언이 필요할 것이며, 그 지역의 문제가 왜 영국에까지 영향을 미치는지에 대해서도 정확히 파악하도록 해야 하며 언론인의 역할도 문서에 포함되어야 한다. • 학생들이 위의 문서에 대해서 내용과 형식을 알아서 준비하게 한다. 파워포인트의 사용과 컴퓨터의 사용이 가능하도록 한다. • 이러한 토론과 발표를 마친 후, 그렇다면 이제 학급이 해야 할 구체적이고 현실적인 일은 무엇이 있는 지를 고려해 볼 수 있어야 한다. 이런 사건에 대해 좀 더 연구하고 후속 활동을 할 것인지를 결정하는 것도 좋은 방법이다. 학생들이 스스로 할 수 있는 역할과 책임을 나누고, 시간계획도 할 수 있도록 한다. 활동이 끝난 후 몇 달 정도 후에 그룹별 대표들이 그동안의 새로운 사건에 대한 보고와 모니터를 통해 계속해서 중요한 점들을 인식할 수 있도록 한다.

핵심단계 3	평화를 유지하기란 왜 이렇게 어려울까
성취결과	• 현재의 분쟁을 제공하는 역사적인 사건과 역사적인 지식을 습득하고 표현할 수 있다. • 정확한 요점 정리와, 연대기의 이해와 용어사용이 가능하다. • 그룹토의가 가능하다. • 학교를 배경으로 한 활동에서 타협, 결정, 책임감 있는 참여가 가능하다.
주의사항	• 이번 단원에서 실질적인 지식과 사고도 중요하지만 이런 기술을 다른 교과와 단원에서도 사용할 수 있도록 하는 것이 중요하다. • 학교 조회시간이나 지역회관을 통하여 학생들의 활동 결과물을 발표하는 것도 좋은 경험이 될 것이다. • 마지막 활동은 미래의 일에 대해 학생들이 스스로 어떻게 상황을 파악하고 결정을 내려야 하는가를 대비하게 한다. 다양한 활동과 미래에도 연결지을 수 있도록 독려할 수 있다. 예를 들어 자원 활동 단체 후원이나 참여 같은 활동이 가능하다.

〈표 11〉 이 땅에 평화를 가져 올 사람은 누구인가?

핵심단계 3	이 땅에 평화를 가져 올 사람은 누구인가?
학습목표	• 법제도와 법의 집행에 대한 이해, 법의 적용 사례 이해 • 소수의 권리가 어떻게 보장될 수 있는지에 대한 이해 • 분쟁을 공정하게 해결해야 하는 중요성에 대한 인식 • 글로벌 커뮤니티로서의 세계이해 • 우리 사회 안의 사회적, 종교적, 문화적, 인종적 다양성에 대한 이해 • 지난 100년 동안의 평화구축을 위한 시도들 이해 • 국제 자원 활동 단체에 대한 이해 • 특정 분쟁사례와 그 분쟁을 해결하려는 평화적인 시도와 노력 이해
가능한 학습활동	• 학생들에게 다양한 수준의 법 집행 주체와 그 법 집행에 대해 토론하게 해본다: 집, 학교, 영국, 세계로 수준을 넓혀본다. 각각의 수준에서 법을 만드는 사람은 누구이며, 집행하는 사람은 누구인가? 또 학교에서의 학교법 집행이 세계무대에서의 법 집행보다 쉬운 이유는 무엇인가? • 학교와 가정을 예로 들어 국제사회에서의 법집행이 더 힘든 이유를 구체적으로 논의해 보도록 한다. 국가나 정부가 저지를 수 있는 위법행위는 무엇이 있을까? 그런 위법에 대해 다른 나라와 세계는 무슨 조처를 취할 수 있는가? 위법행위를 하는 정부를 막을 수 있는 권리는 누가 가지고 있는가? • 교과서 조사: 유엔이 가지고 있는 힘은 무엇이 있는가? 이런 분쟁에 유엔이 가담해 있다면 그 이유는 무엇이고 만약에 그렇지 않다면 그 이유

핵심단계 3	이 땅에 평화를 가져 올 사람은 누구인가?
가능한 학습활동	는 또 무엇인가? 군사적인 개입이나 경제적인 개입, 도덕적인 비난 등의 예들을 가지고 고려해 보도록 한다. • 후속활동: 이러한 분쟁을 해결하기 위해 노력하는 국제 기구를 찾아보 도록 한다. • 토론으로 요약하기: 분쟁지역에서 가장 효과적으로 그 분쟁을 그치게 하는 방법은 무엇인가, 또 인권 남용과 소수의 차별을 막기 위한 효과적 인 방법들은 무엇이 있는가?
성취결과	• 다른 수준과 범위에서의 법적인 통제에 대한 이해를 할 수 있다. 국제법 집행이 특정한 문제를 반영할 수도 있음을 이해한다. • 특별히 인권보호를 위해 노력하는 국제기구와 조직이 있음을 이해하고 최근까지 이런 기구의 노력으로 여러 권리들이 많이 향상되었음을 인식 한다. • 사회에서의 각기 다른 그룹들에 의해서 정치지도자나 군지도자들의 행 동이 제약받고 영향받을 수 있음을 이해한다. • 인권남용은 우리 모두의 문제임을 인식한다. • 분쟁의 해결과 화해를 위해서는 특정 기술이 필요함을 이해한다. • 국제 자원 활동 기구의 역할을 이해한다. • 분쟁해결이 공정한 방법으로 이루어져야 함을 알 수 있다.
주의사항	• 이번 단원은 특히 3단원(인권)과 연결될 수 있다. • 발칸을 주제로 했다면 특히 베르사이유 조약에 의해 체결된 민족자결의 원리를 상기시킬 수 있다. • 만약 주제가 유럽의 분쟁에 관한 것이었다면 나토와 유럽연합의 역할에 질문을 던질 수 있다. • 지도에서 분쟁지역을 표시하게 하는 것도 좋다. 왜 특정지역의 평화유 지가 힘든지, 소수의 인권은 왜 보호해야 하는지를 지도를 놓고 토론하 게 할 수도 있다. • 평화유지의 실패의 사례들도 역시 이번 단원에서 다루어질 수도 있다. 대안으로 비슷한 불일치의 사례들을 다른 지역과 비교하여 함께 살펴볼 수도 있다. 예를 들어 발칸반도의 문제를 다룰 때는 중동과 북아일랜드 의 문제를 함께 다루어도 좋다.

2. 핵심단계 4의 지구시민교육

핵심단계 4에서 이루어지는 지구시민교육도 시민교육의 일부로 진행된다. 그런데 핵심단계 4는 핵심단계 3에서 이루어진 학습 내용을 심화하고 보다 전문적이고 구체적인 지식이나 기술을 전달하고자 하는 데 초점을 맞추었다. 다음의 〈표 12〉와 〈표 13〉은 시민교육뿐만 아니라 지구시민교육에 있어 가장 핵심적인 철학적 기초라고 할 수 있는 인권을 인식하고, 이해하며, 실천하는 문제를 다루고자 했다. 이는 핵심단계 3에서 학습한 내용에 좀 더 심화된 내용을 첨가한 것이

〈표 12〉 인권선언문은 어떻게 만들어졌나

핵심단계 4	인권선언문은 어떻게 만들어졌나, 유럽 인권헌장은 무엇인가? 인권이 부인된다면 무슨 일이 일어날까
학습목표	• 인권 법과 선언문들의 기원과 유럽과 영국에서의 인권법의 발달을 이해 • 인권은 전 세계적이고 이 세상 사람들의 나이와 성과 국적에 관계없이 모든 사람이 가지는 권리임을 인식 • 인권에 대한 아이디어가 나온 이유는 무엇이며 세계인권 현장의 배경은 무엇인지를 이해한다. • 유엔 인권헌장 같은 인권, 차별에 관한 조약이나 법률은 특히 아동에 대해 고용인, 교사, 부모로부터 권리 남용과 학대를 막고자 함임을 이해한다. • 인권법 등을 포함하여 법적인 자료와 근거를 찾는 지식을 습득한다.
가능한 학습활동	• 비디오나 신문자료를 사용하여 세계 2차세계대전 중에 일어났던 잔인한 사건들을 기억시킨다. 그리고 그런 일이 다시 일어나지 않기 위해서 만들어진 것 중의 하나가 1948년 세계 인권선언문임을 알려준다. 1950년에 유럽의회에서 다시 개정되었고 1959년에는 유럽에 거주하는 모든 사람들이 정부를 상대로 호소할 수 있는 근거조항이 되었다. • 유엔의 인권헌장과 아동권리협약, 또는 유럽인권헌장을 검토하고 주요한 권리들을 찾아보게 한다. 주요한 권리로는; 생존권, 차별받지 않을 권리, 공정 재판권, 잔혹한 학대나 처벌로부터 보호받을 수 있는 권리, 투표권 등이 있다. 학생들은 1998년 인권법조항을 살펴봄으로써 이런 주요한 권리들이 어떻게 다루어지고 있는가를 조사할 수 있다.

핵심단계 4	인권선언문은 어떻게 만들어졌나, 유럽 인권헌장은 무엇인가? 인권이 부인된다면 무슨 일이 일어날까
가능한 학습활동	• 그룹별로 과거나 현재의 인권침해사례를 조사한다. 가능한 주제로는 노예제도, 아동 노동력 착취, 홀로코스트, 차별 , 특히 남아공의 흑인차별, 발칸반도의 분쟁 등이 있다. 수업을 하는 그 현재에도 응용 가능한 주제들이 많이 있을 것이므로 신문이나 인터넷 검색을 하여 새로운 주제를 찾아내도록 한다. 그런 자료를 찾기 위해서는 신문, 인터넷, 책, 인권 캠페인 단체의 유인물 등을 이용할 수 있고, 실제의 법정 재판 사례를 이용하는 것도 좋다. 학생들은 구체적으로 어떤 인권이 침해되었는지 사건별로 핵심 사안을 찾아내도록 하고 이러한 인권침해를 위해 개인이나 그룹, 단체들은 어떤 노력을 했는지, 그리고 그 노력의 결과는 무엇이었는지를 알아보게 한다. • 그룹별로 찾은 결과물을 나누고 공공 분야의 어떤 특정분야는 왜 인권을 침해하는지에 대해서 학급전체가 토의를 하도록 한다. • 최근의 법적인 사례를 조사함으로써 학생들은 법이 어떻게 인권을 보호할 수 있는지에 대해 조사하도록 한다. 예를 들어 Campbell & Cosans 사례에서 Jeffry Cosans의 부모는 스코틀랜드의 한 학교에서 가죽 끈으로 행해지던 체벌에 대해 반대했다. 그리하여 Jeffry Cosans는 체벌을 수용할 때까지 체벌을 받지 않았는데 이것은 유럽인권헌장에서 명시하는 여러 조항에 위배되어 스코틀랜드뿐만 아니라 영국 전역에서 신체 체벌이 금지되는 계기가 되었다. • 다른 대안으로서는 세계 인권헌장을 놓고, 최근이나 역사적인 사실가운데 그 인권헌장에 위배된 사례들을 생각해보게 할 수도 있다. 여성의 투표 참가 거부, 동성애주의자의 개인생활 침해, 소수인종의 고용이나 일에서의 차별 등의 예가 있다. 인권침해를 줄이고 보다 적극적인 의미에서의 인권향상을 위하여 할 수 있는 캠페인의 방법은 무엇이 있을지 고려해보게 한다. 앰네스티 인터내셔널은 생각, 양심, 종교, 표현의 자유에 관한 출판물들을 제공하고 있으니 참고할 수 있다.
성취결과	• 유럽에서의 인권의 역사와 유럽 인권헌장의 발달과정을 알 수 있다. • 비이성적인 힘과 논리를 사용하여 국민들을 핍박하는 정부로부터 국민들을 보호하기 위해 나온 것이 인권의 개념임을 이해한다. • 인권침해에 항거하는 캠페인을 국가적, 국제적으로 해나가는 사람들과 활동에 대해 이해한다. • 인권침해의 사례들을 파악한다. • 자신의 결과물들을 학급 내의 다른 급우들과 나누고 토론할 수 있다.
주의사항	• 이번과는 3과의 인권과 연관되어 있다. • 자신의 경험과 권리들을 연관지어보도록 지도한다. 학원 폭력으로부터 안전할 권리, 부당한 대우를 받지 않을 권리, 급우들의 일기장이나 편지를 사생활로 보호 받을 권리, 종교와 철학적인 신념에 따라 자녀들을 교

핵심단계 4	인권선언문은 어떻게 만들어졌나, 유럽 인권헌장은 무엇인가? 인권이 부인된다면 무슨 일이 일어날까
주의사항	육할 수 있는 권리 등. 법적으로는 위법이 아니지만 여전히 인권침해의 사례인 경우를 설명한다, 예를 들어 친구의 일기장을 보는 것은 위법은 아니나 친구의 사생활권 침해이다. • 이번 단원은 4과의 왜 또는 어떻게 법이 만들어졌는가와 '인종주의와 차별'과도 연관성이 있다. 또 11단원의 시민교육과 역사 교과와도 관련이 있다; 평화를 지키는 것은 왜 이렇게 어려운 일인가? 핵심단계 3에서 사용되어지는 발칸반도의 분쟁의 예에서도 사용되어질 수 있다. • Jeffery Cosans의 사례는 Citizenship Foundation의 '당신의 권리와 책임'에서 자세히 얻을 수 있다. 이 사건이 1998년 인권법 이전의 사례임을 기억할 것. • Citizenship Foundation의 '당신의 권리와 책임'에는 학생들의 권리에 대한 리스트가 나와 있고, 유럽 인권 헌장에도 나와 있다. 유럽 인권헌장 전문은 www.coe.int에서 볼 수 있고, 유엔 아동권리 협약은 www.crights.org.uk에서 볼 수 있다. • 1988년 인권법에 따라 개인들은 정부나 공공 기관(지역정부나 경찰) 등이 자신의 권리를 침해했다고 생각하면 소송을 제기할 수도 있다. • Anti-slavery는 노예제도에 관한 정보를 제공하고 있고, 유니세프와 다른 원조(aid) 기관들도 아동 노동력 착취에 관한 자료들을 제공하고 있다. 뿐만 아니라 많은 자선기관의 경우에도 인권운동에 관심을 가지고 정보 제공과 캠페인을 하는 기관들이 많이 있다. Liberty와 JUSTICE는 영국 내 인권에 관련된 재판 기록들과 자료들을 제공하고 있으며 Refugee Council의 경우는 망명자와 난민을 위한 정보들을 제공하고 있다. Children's Rights Office는 유엔 아동 권리 협약에 관한 자료들을 제공하고 있으니 참고할 것. • 유럽 인권재판소 (www.echr.coe.int)는 최근 재판자료들을 제공하고 있다) • 인권법에는 신체적인 학대로부터 어린이를 보호하는 것, 성과 인종 차별 금지, 정보 보호(사생활 보호), 경찰과 범죄 증거에 관한 법(용의자를 보호하기 위한)등이 포함되어 있다. • Human Rights Impact는 핵심 단계 4의 학생들을 대상으로 쉽게 인권을 학습할 수 있도록 만들어진 책자이다. (CITIZENSHIP Foundation 자료)

〈표 13〉 현대사회에서 인권이 왜 중요한가

핵심단계 4	현대사회에서 인권이 왜 중요한가?
학습목표	• 1988년 인권 조례에 관한 이해와 어떻게 그 조례가 영국 시민들의 기본권을 보호하는 데 사용될 수 있는지에 대한 이해를 할 수 있다. • 그룹과 학급토의에 참여할 수 있다.
가능한 학습활동	• 인권에 대해 알고 있는 것과 지금까지 학습한 것에 대해 물어본다. 1988년 인권 조례에는 무슨 내용이 담겨 있는가? • 학생들이 배운 것을 나누게 하고 특정 권리는 민주주의와 밀접하게 연관되어 있음에 대하여 토론하게 한다. 우리는 우리의 사생활과 가족에 대한 보호와 종교의 자유를 왜 중요하게 생각하는가? 민주주의 사회에서 언론의 자유는 왜 필요한가? 이런 권리가 박탈당한다면 어떤 일이 일어날까? 왜 유엔 아동권리협약은 의사결정 과정에서 아동과 청소년의 의견을 중요하게 강조하고 있는가? (학생회의 운영에 학생의 의견 반영 등) • 학생들의 토론 주제는 다음과 같다. - 다양한 방법으로 인권을 보호하는 법; 법을 통하여, 교육을 통해 공정하게 자신의 권위를 사용하게 하는 것을 통하여, 다른 사람을 존중하도록 하는 교육을 통하여 - 자신의 인권이 침해당했다고 느낄 때 얻을 수 있는 조언과 도움은 무엇인가? • 1과에서 만들었던 인권에 관한 리스트를 다시 살펴보고 새롭게 추가할 사항이 있으면 추가하도록 하고 자신들의 성과를 점검한다.
성취결과	• 권리와 책임이 왜 중요한지에 대해서 토론하고 설명할 수 있다. • 자신의 권리를 침해받았을 때, 어디서 어떻게 도움을 받을 수 있는지를 알 수 있다. • 인권에 대한 개념 이해와 인권 사례를 이해하고 설명할 수 있다.
주의사항	• 1998년 인권 조례에는 다음 과 같은 16가지 기본권이 포함되어 있다; 생명권, 비인간적인 행위나 고문, 처벌 등으로부터 보호 받을 수 있는 권리, 노예가 되지 않을 자유, 자유권, 공정하고 공개적으로 재판받을 수 있는 권리, 사생활과 가족생활에 대한 존중을 받을 권리, 생각의 자유, 양심과 종교의 자유, 표현의 자유, 평화적인 결사와 연합의 자유, 교육권, 재산권, 비밀 투표의 권리, 사형대신 무기징역, 차별받지 않고 이상의 자유들을 누릴 수 있는 권리와 인권을 학습할 수 있도록 만들어진 책자이다. (CITIZENSHIP Foundation 자료)

다. 교사에게 실질적인 도움을 주기 위해 필요 정보를 찾을 수 있는 인터넷자료의 출처를 밝히고 있다. 이런 자료들은 학생들이 토론이나 발표준비를 할 때 참고할 수도 있을 것이다.

다음의 〈표 14〉 역시 앞의 표에서 다룬 인권과 함께 핵심단계 3에

〈표 14〉 우리는 어디에서 왔는가?

핵심단계 4	우리는 어디에서 왔는가? 우리사회의 모습은 어떠한가?
학습목표	• 인권과 이민에 대한 이전의 학습을 통해 개인적인 경험을 이끌어 내기. • 영국의 인종적 다양성에 대해 이해하기. • 영국과 영연방, 다른 나라들 간의 연계와 관계에 대해 이해하기.
가능한 학습활동	• 그룹 토론을 위해 동의한 기본원칙을 다시 점검하고 고칠 부분은 없는지 토론하기. • 그룹으로 나뉘어 자신들이 개인적으로 관련이 있는 나라들을 적어 보기(친척이나 친구가 있는 곳이나 아니면 그들이 살았던 곳이라든지, 조부모님이 인도에 사는 경우, 사촌이 캐나다에 사는 경우, 케냐에서 이민 온 경우 등). 세계지도에 자신과 관련이 있는 나라들을 표시하고 영연방과 관련이 있는 나라인지도 표시하게 하기. • 개인적으로나 아니면 작은 그룹으로 나누어 특정 이민자 그룹에 대해 심층 조사하기. 영국사회의 다양성을 뒷받침하는 오늘날, 과거, 지역의 자료를 학생들이 찾아 보도록 하기. 보스니아에서 온 난민, 바이킹과 로만, 20세기의 아프리카-카라비안 이민자 이런 이들이 본래 어느 지역에서 왔으며, 언제, 왜 영국으로 오게 되었는지에 대해 조사하기. 침략자로, 노예로 아니면 피난민으로서 왜 그들은 영국을 선택했을까? 이 활동은 인종적, 사회적, 경제적, 인구적 배경이 다른 영국 내 여러 학교와 비교하며 할 수 있는 활동이다. • 핵심단계 3과 관련하여 난민과 인권에 대해 복습하도록 하기. 개인과 그룹은 왜 이민자의 인권을 보호해야 하는지 생각하기. 토론결과를 그룹별로 학급전체가 토론하게 한다. • 이번 과에서 학습한 것을 재검토하고 자신의 학교나 지역사회에 새로 이주한 사람이나 아니면 지역주민과는 조금 다른 사람들이 환영받을 수 있는 분위기를 만들기 위해 할 수 있는 리스트를 작성해 보기. • 연장활동: 역사교과와 연결할 수 있다. 20세기의 역사 전개 과정에서 일어났던 여러 종류의 문제들을 다룰 수 있다: 홀로코스트, 남아프리카의 흑인차별정책, 유고슬라비아의 인종 말살 등. 학생들은 또한 이런 불행한 역사적 사건에 대해 저항한 정권이나 사람들에 대해서도 학습할 수 있다.

핵심단계 4	우리는 어디에서 왔는가? 우리사회의 모습은 어떠한가?
성취결과	• 왜 사람들은 자기가 살던 곳을 떠나 이주를 하는지에 대한 이유를 파악할 수 있게 된다. • 다른 사람의 경험을 이해하기 위하여 상상력을 동원할 수 있게 된다. • 상호존중과 이해의 중요성을 인식하게 된다.
주의사항	• 학생들의 실질적인 이주경험을 다룰 때는 조심스럽게 접근하도록 한다. 민감한 사항을 다룰 때 주의해야 할 기본원칙들을 재검토할 필요가 있다. 핵심단계 3의 교사용 지침서를 참고하라. • 어떤 사회는 이민자의 수가 거의 없을 수도 있으나 어느 사회든 이민이나 이주의 영향을 받지 않는 사회는 없다는 사실을 이 단원을 통해 이해할 수 있다. • 이 과는 핵심단계 3의 4, '영국-다양성의 사회'의 연장선상에서 학습될 수 있다. 학생들은 각자가 서로 다른 인종, 문화, 종교, 사회, 정치, 경제 그룹에 소속할 수 있음을 이해하도록 하고 그것들이 자신의 정체성과도 관련이 있음을 이해할 수 있도록 한다. • 인종구성에 관한 통계수치는 지역정부로부터 얻을 수 있다.

서 학습한 문화 다양성을 바탕으로 청소년이 속한 지역사회의 다양성과 이에 대한 존중, 다른 지역사회에 대한 이해와 존중을 학습하고 실천하도록 하자는 것이다.

다음의 〈표 15〉는 인종차별에 대한 학습단원으로서, 인종차별이 실제 폐해를 가져온 사례의 소개를 통해 인종차별에 대해 새로운 시각을 개발하고 타인과 타문화를 존중하는 법을 학습하고자 한다.

〈표 15〉 인종차별주의는 무엇인가

핵심단계 4	인종차별주의는 무엇인가?
학습목표	• 인종차별, 편견, 편협을 초래하는 다른 이유들에 대해 이해하기. • 인종차별적인 상황에 처했을 때 어떻게 대처하는가를 이해하기.
가능한 학습활동	• 학생들에게 인종차별이 왜 나쁜가를 토론하게 하기. 어떤 경우라도 인종적, 문화적, 종교적, 능력, 성적 차이에 따른 학대와 차별은 옳지 않다. 인종차별주의는 폭력적인 범죄를 야기할 수도 있다. 사람들은 인종에 관계없이 공평하게 취급되어야 한다. 인종차별은 불법이다 등의 주제를 가지고 토론하고 지역이나 국가적으로 혹시 이런 사례를 듣거나

핵심단계 4	인종차별주의는 무엇인가?
가능한 학습활동	경험한 적이 있는지를 물어본다. • 가상시나리오를 주고 인종차별주의가 포함된 것인지 아닌지 그 이유에 대해 토론하게 한다. 가상 시나리오는 다음과 같다. - 시크교도 소년이 터번을 두른 것으로 인해 놀림을 받았다. - 영국 국립당의 잡지에 아시아인과 흑인을 조롱하는 만화를 실었다. - 흑인 학생이 백인 남학생을 고의적으로 발을 걸어 넘어뜨렸고 그래서 그 백인 학생이 흑인 남학생을 때리고 있다. - 한 학교의 학생들이 계속해서 동네 상점에게 무례하게 굴어서 아시아인 상점 주인이 불평하고 있다. - 사람들이 아일랜드 소녀에게 계속해서 아일랜드를 경멸하는 농담을 하고 있다. - 저소득 생활보조금을 받는 흑인 부모를 둔 학생에게 '너희는 그런 생활보조금 받으러 여기 왔지'라고 놀린다. • 이상의 가상시나리오를 통하여 학생들의 결론을 도출하고 '내친구 영국(My England)'이라는 비디오나, 다른 적합한 비디오를 감상한다. • 다른 사람의 인권을 존중하고 직접 실천하는 행동이 왜 어려운 것인지를 이야기해 보게 하기. 자신의 결정에 영향을 미친 어떤 특별한 원인이 있는가? 왜 사람들은 인종차별주의자가 될까에 대해서도 대답할 수 있게 하기.
성취결과	• 여러 형태의 인종차별을 인식하고 그의 원인과 결과를 이해하게 된다. • 인종차별을 비롯한 여러 가지 차별과 학대는 어떤 경우에도 일어나서는 안 되는 일임을 알게 된다.
주의사항	• "심장석(Heartstone)"은 이 단원과 관련된 많은 자료들을 제공하고 있으니 참고하라. • "영국아이들과 인종평등위원회(The Britkid & Commission for Racial Equality)"의 홈페이지 역시 이번 단원에 필요한 자료들을 많이 제공하고 있다. • "네 개의 모서리(Four Corners)''라는 게임은 대안활동으로 사용될 수 있다. 위의 활동에서 사용되었던 시나리오들을 글로 옮겨 적은 다음 학생들에게 나누어 주고, 교실의 네 모서리에 '전적으로 동의함' '동의함' '동의하지 않음' '아주 강하게 동의하지 않음'이라는 의견을 가진 학생들을 세워둔다. 그리고 시나리오에 있는 이야기에 대해 학생들이 네 가지 정도의 의견을 피력하게 하고, 자신의 의견이라고 생각되는 코너에 감으로써 자신의 의견을 표현하게 한다. 각각의 코너에서는 그 이유를 정당화해야 하고 학생들은 자신의 선택과 결정에 대해 설명할 수 있어야 한다. 모든 설명이 끝나고 나면 학생들은 한번에 한해 자신의 생각을 바꿀 수 있다.

다음에 이어지는 두 〈표 16〉과 〈표 17〉은 지속가능한 발전과 관련하여 '지역의제 21'에 대한 개념과 함께 왜 지구시민으로서 환경을 보호하고 보전해야 하는가를 논의하도록 고안되었다.

〈표 16〉 지역의제 21

핵심단계 4	지역의제 21(Local Agenda 21)은 무엇인가?
학습목표	• '지역의제 21'에 대한 이해와 기원을 이해하기. • 지속가능한 발전을 위한 지역의 행동 계획과 지역 정부에 의해 세워진 우선순위 이해하기. • 지속가능한 발전을 위해 지역의 계획과 우선순위들에 대해 논의하기. • 정책과정에서 지역정부와 청소년이 논의하는 방법 알기.
가능한 학습활동	• 지역의제 21(지속가능발전) 계획에 대해 브레인스토밍하기. 이미 지리교과와 과학교과 시간에 이러한 개념에 대해 학습했을 가능성 있음. • 다양한 정보 활용하기. 학교 도서관, 지역 도서관, 웹 사이트, 지역의회를 방분하는 것도 좋다. 학생들은 다음과 같은 것을 조사한다. - 지역의제 21의 배경은 무엇인가? 지역의제는 1992년 리오환경선언에서 연유되었음을 이해한다. 지속가능한 개발에 대한 여러 국가의 합의와 함께 그것이 국가와 지역정부에 미치는 영향에 대해 논의하기. 예를 들어 1997년 지구온난화 예방을 위한 교토 의정서(2002년 시행)가 영국 정부에 어떤 영향을 미치는가에 대한 논의도 가능하다. - 우리지역이 지속가능한 발전을 위해 하는 노력에는 무엇이 있으며 지금까지 얼마나 이행되고 있는가? 지속가능한 발전 여부를 알려주는 기준이나 측정지침은 없는가? • 학생들로 하여금 자신의 연구결과물을 같이 나누고 관련 이슈에 대해 어떻게 동의하는지 토론하기.
성취결과	• 지속가능한 발전에 대해 이해하고 지역의 의제를 파악할 수 있게 된다. • 국가나 지역정부에 대한 국제협약의 영향력에 대해 이해할 수 있게 된다. • 연구조사를 위한 기술을 개발할 수 있게 된다. • 지역정부가 자신의 정책개발과 형성에 얼마나 청소년의 의견을 반영하고 있는지 알 수 있게 된다.
주의사항	• 지리 교과와 연관지을 수 있다. 환경의 변화와 지속가능한 발전에 대한 이해는 이전의 핵심단계에서 이미 어느 정도 학습한 것을 전제로 한다. • 지역정부는 이미 학교들과 지역의제 21을 위한 협력을 하고 있을 수 있다. • 지역의제 21에 대하여는 www.un.org/esa/sustdev에서 자료를 얻을 수 있고 특히 제39조를 참고하라.

핵심단계 4	지역의제 21(Local Agenda 21)은 무엇인가?

가능한
학습활동
	• 지속가능한 발전은 인간의 좀 더 나은 삶의 질을 추구하자는 것이고, 현
	시대뿐만 아니라 앞으로의 후손에게도 좋은 삶의 질을 물려주고자 하는
	데에 목적이 있다. 이를 위해서는 다음과 과제가 제기된다.
	  - 모든 사람의 수요를 인식하는 사회적 진보
	  - 환경에 대한 효과적인 보호
	  - 천연자원의 신중한 사용
	  - 높은 수준의 경제 성장과 고용 유지

〈표 17〉 우리의 지역사회는 어떻게 지속될 수 있을까?

핵심단계 4	우리의 지역사회는 어떻게 지속될 수 있을까?
학습목표	• 지속가능한 발전에 대한 지역정부의 정보를 분석하기. • 조사연구를 통해 결론을 도출하고 결과를 제시하기.
가능한 학습활동	• 지역의제 21에 의해 영향을 받는 각각의 분야를 그룹별로 탐구하기. 예를 들어 음식, 교통, 쓰레기 등의 분양별로 다룬다. 지역의제 21이 개인이나, 조직에 미치는 영향을 알아보고 그로 인한 제품과 서비스 연구하기. • 자신이 소비하는 음식의 예를 들어 어떤 음식이 지역에서 만들어진 음 식이고 또 어떤 것이 해외에서 온 것인지를 이해하기. 음식이 판매되도 록 준비하는 과정에서 무슨 절차가 있었는지, 어떻게 포장되고, 운반되 었는지, 얼마나 먼 곳에서 온 것인지에 대해 조사하기. 지역에서 생산되 는 음식물과 재료는 무슨 의미가 있는지 알아보기. • 지난 몇 주간 자신이 이용했던 지역 내의 서비스를 상기해 보기. 대중교 통, 병원, 재활용, 스포츠와 여가 센터 등 얼마나 많은 서비스가 지역정 부에 의해 행해졌고 또 그렇지 않은 것은 무엇인가 등을 알아보기. • 지역지도를 놓고 그 지역에서 생산된 음식에 대해 시장, 가게, 농장 등 생산관련 위치 표시하기. 레저 센터, 지역 도서관, 재활용 센터, 커뮤니 티 센터 등 자신이 서비스를 이용하는 시설에 대해 지도에 표시하기. • 학교와 지역사회로 그 대상을 넓혀 질문지를 통해, 물품의 종류, 서비스 의 종류, 자원의 종류 등을 파악할 수 있고 지속가능한 발전 정책이 미치 는 영향에 대해 질문하기. • 그룹으로 나누어 지역의제 21이 지역사회에 미치는 영향에 대해서 구체 적으로 조사하기. 지역산업, 지역의회, 쇼핑센터, 학교 등도 영향을 받고 있다. 이에 대해 각 기관들은 어떻게 반응하고 있으며 그들이 사용하는 자원이나 서비스에는 어떤 것이 있는지 물어보기. 각각의 기관들은 지 속가능한 발전에 관련된 정책을 가지고 있는지? 어떻게 그것을 측정할 수 있는지? 가능하다면 이런 것을 실천하고 있는 기관의 관련자를 초대 하여 직접 이야기를 듣는 것이 좋다.

핵심단계 4	우리의 지역사회는 어떻게 지속될 수 있을까?
가능한 학습활동	• 지역의제 21의 목표와 실제 자신들이 찾은 결과물들과의 비교를 통해 어떤 변화가 있어야 하는지를 제안하기. 지역의회에 학생들의 건의 사항과 조사결과물을 전달할 수도 있다. 지속가능한 발전이 지역에 미치는 영향과 지난 몇 년간에 이루어진 성과물을 결론으로 제시할 수 있다.
성취결과	• 인터뷰기술, 질문지를 만드는 법, 토론하는 법들을 알고 사용할 수 있게 된다. • 지역의제 21에 대해 이해하고 개인과 지역사회에 미치는 영향에 대해 이해할 수 있게 된다. • 토론과 연구를 위해 적절한 통계자료를 사용할 수 있고 관련 ITC를 사용할 수 있으며 프리젠테이션 기술을 활용할 수 있게 된다. • 연구 결과물을 제시할 수 있게 된다.

이상에서 살펴본 바와 같이 국가교육과정원에서 제시하는 지구시민교육 학습안은 굳이 전문적인 교사가 아니더라도 지구시민의식과 지구문제에 관심이 있는 사람이라면 누구나 응용할 수 있도록 도와주기 위한 것이다. 매뉴얼 형식을 취하면서 프로그램 사례 위주로 자세히 설명하고 있고, 손쉽게 자료를 찾을 수 있도록 인터넷 주소와 관련 문헌을 소개하고 있다.

그렇다고 해서 누구나 지구시민교육을 가르칠 수 있다는 뜻은 물론 아니다. 다만 이런 교육안의 제공을 통해 영국의 교사들에게 수업 부담을 덜어주자는 의미로 해석할 수 있을 것이다. 그러나 반대로 이는 전문가 양성이 필요하다는 뜻으로도 해석해 볼 수 있다. 지구시민교육에 대한 전문가가 없기 때문에 누구나 쉽게 가르칠 수 있도록 자세한 교안을 제시하는 것이라고 여겨지기 때문이다.

종합하면 옥스팜이나 국가교육과정원은 지구시민교육의 내용이나 그의 근본이 되는 철학과 방법론에 대해 크게 이견이 없다. 다만, 지구시민교육을 담당하는 사람과 청소년들이 자신에게 더 어울리는 학습방법을 선택할 수 있도록 다양성을 열어두고자 했을 뿐이다. 그러나 지구시민교육은 어느 한 기관에서 단기간에 걸쳐 습득되거나 배울 수 있는 성질의 것이 아니다. 아동과 청소년에 대한 지구시민교육은 지구시민의식을 끊임없이 함양하고 실천할 수 있도록 아동과 청소년의 삶 전반에 걸쳐 학습하도록 해야 한다. 그런 뜻에서 지구시민교육은 아동과 청소년이 부모와 함께 지역사회 차원에서 습득하고 실천해야 하는 교육이다. 이는 무엇보다도 먼저 지구시민교육이 실천능력 함양을 강조하고자 하는 것이기 때문이다.

이는 또한 아동과 청소년이 부모와 지역사회의 문화적·사회적·정치적 영향에 크게 좌우되기 때문이기도 하다. 그러므로 지구시민교육은 학교와 청소년단체 그리고 정부와 지역사회의 여러 기관이 협력하여 평생에 걸쳐 학습할 수 있도록 고안되고 보급되어야 한다.

V. 결론

지구시민교육은 현대를 살아가는 청소년에게 있어 반드시 필요한 교과과정이다. 영국의 사례에서 본 것처럼 공교육 교과과정 안에서 지구시민교육이 다루어지는 방법과, 전문 시민교육단체 등에서 이루어지는 지구시민교육 과정 모두가 장·단점이 있을 것으로 관측된다. 그러나 지구시민교육의 내용과 방법에 따라 적절히 조화를 이루는 것이 청소년에게 다양한 교육을 체험할 수 있게 하기 위해 효과적인 방법이 될 것이다. 이런 점을 염두에 두고 영국의 선례로 볼 때, 한국에서 청소년을 위해 지구시민교육을 실시하고자 할 때 어떤 점에 유의해야 할지를 검토해 보면 다음 같다.

우선, 청소년을 위한 지구시민교육을 활성화하기 위해서는 지구시민교육의 개념과 중요성을 정확하게 인식하고 실천할 수 있는 교육전문가 및 전문 교육자료 개발이 필요하다. 교사의 직무연수를 통해 지구시민교육에 관심이 있는 교사를 양성한다거나, 이미 학교 밖의 청소년활동 영역에서 청소년교육을 담당하고 있는 청소년지도사를 활용하는 방안도 있을 것이다. 청소년을 가장 잘 이해하고 눈높이를 맞출 수 있는 전문적인 지도자를 양성하고 학계의 전문적인 연구를 촉진하는 일은 지구시민교육의 활성화를 위한 첫걸음으로서의 의의를 갖는다.

둘째로는, 청소년 지구시민교육을 위한 프로그램으로 국제교류 프로그램을 적극 활용해보자는 것이다. 한국에서도 이미 정부차원의 청소년 국제교류가 1990년대 중반 이후 많이 활성화되고 있고 청소년의 개인적인 연수나 해외 방문도 급증하고 있는 것이 사실이기는 하다. 그러나 일방적인 방문이나 체험에 그칠 것이 아니라, 청소년의 발전과 사회발전을 조장, 촉진하기 위한 목적, 즉 청소년들에게 지구사회 구성원으로서의 책임과 역할을 가르치고자 하는 의도를 가지고 기존의 프로그램을 재평가하고 새롭게 지원하거나 개발할 필요가 있다.

셋째, 청소년들이 시민권에 대해 학습하는 것뿐만 아니라 시민이 학습하고 시민권을 이해하고 실천 할 수 있도록 해야 한다. 지구시민교육이 지역적, 국가적인 관점에서 벗어나 전 지구적 관점에서 청소년들이 자신의 권리와 의무를 다할 수 있도록 지도하자는 것임을 명심해야 한다. 이와 비슷한 맥락에서 영국의 자질 및 학습과정청(Qualifications & Curriculum Authority: QCA, 1998)은 지구시민교육이 효과적으로 수행되기 위해서는 학교의 이념, 조직, 구조, 활동, 등을 감안하는 가운데 매일 매일의 일상적인 실천이 반드시 뒤따라야 한다는 사회적인 인식의 전환이 필요하다고 주장한 바 있다. 데이비스 등도 지구시민성 함양을 위해 반드시 경험해야 할 기본가치인 민주주의와 인권은 청소년이 매일 매일의 실천적 삶 속에서 경험하지 않고서는 학습될 수 없다고 주장했다. 또 청소년이나 학습자 스스로가 지구 시민사회 내에서 지구시민의 역할을 발견하고, 실천할 수 있도록 유도하는 것도 지구시민교육이 유의해야 할 과제 가운데 하나다.

넷째, 데이비스 등은 지구시민성을 가르치는 것은 현대사회의 사건이나 위기, 경제, 문화적 패턴 등에 대한 지식만을 대상으로 하는 것이 아니라 다문화 관련 문제들을 자신 있게 다루고 해결해 나갈 수 있도록 자신감을 심어주는 일이라고 보았다. 그리고 학습성과위주의 교육 과정은 자율적이고, 예측할 수 없고, 논쟁적인 성향을 가져야 하는 지구시민교육에 크게 도움이 되지 못한다고 보았다. 그러므로 지구시민 교육의 내용과 주제를 지구적인 삶이 청소년 자신의 문제와 직접적으로 관련이 있다는 사실을 깨달을 수 있도록 구성하는 일이 중요하며, 자신감을 가지고 청소년 자신의 문제뿐만 아니라 지구적인 문제에 대해서도 대응해 나갈 수 있도록 도와주어야 한다. DfEE(1999)의 조사에 따르면 영국 잉글랜드 지역의 청소년 4245명을 대상으로 지구적 사안과 관련하여 알고 싶은 것이 무엇인지를 조사한 결과 49%가 전쟁의 이유를, 48%의 청소년은 인권을, 그리고 39%는 환경문제에 대해 관심을 가지고 있는 것으로 나타났다. 청소년들이 지구적 사안에 대하여 우리가 생각하는 것보다 훨씬 깊은 관심과 우려를 표명하고 있는 것이다. 그러므로 청소년들의 입장에서 청소년들이 원하는 지구적 사안에 대해 정확한 지식과 정보를 제공하는 일이 필요하며, 청소년들이 스스로 자신의 지구적 정체성을 확립할 수 있도록 지원해야 한다.

마지막으로, 옥스팜(Oxfam, 2006)과 시민권재단(Citizenship Foundation, 2006)은 지구적 사안을 다루는 데 있어 교사들이 느끼는 어려움을 다음과 같이 소개하고 있다. 시민성과 지속가능한 발전 문제와 관련하여 효과적인 지원체계가 마련되어 있지 않으며, 지방 교육청 내부와 지방교육청간의 지구적 사안에 대한 이해와 경험이 부족하고, 지구적 사안을 다루는 데 있어서의 고립감, 교육자료에의 접근성 부재, 전문가로부터 교육 받을 기회의 부족과 효과적인 교육 및 실천방안을 강구할 수 있는 시간의 부족, 잠재적으로 논란의 소지가 있는 사안과 새로운 생각과 교재를 다루는 것에 대한 자신감의 부족 등도 문제라고 보았다.

그러므로 한국에서 청소년을 위한 지구시민권 교육을 소개하고 실시험에 있어서는 미리 효과적인 지원방법을 강구하고, 교육당국과 기관이 전문적인 이해력과 기술을 지닐 수 있도록 지원하며, 효과적인 교육 자료와 프로그램을 교사와 청소년지도자들에게 보급하고, 지구시민권 교육의 여러 민감한 주제들(전쟁이나 절대적 빈곤 등)에 대해 충분히 고민하고 사회적인 합의를 이끌어내도록 유도할 필요가 있을 것이다.

참고문헌

강휘원. (2006). 한국 다문화사회 형성요인과 통합정책. 『국가정책연구』, 200(2): 5-34.

김영인. (2007). 청소년지도방법. 『한국청소년정책연구원 청소년학개론』. 서울: 교육과학사.

국가청소년위원회. (2008). 『국제기구 및 선진각국의 청소년 조직 및 정책에 관한 연구』. 서울: 국가청소년위원회.

＿＿＿. (2005). 국제심포지엄 자료집.

국무총리실. (2005). 『시민교육제도화를 통한 21세기 민주사회건설을 위한 방안 연구』. 서울: 국무총리실.

노찬옥. (2001). 세계 시민교육에 대한 시안적 연구: 세계 시민의 위상과 세계 시민교육의 방향 탐색. 『시민교육연구』, 33: 89-108.

한상철 외. (2003). 『청소년지도론』. 서울: 학지사.

한국청소년개발원. (2005). 『국제심포지엄: 위기청소년 지역사회 안전망 구축: 국제적 동향 및 정책 과제』. 서울: 한국청소년위원회.

＿＿＿. (1997). 『청소년지도론』. 서울: 서원.

한국청소년정책연구원. (2007). 『청소년학 개론』. 서울: 교육과학사.

Brownlie, A. (2001). Citizenship Education: the Global Dimension, Guidance for Key Stages 3 and 4. London: Development Education Association.

Citizenship Foundation. (2006). Making Sense of Citizenship. London: Hodder & Murray.

Crick, B. (2002). Education for Citizenship: the Citizenship Order. Hansard Society for Parliamentary Government 2002. Parliamentary Affairs, 55:488-504.

Connexions. (2001). Introduction to Connexions. 〈http://www.connexions-direct.com/?gclid=CPGS0PX6m5MCFRs3egodSzI4rA〉.

Davies, L., Harber, C., & H. Yamashita. (2005). Global Citizenship Education: the Needs of Teachers and Learners. Birmingham: Centre for International Education and Research.

Department for Children, Schools and Families(DfCSF). (2007). 〈http://www. dfes.gov.uk/〉.

Department for Education and Employment(DfEE). (1999). The National Curriculum. London: DfEE.

Department for Education and Skills(DfES). (2001). Achieving Schools. London: DfES.

Dower, N. (2003). An Introduction to Global Citizenship. Edinburgh: Edinburgh University Press.

Harber, C .(2002). Not Quite the Revolution: Citizenship Education in England. In M. Schweisfurth, L. Davies & C. Harber, eds. Learning Democracy and Citizenship. Oxford: Symposium Books.

_____. (2000). Schools, Democracy and Violence in South Africa. In A. Osler, ed. Citizenship and Democracy in Schools; Diversity, Identity, Equality. Stoke on Trent: Trentham Books.

Hicks, D, & C. Holden. (2007). Teaching the Global Dimension. Oxson: Routledge.

Office for National Statistics(ONS). (2007). Ethnicity and Identity. 〈http://www.statistics. gov.uk/ default.asp〉.

Osler, A., & K. Vincent. (2002). Citizenship and the Challenge of Global Education. Stoke on Ttrent: Trentham Books.

_____, & H. Starkey. (2005). Changing Citizenship: Democracy and Inclusion in Education. Oxford: Oxford University Press.

Oxfam. (1997). A Curriculum for Global Citizenship. Oxford: Oxfam.

_____. (2006). Education for Global Citizenship: a Guide for Schools. Oxford: Oxfam.

Pike, G., & D. Selby. (1988). Global Teacher, Global Learner. London: Hodder and Stoughton.

Qualifications and Curriculum Authority(QCA). (2006) Education for Sustainable Development. London: QCA.

_____. (2002). Citizenship: a Scheme for Work for Key Stage 3. London: QCA.

_____. (2002). Citizenship: a Scheme for Work for Key Stage 4. London: QCA.

_____. Department for Educational and Employment(DfEE). (1999). The National Curriculum: Handbook for Secondary Teachers in England. London:QCA/DfEE.

_____. (1998). Education for Citizenship and the Teaching of Democracy in Schools: Final Report of the Advisory Group on Citizenship(the Crick report). London: QCA.

Smith, M. (1988). Developing Youth Work: Informal Education, Mutual Aid and Popular Practice. Milton Keynes: Open University Press.

Starkey, H. (2005). Democratic Education and Learning. British Journal of Sociology of Education, 26(2): 299-308.

Sustainable Development Education Panel. (1998). First Annual Report 1998. London: Department of Environment. Transport and the Regions.

Teachers in Development Education(TIDE). (2001). Globalization: What's It All About? Birmingham: TIDE.

Woods, P. (2005). Democratic Leadership in Education. London: SAGE Publications.

지구시민권 운동

제7장

지구와 환경: 지구환경시민권

차용진

I. 서론

최근의 세계화 추세 속에서 근대 시민권 개념을 논의하기에는 적지 않은 문제점이 있다. 근대 시민권의 개념은 국가와 시민 간의 관계를 기본적으로 권리와 의무의 기능적 관계로 설정하고 있으며, 이러한 관계하에서는 시민들이 국가에 대해 수동적이며 그렇기 때문에 적극적으로 통합적 사회발전을 추구하기에는 한계를 갖는다(서유경, 2005). 더욱이 세계화로의 변화가 진행되는 과정 속에서는 일국수준을 초월하는 지구차원의 지구공동체로의 변화가 가속화되고 있기 때문이다(Weiss & Gordenker, 1996). 또한 경제발전, 환경보존, 인권보장 등과 관련된 다양한 지구적 문제들을 해결하는 데에 국가의 틀이 한계를 보여주고 있어, 국가를 초월한 다양한 사회적 문제들을 해결하기 위한 지구시민사회의 필요성이 제기되고 있다.

실제로 세계화에 따른 주권 원칙의 약화, 정보화 및 기술발전에 따

른 지구차원의 참여민주주의 확산 등으로 인해, 주권국가로부터 지구
시민사회로의 전환이 불가피해지고 있는 실정이다(주성수, 2000). 반
면 기존연구들에서 지구시민사회의 개념은 학자들에 따라 매우 다양
하게 정의되고 있어 명확한 개념의 정의가 어렵다. 그러나 기존 연구
들은 공통적으로 지역적, 국가적 차원을 초월한 영역에서 지구시민사
회가 가족, 국가, 시장 사이에 존재하고 있으며, 일국의 사회·정치·
경제체계를 초월하는 가치, 조직, 네트워크 등이 존재한다고 주장하
고 있다.

최근 애티필드(Attifield, 2002)는 지구시민사회의 특징으로 상호의
존성(interdependence), 지구환경의 복잡성(complexity of global
environment), 지구 거버넌스(global governance)의 등장을 지적한
바 있다. 첫째, 지구공동체의 상호의존성으로 인해 지구시민은 지구
공동체에 대한 의무가 있고 이에 따른 권리를 보장받는다. 둘째, 지구
환경은 과잉인구, 환경오염, 자원고갈 등의 다양한 지구문제들로 인
해 지구사회의 복잡성이 증가되고 있어 지구공동체의 생존 위기를 가
져오고 있다. 셋째, 다양한 지구차원의 문제들에 대응하기 위해 기존
의 주권국가 이외에 다양한 지역적, 지구적 행위자들을 통합한 거버
넌스가 존재한다. 이러한 지구시민사회의 특징들은 지구시민사회에
서 적용가능한 시민권의 개념적 확장을 요구하고 있고, 그 대안으로
최근 지구시민권의 논의가 활발히 진행되고 있다. 지구시민권의 논의
는 '지구시민이 보다 행복한 삶'을 추구할 적극적 권리 확립에 초점
을 맞추고 있다(Jelin, 2000).

또한 지구시민권은 환경적 맥락에서 접근할 수 있다. 윤리적 관점
에서 본 환경책임은 국제 간, 세대 간, 종 간의 문제로 인식되고 있고,
이러한 환경문제들은 지구시민사회에서 지구시민권의 이해와 밀접한
관련을 맺고 있다. 더욱이 최근의 지구환경문제에 대한 관심은 환경
문제에 대한 지구차원의 의무에 초점을 두어 형성되고 있는 실정이다.

이러한 점들을 염두에 두고 이 장(章)에서는 지구환경시민권의 개

념화를 목적으로 지구환경문제의 특성 및 이론, 지구환경문제의 국제적 논의, 주요 참여자 및 국제환경네트워크를 검토하여 지구환경시민권 형성에 중요한 영향을 미치는 요인들을 도출하고 이를 토대로 기존 시민권과 차별화된 지구환경시민권의 개념 및 특성을 제시하고자 한다.

II. 지구환경문제의 특성 및 이론적 접근

1. 지구환경문제의 특성

지구환경문제는 영향력의 범위와 관련 국가들의 지역적 분포가 커서 국제문제를 야기하는 경향이 있으며 최근에 대두되고 있는 대표적인 지구환경문제로는 오존층 파괴, 지구 온난화, 산성비, 생물종 다양성, 유해 폐기물의 국가 간 이동 등이 있다(김번웅·오영석, 2004). 일반적으로 지구환경문제는 그의 책임소재가 불분명하고 사회 및 경제와 밀접한 연관성을 지니고 있어 문제해결에 어려움이 있다. 대표적인 지구환경문제들의 특성을 검토하면 다음과 같다.

1) 오존층 파괴
오존층은 태양에서 발산되는 각종 유해한 자외선을 흡수하여 지구상의 생물들을 보호하는 보호막 역할을 하는데 최근 산업체에서 배출하는 프레온 가스 등이 오존과 화학 반응을 하여 오존층을 파괴함으로써 오존량이 감소하여 초단파 자외선의 과다 방출이 증가하면서 생태계의 파괴를 가져오고 있다(이병곤, 1994). 국제연합환경계획(United Nations Environmental Program: UNEP)은 1977년부터 오존층의 변화 동향 및 파급효과를 측정하고 있고 1985년에는 '비엔나 협약'을 채택하여 국제적 차원에서 오존층 보호를 위한 기본 틀을 마련했다.

이후 1987년 9월에 주요 오존층 파괴물질의 생산 및 소비 삭감을 주요 내용으로 하는 '몬트리올 의정서'를 채택하였고 미가입국에 대해서는 무역규제 등의 제재를 가하고 있다(김번웅·오영석, 2004).

2) 지구온난화

지구온난화는 지구 대기권에서 우주로 나가는 방사열의 감소로 인해 대기권의 온도가 상승하는 현상이며, 이러한 온실효과 현상을 촉진하는 원인은 탄산가스의 증가인 것으로 알려져 있다. 이산화탄소(CO_2) 농도의 급격한 증가와 다양한 종류의 온실기체-메탄(CH_4), 프레온(CFC), 오존(O_3) 등의 대기권 내에서의 증가는 지구온난화를 더욱 촉진시키며 재난적 기후변화를 야기할 위험이 매우 높다(환경백서, 2007). 이에 따라 국제연합에서는 1992년에 '기후변화협약'을 채택하여 온실가스 방출을 억제하고 있다.

3) 산성비

산성비는 화석연료로 생성된 황산물질 또는 질소산화물이 대기 중에서 산화되어 강산인 황산과 질산으로 변환된 상태로 빗물과 섞여 높은 산도를 갖는 것을 의미한다. 이러한 산성비는 토양 및 수자원을 산성화시켜 생태계를 파괴하고 있으며 더욱이 주된 원인인 대기오염물질의 장거리 이동으로 인해 국가 간 국제협약의 필요성이 증대되고 있다(김번웅·오영석, 2004). 1977년 11월 스위스 제네바에서 국제연합 유럽경제위원회 주관으로 '대기오염 물질의 장거리 이동에 대한 협약'이 제정되어 1983년에 발효되었고, 1985년 7월 핀란드 헬싱키에서 황산물질 30% 감축을 주요 내용으로 하는 '헬싱키 의정서'가 채택되었다.

4) 생물종 다양성

생물종 다양성은 유전자, 생물종, 생태계라는 세 가지 단계에서의 다양성을 종합한 개념이다. 현재 지구상의 야생동물은 1,300만에서 1,400만에 이를 것으로 추정하는데, 인간에게 알려진 것은 13% 정도이다. 이러한 다양성은 개발 및 오염으로 인해 해마다 2만 5,000에서 5만 종이 사라지고, 2000년대까지 100만 종, 20~30년 내에 지구 전체 생물종의 25%가 멸종할 것으로 전망한다(환경백서, 2007). 생물종 다양성의 보존은 자연보호, 자원관리 측면에서도 중요하다. 생물의 다양성 보존을 위한 다국적 조약으로는 '국제습지협약(Ramsar협약, 1971)', '멸종위기에 처한 야생 동식물의 국제거래에 관한 협약(CITES, 1973)', '이동성 야생동물 보호에 관한 협약(Bonn 협약, 1979)' 등이 있다. 1987년 6월 국제연합환경계획(UNEP)은 생물다양성 문제에 대한 국제적 행동계획의 수립을 결정하고 1988년, 1990년 전문가회의를 개최하여 국제적인 생물다양성 보호를 위한 국제협약 초안을 작성하였다. 이후 여러 차례 실무회의를 거쳐 1992년 6월 '리우환경회의'에서 각국의 정상들이 서명하였고 목적은 생물종을 보호하여 희귀유전자의 보전, 생태계의 다양성, 생태계의 균형유지 등에 있다.

5) 유해폐기물의 국가 간 이동

유해폐기물은 국가 간 이동하는 경향을 보이고 있으며, 이에 따라 폐기물의 국가 간 이동을 국제적으로 규제하는 문제가 제기되고 있다. 유해폐기물의 국경 간 이동이 가능한 것은 국가 간의 폐기물 처리비용이 서로 다르고, 선진국의 처리비용이 상대적으로 개도국보다 훨씬 높기 때문이다. 또한 선진국에서 엄격히 법적 제재를 가하는 유해물질의 경우 국내에서 이를 처리하는 것이 곤란하기 때문에 법적 규제가 약한 개도국으로 이동시키는 측면도 있어 개도국 환경 및 생태계에 심각한 위험을 주고 있다(환경백서, 2007). 국제연합환경계획(UNEP)은 1992년 유해폐기물의 국가 간 이동 및 처분 규제에 관한

'바젤협약'을 체결하였다. 이 협약은 유해폐기물이 국가 간의 이동으로 인한 환경위험이 확산되지 않도록 각 국가에 대해 일정한 의무를 부과하고, 국경이동시 사전통고를 하며, 불법거래를 제한하는 등을 주요 내용으로 삼고 있다.

위에서 검토된 지구환경문제들은 국제적 노력에도 불구하고 관계 국들과 당사자들 간의 이해와 입장이 크게 달라 대책수립 및 국제적 합의도출이 어려운 실정이다. 이러한 지구환경문제들이 가지고 있는 구체적 특성을 검토해 보면 다음과 같다(정준금 외, 1999).

첫째, 지구환경문제의 복합성이다. 지구환경문제는 밀접한 상호연관성을 가지고 있다. 예컨대 지구온난화의 경우 해수면 상승, 생물종의 다양성 감소, 삼림파괴, 사막화 등과의 연쇄적인 상호관계로 인해 재난적 위험을 초래한다. 따라서 이러한 복합성은 각각의 환경문제를 해결하기 위한 접근보다는 연관된 모든 환경문제들을 유기적으로 연결하여 해결하는 종합적 접근방법이 적절하다.

둘째, 지구환경문제의 포괄성이다. 지구환경문제는 다른 영역들(안보, 정치, 경제 등) 그리고 인간생활에 핵심적인 가치들(복지, 자유, 참여 등)과 다양하고 광범위한 관계를 가지고 있는 포괄성을 내포하고 있다. 따라서 이러한 포괄성으로 인해 지구환경문제는 정치, 경제, 사

〈그림 1〉 지구환경문제의 특성

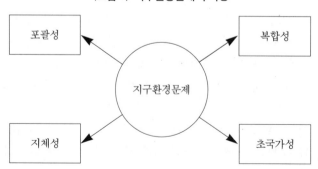

회, 문화 등을 포함한 전 사회적 문제로 인식하고 대처하는 접근이 바람직하다.

셋째, 지구환경문제의 지체성이다. 인간이 환경파괴에 대해 문제를 인식을 하고 의제로 설정했다고 하더라도 이미 환경파괴가 광범위하게 진행되었기 때문에 해결하기가 어려워지는 특성을 가지고 있다. 더욱이 환경문제의 과학적 불확실성은 이러한 지체성을 더욱 악화시키고 있다(Brenton, 1994). 즉, 과학기술의 불확실성은 환경문제의 원인규명과 대책마련을 지체시키는 중요한 요인으로 작용한다.

넷째, 지구환경문제의 초국가성이다. 어떤 국가도 환경파괴의 영향에서 초연할 수 없고 환경문제의 원인 제공국은 물론 다른 국가들까지도 그 영향을 받기 때문에 결과의 초국가적 파급이라는 속성을 가지고 있다. 반면 지구환경영역에서 국가는 중요한 행위자이고 국가의 행위를 지배하는 것은 이기적 국가 이익이다. 이러한 행위 동기의 일국주의와 결과의 초국가성이 충돌하여 문제해결을 어렵게 하는 특성을 갖고 있다. 따라서 지구환경분야에서는 국가이익을 초월해서 활동하는 국제기구들과 NGO들이 국제 환경협력을 촉진하는 역할을 담당하고 있어 초국가적 행위자들(transnational actors)의 역할이 강조되고 있다(주성수, 2000).

2. 지구환경문제에 대한 이론적 접근

지구환경문제가 국제사회에서 주목을 받으면서 지구환경문제 해결에 대한 이론적 접근이 필요하게 되었고 이에 따른 기존연구들의 주요 내용은 다음과 같다(정준금 외, 1999).

기존의 현실주의 이론(realism theory)은 국제정치 현실을 힘에 의한 대립과 투쟁으로 이해하고 이런 상황에서 힘의 주체인 국가가 상호억제 및 균형을 통해 병존한다고 주장하고 있다. 쵸크리(Choucri, 1993)는 지구환경 영역에서 환경보전을 위한 중심적 권위체가 부재한

〈표 1〉지구환경문제에 대한 이론적 접근

주요 이론	관점 및 해결방안
현실 이론	• 국가행위에 초점 • 각국의 환경정책 강조
집단재 이론	• 집단적 행위에 초점 • 국제협력 및 국제환경레짐 강조
체계 이론	• 통합적 관점에 초점 • 지속가능발전 강조

다고 주장하고 환경문제를 국가, 주권, 영토, 이익, 세력균형의 관점에서 파악해야 한다고 강조하고 있다. 즉 지구환경 문제에서 국가가 가장 중요한 행위자이며 지구환경문제의 변화 및 관리가능성은 각국의 환경정책의 갈등과 협력에 달려 있다고 주장하고 있다. 반면 이러한 현실주의 이론은 지구환경문제의 특수성인 초국가성, 포괄성, 상호의존성을 간과하고 더욱이 국가 간 협력의 필요성을 과소평가한다는 관점에서 비판되고 있다.

집단재 이론(collective goods theory)은 환경을 집단재의 관점에서 파악하고 접근한다. 집단재는 다른 행위자들의 소비를 감소시키지 않으면서 각 행위자의 소비가 이루어지도록 하는 재화로서, 누구라도 접근하고 이용할 수 있는 재화를 의미한다(정준금 외, 1999). 따라서 지구환경문제는 공동 관리해야 할 영역이 존재하므로 집단적인 해결이 필요하다고 주장하고 있다(Rowlands, 1992). 이러한 관점에서 국제협력은 상호의 이익임을 강조하고 국가의 일방적 행위에 초점을 두고 있는 현실주의 이론을 비판한다. 하딘(Hardin, 1968)은 「보통사람들의 비극(The Tragedy of the Commons)」이라는 논문을 통해 환경문제는 집단재이고 환경문제의 해결을 위해서는 공동의 노력이 필요하다고 주장하고 있다. 더욱이 집단재 이론에서 강조하는 국제 환경협력의 필요성은 국제협력을 안정적으로 추진하도록 하는 제도인 국제환경레짐(environmental regime)들의 수립을 가져왔으며(Haas, Keohane & Levy, 1993), 1987년 '몬트리올 의정서' 이후에는 많은 국제 환경레짐이 형성되고 있다. 일반적인 국제레짐과 비교하여 국제 환경 레짐은 국제조약으로 규정된 공적 구조, 절차, 규칙을 가지는 공통점이 있는 반면 NGO들의 광범위한 참여가 핵심적인 역할을 수행한다는 차이점이 있다(천정웅, 1995). 이러한 국제 환경레짐 또한 공동체 이론 및 그에 따른 설명의 한계로 인해 비판되고 있다.

체계이론(system theory)은 생태계를 분절된 방법으로 관리하고 지구환경문제의 복잡성, 포괄성, 초국가성을 간과한 기존의 환경인식을 비판하고 환경의 유기성 및 복합성을 고려하여 여러 체계들과의 관계로 설명하고(Brundtland, 1987; Blackmore & Smyth, 2002), 전체 체계의 생존을 위해서는 구성요소들의 요구를 충족시켜야 한다고 주장한다(Dovers, Norton & Handmer, 1996). 이러한 체계이론은 국가와 분야를 초월한 다양한 양식의 상호의존성을 인정하고, 지구환경문제에서의 지속가능발전 패러다임으로의 전환에 기여하고 있다. 체계이론은 또한 국가들이 상이한 국내적 속성을 가지고 있어도 국제정치 질서에서의 위상이 유사하면 동일한 방식으로 행동한다는 가정을 하고 있으나 정보의 불확실성하에서 야기되는 불평등을 설명하는 데에는 한계를 보여주고 있다(정준금 외, 1999).

III. 지구환경문제와 국제환경네트워크

1. 지구환경문제의 국제적 논의 발전

1970년대부터 전 세계적으로 지구환경에 대한 논의가 본격적으로 시작되었다. 1972년 3월에 발간된 로마클럽의 「성장의 한계(The Limits to Growth)」에 관한 보고서는 인구증가와 경제성장을 억제하지 않으면 지구와 인류가 파멸한다고 경고하였다. 1972년 6월 스톡홀름에서 개최된 국제연합인간환경회의(United Nations Conference on Human Environment)는 '인간환경선언'을 제정·선포하였고 환경문제를 전담할 국제연합환경계획(UNEP)을 설립하였다. 이후 환경의 질 저하는 국제적으로 가장 중요한 의제로 대두되었고 특히 경제발전에 따른 지구환경 저하는 인간이 주된 원인이라고 보고 인간의 행위에 초점을 맞춰 환경저하에 대한 인간의 책임을 강조하는 관점이 형성되었다. 이러한 관점에서 경제성장, 인구, 소비, 국제상거래, 빈곤 등의 산물들을 에너지, 재생/비재생 자원, 다양한 생물종의 보전 등과 점차 연결시켜 생각하게 되었다. 또한 환경은 지역 및 국가차원에서 지구 차원으로 관심의 대상을 확대하게 되었다(Arizpe, Stone & Major, 1994; Jelin, 2000).

1980년대 이후에는 환경문제가 본격적으로 쟁점화되고 생태적 패러다임(ecological paradigm)의 확립 및 환경운동에 대한 이론적 발전을 가져와 지구차원의 환경운동이 확산되었다. 1987년에 발간된 세계환경개발위원회(The World Commission on Environment and Development: WCED)의 보고서인 「우리 모두의 미래(Our Common Future)」는 환경파괴가 특히 개발도상국의 생존 문제라는 점을 강조하고 문제해결의 구체적인 방안으로 "환경적으로 건전하고 지속가능한 발전(Environmentally Sound and Sustainable Development: ESSD)"을 제시하고 "미래 세대의 욕구를 고려하여 자원과 환경을 보전하면서 현 세대의 욕구를 충족시킬 수 있는 발전"을 추진해야 한다고 주장하였다. 이후 1980년대 후반부터는 환경의 질을 손상하지 않고 지속적인 성장을 해야 한다는 지속가능발전에 대한 논의가 본격화되었다.

이후 환경문제가 전 지구차원의 관심으로 부각된 계기는 1992년 6월 세계 110개국 정상들과 환경전문가들이 참가한 리우환경회의 및 6,000여 민간단체가 중심으로 개최된 지구환경회의라고 할 수 있다. 리우환경회의에서는 모든 국가들의 지속가능한 발전을 촉진하기 위

한 방안을 모색하고자 했으며 실천적인 국제협약 체결을 목적으로
'리우선언'을 채택하였다(김번웅 · 오영석, 2004).

2. 지구환경문제 주요 참여자 및 국제환경네트워크 형성

지구환경문제가 국제적 쟁점으로 부각하자 이를 해결하기 위한 국
제적 노력이 진행되어 왔으며 특히 최근에는 국제환경네트워크를 형
성하는 데 국제환경기구들과 국제환경NGO가 중요한 역할을 담당하
고 있다. 국제환경기구들은 지구환경문제 해결을 위한 국제적 규범,
제도, 절차 등 환경레짐을 형성하는 데 기여하고 있고 국제환경NGO
들은 환경문제의 인식과 그의 해결과정에서 환경거버넌스를 확립하
는 데 중요한 역할을 담당하고 있다. 더욱이 국제환경네트워크의 활
성화는 환경권(environmental rights)에 관심을 촉진시켜 시민권 패러
다임(paradigm of citizenship)의 전환을 요구하고 있다. 주요 국제환
경기구들을 검토하면 다음과 같다.

〈표 2〉 주요 국제환경기구

국제환경기구	설립 및 목적
국제연합환경계획 (UNEP)	1972년 국제연합인간환경회의에서 채택된 행동계획의 실시기관 으로 주된 목적은 환경보호 및 보호활동의 국제적 관심제고
환경에 관한 국제 개발기구 위원회 (CIDIE)	1980년 국제개발기구들의 회의에서 채택된 경제개발과 관련된 환경정책 및 절차에 관한 선언을 실시하기 위한 기관
세계환경개발위원회 (WCED)	1983년 환경보호와 개발을 동시에 달성할 수 있는 방안 모색을 목 적으로 설립
기후변화에 관한 정부간 패널(IPCC)	1988년 지구온난화 문제를 다루기 위해 국제연합환경계획과 세 계기상기구에 의해 설립된 기관
국제연합지속개발 위원회(CDS)	1992년 국제연합환경개발회의에서 채택된 의제21의 실시를 위해 설립
지구환경금융(GEF)	1994년 지구환경문제에 대처 자금을 국제적으로 지원하기 위해 설립

국제연합환경계획(UNEP)은 국제연합 소속기관으로 국제 환경보호를 위한 중심적인 국제기구로서 국제협력 촉진, 환경오염에 대한 상태 및 지식을 제고하여 국제적 관심을 촉진시키는 데 중요한 역할을 담당하고 있다(김병완, 1994). 환경에 관한 국제개발기구위원회(CIDIE)는 환경보전에 대한 정책협조에 대한 합의를 실시하기 위한 기구로 특히 개발도상국에 대한 개발 원조를 제공할 때 환경을 배려한다는 합의의 수행에 중점을 두고 있다. 세계환경개발위원회(WCED)는 유엔총회의 결의에 따라 구성된 위원회로서 지속가능발전에 기초한 지구환경보전전략 수립이 주된 임무이다. 기후변화에 관한 정부간 패널(IPCC)은 국제연합 산하 연구기관으로서 기후변화에 관한 연구를 진행하며 관련 보고서를 발표하고 있다. 국제연합지속개발위원회(CDS)는 국제연합경제사회이사회 산하기구로 의제21을 효과적으로 수행하기 위해 마련되었으며 총회보고 및 권고, NGO들과의 협의를 수행하고 있다. 지구환경금융(GEF)은 지구환경문제에 기여하는 개발도상국의 환경분야 투자 및 기술지원 사업에 대한 무상 또는 양도성 자금지원을 하고 있다.

일반적으로 주요 국제기구들은 지구환경문제에 대한 국제적 관심을 제고시키는 데 목적을 두고 국제협약이나 법률을 입안하는 과정에 직접 참여하기보다는 지구차원의 행동을 필요로 하는 지구환경문제를 의제화시키고 지원하는 역할을 수행함으로써 국가 간의 협력관계와 국제환경레짐의 형성을 촉진시키는 역할을 수행한다.

또한 환경문제에서 인간차원으로의 관심 이동은 환경운동과 시민사회운동의 접목을 내포한다. 지구환경과 생태계 파괴문제는 인간과 자연의 관계를 재정립하고 현재의 사회경제적 체제의 변혁을 위한 지구시민사회운동으로서의 지구환경운동을 촉진시키는 원인을 제공하고 있다. 비올라와 리스(Viola & Leis, 2001)는 이데올로기적 접근에 의한 환경운동의 유형을 환경보호주의(conservationist environmen-

〈표 3〉 주요 국제환경NGO

국제환경NGO	설립 및 활동
지구의 친구들 (Friends of Earth)	1971년 설립되어 전 세계적으로 자치권이 있는 환경조직의 연맹으로 68개국에서 활동 중임
세계야생동물보호기금 (World Wild Life Fund)	1961년에 설립되어 주요 활동은 아프리카 야생종 보호이고 이외에 생태계파괴 및 환경오염 방지 활동을 수행하고 있음
와일드에이드 (Wild Aid)	1991년에 설립되어 야생보호, 밀렵 및 밀수 억제, 밀렵 및 밀수로 생산된 상품의 소비억제 등이 주요 활동임
그린피스 (Green Peace)	1971에 설립되어 핵무기와 원자력 반대활동, 대기오염방지와 에너지문제, 해양생태계보존활동, 유해물질로 인한 오염방지활동을 수행하고 있음

talism), 급진적 생태주의자 (radical ecologists), 녹색정치(green politics), 지구적 행위의 생태주의(global action ecologism), 자연보호주의자(conservationists), 환경주의자(environmentalists), 생태주의자(ecologists) 등으로 구분하고 서로 다른 이데올로기적 관점은 서로 다른 참여자들의 전략과 행태로 전개된다고 설명하고 있다. 이러한 관점에서 지구환경문제를 다루는 주요 국제환경NGO들을 검토하면 다음과 같다.

　지구의 친구들(Friends of Earth)은 비정치성을 원칙으로 운영되는 NGO로 환경보호 캠페인과 실제 오염을 배출하는 기업과 기업을 지원하는 금융기관과 정부에 대한 활동에 초점을 두고 있다. 또한 다른 NGO들과 비교하여 시민들의 환경문제에 대한 인식을 제고하는 데 상당히 치중하는 특성을 지니고 있다. 세계야생동물보호기금(World Wild Life Fund)은 구체적으로 수질오염, 대기오염, 종 보호 프로그램, 해양오염, 화학오염 등에 관한 활동을 수행하고 있으며 다른 NGO들과 비교하여 경제원조문제에 관심을 갖고 국제기구들과 밀접한 협력관계를 유지하고 있다. 와일드에이드(Wild Aid)는 국제 밀렵과 밀수문제를 다루는 비교적 신생의 규모가 작은 NGO인 반면, 지원자 위주의 활동을 수행하고 있어 적극적 개입을 중시하는 시민사회조직의 특성을 지녔다. 그린피스(Green Peace)는 환경을 위협하는 광범위한 주제를 다루는 NGO로서 광범위한 환경네트워크와 자체 연구팀을 운영하고 있고 국제기관들과의 협약에도 참여하고 있다.

일반적으로 지구환경문제를 다루는 국제환경NGO들은 환경에 관한 전문적인 지식을 생성하고 전파함으로써 시민들의 환경문제에 대한 인식을 제고시키는 여론을 조성하며 이를 통해 환경문제를 중요한 의제로 부각시키는 환경네트워크로서의 역할을 담당하고 있다. 또한 이러한 역할을 통해 지구환경문제와 관련된 규범과 규칙을 창출하기도 하고 창출된 환경레짐의 실질적인 준수여부를 감시하는 역할을 담당함으로써 기존의 환경레짐을 유지하는 데 기여하고 있다.

결론적으로 지구환경문제에 대한 주요 참여자로서 국제환경기구와 국제환경NGO는 국제환경네트워크의 형성을 통해 지구환경문제에 대한 국제적 관심을 촉진시키고 지구공동체의식을 형성하는 데 있어 중요한 역할을 수행하고 있다. 또한 환경권에 관한 국제적 관심을 촉진시켜 새로운 지구시민권 패러다임으로서의 지구환경시민권을 정립하는 과정에서 중요한 수행역할을 수행하고 있다.

IV. 지구환경시민권의 개념화

1. 시민권 패러다임의 전환

마샬(Marshall, 1964; 1992)은 국가와 시민권 발전과의 관계에 대한 역사적 비교분석을 통해 시민권 개념의 발전단계를 설명하고, 첫 번째 단계로 시민권리(civil rights), 두 번째 단계로 정치적 권리(political rights) 그리고 세 번째 단계로 사회적 권리(social rights)의 확대를 주장하고 있다. 시민권리는 18세기 근대 시민혁명을 통해 개인의 자유 개념이 확립되면서 형성되었고 이는 시민들이 자신들의 자유를 보호하는 개인의 권리이다. 정치적 권리는 19세기에 형성된 정치권력의 행사에 참여하는 권리를 의미한다. 사회적 권리는 20세기 복지국가의 대두로 시민들이 자신들의 사회적 · 경제적 복지를 추구하는 권리를 의미한다. 마샬의 주장은 복지국가 발전으로 인한 시민의 사회적 · 경제적 권리의 확대로 해석할 수 있다(Marshall, 1964; Offe, 1985).

마샬의 근대 시민권 개념은 국가 정치체계에서 형성된 개념으로 국가가 구성원들에게 권리를 부여하고 그 권리에 따른 의무를 시민들에게 요구하는 국가가 행위의 주체로 존재할 때 성립하는 개념이다. 따라서 시민의 관점에서 보면 시민권리, 정치적 권리, 사회적 권리로 구분되는 시민권 개념은 국가라는 주체를 상대로 요구할 수 있는 배타적 권리이다(서유경, 2004). 더욱이 국가와 시민 간의 관계를 기본적으로 권리와 의무의 기능적 관계로 설명하고 있는 마샬의 근대 시민권 개념에서는 시민들이 국가에 대해 수동적이며 따라서 적극적으로 통합적 사회발전을 추구하는 데는 한계가 있다(서유경, 2005).

<그림 2> 권리의 발전단계

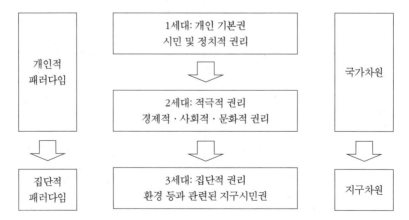

	1세대: 개인 기본권 시민 및 정치적 권리	
개인적 패러다임	⬇	국가차원
	2세대: 적극적 권리 경제적 · 사회적 · 문화적 권리	
⬇	⬇	⬇
집단적 패러다임	3세대: 집단적 권리 환경 등과 관련된 지구시민권	지구차원

시민권은 항상 변화하고 형성되는 동태적 과정이다(Marshall, 1964; van Gunsteren, 1978). 이러한 관점에서 마샬의 시민권 발전가설은 국제연합에서 제시하고 있는 권리의 세대발전론(generations of rights)에 적용하여 설명할 수 있다.

국제연합의 권리의 세대발전 단계에서 1세대는 개인의 자유권적 기본권인 시민 및 정치적 권리, 2세대는 적극적 권리인 경제적, 사회적, 문화적 권리를 의미하며, 3세대는 집단적 권리인 평화, 개발, 환경 등과 관련된 지구시민권이 해당된다. 1·2세대의 권리는 국가차원에서의 개인적 패러다임(individualistic paradigm)으로, 3세대의 권리는 지구차원에서의 집단적 패러다임(collective paradigm)으로 구분하여 설명할 수 있다(Jelin, 2000). 역사적으로 개인적 패러다임에서 집단적 패러다임으로의 전환이 중요한 원인은 지구 공공재화의 확대에 있다. 즉 세계화 추세로 인해 지구전체에서 공유하는 공공재가 확대되면서 기존 국가차원의 개인적 패러다임이 한계를 나타내고 있으며 지구차원의 집단적 패러다임으로 전환할 것이 요구되고 있다(주성수, 2000).

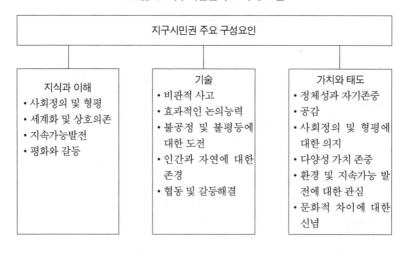

〈그림 3〉 지구시민권 주요 구성요인

또한 지구시민사회의 대두로 인해 기존의 국가차원에서 파악하던 개인적 패러다임에 기초한 시민권 개념을 확장할 것이 필요하게 되었으며 그 대안으로 지구차원의 집단적 패러다임에 기초한 지구시민권 개념이 최근에 논의되고 있다. 이러한 관점에서 옥스팜(Oxfam, 2006)은 책임있는 지구시민 양성을 위해 필요한 주요 분야들을 지식과 이해(knowledge and understanding), 기술(skills), 가치와 태도(values and attitudes)로 구분하고 각 분야의 구체적인 구성요인들을 다음과 같이 제시하고 있다.

제시된 지구시민권의 주요 구성요인들은 환경 및 지속가능발전에 대한 지구차원의 관심을 반영하고 있으며 폴크(Falk, 1994)는 환경문제의 시급성이 지구시민권의 형성을 촉진하고 생태적 관점에서 인류의 생존을 위해 정치적 선택을 재설계할 수 있는 효과적인 형태의 지구시민권이 요구된다고 주장한다(Soysal, 1994; Dahrendorf, 1994). 따라서 보편적 인권으로써 주권국가를 초월하는 지구시민권의 성격을 내포하는 새로운 양식의 지구환경시민권 개념정립에 대한 필요성이 야기되고 있다.

2. 지구환경시민권의 개념화

위에서 검토한 바와 같이 시민권의 개념은 복잡하고 다차원적이며 다양한 사회현상 및 사회운동들과 밀접한 관계가 있다(Turn, 1986; Dean, 1999; 2001). 이러한 맥락에서 지구환경문제의 특성 및 국제환경네트워크의 형성을 토대로, 지구환경시민권의 개념화 작업은 환경권(environmental rights), 책임(responsibilities) 그리고 지속가능발전(sustainable development) 차원에서 접근할 수 있다.

*지구환경시민권의 환경권과 책임차원*은 역사적으로 환경운동과 환경권의 형성문제와 밀접한 관계를 맺고 있다. 환경권의 생성배경으로는 1960년대 이후 부각된 환경위기의 인식, 기존의 시민권의 한계 등

〈그림 4〉 지구환경시민권의 차원

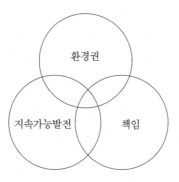

을 들 수 있다. 무한한 것으로 인식되었던 공기, 물, 토양 등 자연의 혜택이 지구라는 하나의 생태계 내에서 유한하다는 환경위기의 심각성에 대한 인식이 새롭게 제기되었고, 생태계의 파괴는 결국 인류의 파멸을 의미한다는 사실이 확인되면서, 환경문제의 근본적인 해결을 도모하기 위해 환경권의 개념이 주창되었다(Newby, 1996; van Steenbergen, 1994).

환경권은 인간이 나날이 심화되어 가고 있는 환경오염으로부터 벗어나 건강하고 쾌적한 생활을 영위할 수 있도록 보장해주는 권리를 의미한다. 이러한 환경권은 1960년대부터 주로 선진국에서 논의되어 오다가 1972년 6월 '인간환경선언'에서 채택되었다. '인간환경선언'에서 환경오염은 인류를 파멸시킬 수 있는 중대한 문제이며 환경보존은 개인의 의무가 아닌 전 인류가 공동으로 해결해야 할 문제라는 것이 주요 내용이었다. 이후 환경권은 환경위기가 고조되는 시점에서 기존의 인권 개념에서 발전적으로 변화하여 자유권적 기본권의 성격뿐만 아니라 사회적 기본권의 성격도 갖는 종합적 기본권으로 발전되었다.

각국의 환경권 보장을 살펴보면, 가장 먼저 환경권이 보장된 나라는 미국이다. 미국은 1969년 국가환경정책법(National Environmental

Act)을 제정하여 국민의 환경권을 확립하였고 각 주 헌법에 환경권을 명시하였다. 독일은 1990년 환경기본법을 제정하여 환경권을 보장하였고 1994년 개정된 통일독일의 헌법은 자연적 생활환경의 보호를 추가하여 국가가 미래세대를 책임지고 자연적 생활환경을 보호할 것을 규정하고 있다. 일본은 1993년 환경기본법을 제정하였고 헌법에는 환경권에 관한 명문규정이 없으나 생존권에서 이를 포괄적으로 인정하고 있다. 우리나라의 경우 1980년 헌법에서 환경권을 명문으로 인정하고 국가와 국민이 자연보전의 의무를 부담하도록 규정하고 있다. 이후 1987년 개정된 헌법은 환경권 규정을 더욱 강화하고 있다.

이후 환경권은 권리에 기초한 시민권에서 책임에 기초한 환경시민권으로 전환, 이해되고 있다. 특히 최근의 지구환경운동으로 인해 다른 종, 환경, 지구, 미래세대와의 관계에서 인간의 권리보다는 책임을 보다 더 강조하고 있다(Roche, 1992).

*지구환경시민권의 지속가능발전차원*은 지속가능발전의 배경 및 발전과 밀접한 관계가 있다. 지속가능발전 개념이 처음 제시된 것은 1980년 '국제자연보전연맹회의(International Union for Conservation of Nature: IUCN)'에서 채택된 '세계보전전략(World Conservation Strategy: WCS)'의 주제로 선택된 이후부터이고, 널리 알려진 것은 1987년 4월 세계환경개발위원회(WCED)의 부룬트란트(Brundtland) 보고서(1987) 이후였다(정회성·변병성, 2003). 이를 기초로 지속가능발전의 개념은 "지구를 염려하며―지속가능한 삶을 위한 전략(Caring for the Earth―A Strategy for Sustainable Living, 1991)"과 의제21(1992)에 의하여 발전되었다. 부룬트란트 보고서에 의하면 지속가능발전은 "미래의 세대가 그들의 필요를 스스로 충족시킬 수 있는 능력을 저해하지 않으면서 현재 세대의 필요를 충족시키는 개발"을 의미한다. 또한 "지구를 염려하며―지속가능한 삶을 위한 전략(Caring for the Earth―A Strategy for Sustainable Living, 1991)"에서는 지

속가능발전을 "생태계의 환경용량 내에서 인간생활의 질을 향상시키는 개발"로 정의하고 있다(UNEP, 1997).

이후 지속가능발전의 개념 및 이론은 명확히 정립되지 못하고 있는 실정이지만 여러 학자들(Barbier, 1987; Meadows, Meadows & Randers, 1992 등)이 제시하고 있는 많은 개념들을 종합하면 공통적으로 환경가치(the value of environment), 미래지향성(future orientation), 형평성(equity)의 세 가지 핵심 요소들을 포함하고 있다. 즉 환경가치에 대한 올바른 인식의 필요성, 현실성 있는 변화를 실천하는 데 요구되는 중장기적 계획수립의 필요성, 세대 내 및 세대 간 형평성 유지의 필요성을 강조하고 있다.

최근의 지속가능발전에 대한 논의는 환경적 · 경제적 · 사회적 요인들의 상호작용에 영향을 미치는 가치관들(환경책임, 경제적 성장, 사회적 안정성 등)에 기반을 둔 방향으로 진행되고 있다. 또한 환경보전의 책임이 세계화되고 있는 현실 속에서 지속가능발전은 지구차원에서의 긴밀한 국제협력을 필수적 과제로 삼는다. 따라서 지구환경시민권의 형성이 요청된다. 특히 교육을 통해 지속가능발전을 위한 태도와 가치관을 확립하기 위해 지속가능발전을 위한 교육(Education for Sustainable Development: ESD)이 추구되고 있다. 이러한 추세는 환경교육에서 시작하여 시민교육으로 확대되고 있다. 1992년 국제연합 환경개발회의(UNCED)에서는 의제21을 발표함으로써 환경에 대한 관점을 전면적으로 재정립하면서 시민사회 발전에 기여하는 ESD의 방향을 제시하였다. 이후 1996년 영국은 '21세기를 향한 환경교육(taking environmental education into the 21st century)'를 발표하고(Reid & Scott, 2005), 1998년 미국 대통령 자문위원회에서는 '지속가능성을 위한 교육(education for sustainability: An agenda for action)'을 공표하여 교육을 통해 모든 시민들이 지속가능발전과 책임있는 지구환경시민권 개념을 형성하는 데 유의하도록 노력을 기울이고 있다.

결론적으로 지구환경시민권의 개념은 다양한 사회현상들 간의 관계로 형성되고 있는 동태적 과정이며 계속적인 논쟁의 연속성상에 있다. 위에서 검토한 바와 같이 환경권, 책임, 지속가능발전 차원에서의 논의를 토대로 지구환경시민권 개념을 구체화하면 다음과 같다. 첫째, 지구환경시민권은 지구차원의 시민권 개념을 내포하고 있다. 지구환경문제는 경계가 없고 국가를 초월한 시민들과 기관들 간의 협조를 요구한다. 따라서 지구환경시민권은 공유된 생태계의 지구차원에서의 지위를 내포하고 또한 국가를 초월한 책임 및 의무를 포함하고 있다. 이러한 지구 차원에서의 책임과 의무는 환경정의 문제를 설명하는 데 있어 중요한 요인이 된다. 둘째, 지구환경시민권은 현재 및 미래 세대의 복지에 대한 관심을 포함하고 있다. 이는 세대 간 정의를 추구하기 위한 지속가능발전으로 개념화된다. 셋째, 지구환경시민권은 오염되지 않은 환경과 환경정책 관련 정보에 대한 권리를 포함한다. 또한 지속가능발전 추구를 목적으로 한 집단적 행위에 참가해야 하는 책임을 포함한다.

V. 결론

이상에서 검토한 바와 같이 시민권은 오랜 시간과 다양한 사회적 · 경제적 · 정치적 공간에서 시민과 정부를 포함한 기관들 간의 관계에서 형성되는 동태적 개념이다. 지구시민권 그 자체는 논쟁적인 개념이고 지구환경시민권은 이러한 논쟁의 연속성상에서 형성된다.

지구환경시민권 논의의 핵심은 지구환경문제의 특성을 반영하지 못하는 근대 시민권의 한계를 지적하고 지속가능발전을 위한 시민들의 적극적인 참여와 환경거버넌스를 지향하는 데에 있다. 기존 시민권과 비교하여 지구환경시민권의 성격을 종합정리하면 다음과 같다 (Paehlke, 2003; 2004; Dobson, 2003; Dobson & Bell, 2005). 첫째, 지구환경시민권은 새로운 지구환경문제들에 대한 시민들 간, 시민과 정부 간의 새로운 정치적 관계이다. 둘째, 지구환경시민권은 보다 지속가능한 사회로 전환하기 위해 사회, 정치 환경문제를 조화시킨다. 셋째, 지구환경시민권은 기존의 경제적 합리성을 비판하고 합리적 시민은 보다 광범위한 사회적·환경적 이해 및 관심을 가지고 있다고 가정한다. 넷째, 지구환경시민권은 지속가능한 사회를 추구하기 위해 시민권과 지속가능성과의 관계를 강조한다. 다섯째, 지구환경시민권은 권리에 대한 책임을 강조한다.

참고문헌

김번웅 · 오영석. (2004). 『환경행정론: 지속가능발전의 거버넌스』. 서울: 대영문화사.

김병완. (1994). 『한국의 환경정책과 녹색운동』. 서울: 나남.

서유경. (2005). 후기 근대 민주주의와 지구시민권: 이론구축을 위한 탐색. 『오토피아』, 20(1): 303-328.

_____. (2004). 지구시민사회의 두 가지 전체주의적 질서체계 비판. 『오토피아』, 19(1): 3-36.

신연재. (1998). 동북아 환경협력체제 구축 전략과 한국의 대응. 『사회과학논집』, 8(2). 울산대학교.

이병곤. (1994). 『지구 환경문제와 실천대책』. 서울: 법문사.

정준금 · 신연재 · 최병철 · 한상진. (1999). 『환경과 사회』. 서울:대영문화사.

정회성 · 변병성. (2003). 『환경정책의 이해』. 서울: 박영사.

주성수. (2000). 『글로벌 거버넌스와 NGO』. 서울: 아르케.

천정웅. (1995). 『지구환경레짐의 정치경제학』. 서울: 한울아카데미.

환경부. (2007). 『환경백서』.

Arizpe, L., P. Stone, & D. Major. (1994). Population and Environment. Rethinking the Debate. Boulder: Westview Press.

Attifield, R. (2002). Global Citizenship and the Global Environment. In Nigel Dower & John Williams (eds.). Global Citizenship: A Critical Introduction. New York: Routledge.

Barbier, E. B. (1987). Concept of Sustainable Economic Development. Environmental Conservation. 14(2): 101-110.

Blackmore, C., & J. Smyth. (2002). Living with the Big Picture: A System Approach to Citizenship of a Complex Planet. In Nigel Dower & John Williams (eds.). Global Citizenship: A critical Introduction. New York: Routledge.

Brenton, T. (1994). The Greening of Machiavelli: The Evolution of International Environmental Politics. London: Earthscan.

Brundtland, G. (1987). Our Common Future. Oxford: Oxford University Press.

Choucri, N. (1993). Political Economy and the Global Environment. International Political Science Review. 14(1): 14-36.

Dahrendorf, R. (1994). The Changing Quality of Citizenship. In B. van Steenbergen (ed.). The Condition of Citizenship. London: Sage.

Dean, H. (2001). Green Citizenship. Social Policy and Administration. 35(5): 490-505.

_____. (1999). Citizenship. In M. Powell (ed.). New Labour: New Welfare State. Bristol: The Policy Press.

Dobson, A. (2003). Citizenship and the Environment. Oxford: Oxford University Press.

Dobson, A., & Bell D. (2005). Environmental Citizenship. London: Goodenough College.

Dover, S. R., T. W. Norton, & J. W. Handmer. (1996). Uncertainty, Ecology, Sustainability and Policy. Biodiversity & Conservation. 5(10); 1143-1167.

Falk, R. (1994). The Making of a Global Citizenship. In B. van Steenbergen (ed.). The Condition of Citizenship. London: Sage.

Haas, P., R. Keohane, & M. Levy. (1993). Institutions for the Earth: Sources of Effective International Environmental Protection. Cambridge: MIT Press.

Hardin, G. (1968). The Tragedy of the Commons. Science. 162: 1242-1248.

Jelin, E. (2000). Toward a Global Environmental Citizenship. Citizenship Studies. 4(1): 47-63.

Marshall, T. H. (1964). Citizenship and Social Democracy. New York:Doubleday.

Marshall, T. H., & T. B. Bottomore. (1992). Citizenship and Social Class. London: Pluto Press.

Meadow, D. (1972). The Limits to Growth. New York: Universe Books.

Meadows, D., D. Meadows, & J. Randers. (1992). Beyond the Limits: Global Collapse or a Sustainable Future. London: Earthscan

Newby, H. (1996). Citizenship in Green World: Gloal Commons and Human Stewardship. In M. Bulmer and A. Rees (eds.). Citizenship Today: The

Contemporary Relevance of T. H. Marshall. London: UCL Press.

Offe, C. (1985). Contradictions of the Welfare State. Cambridge: MIT Press.

Oxfam. (2006). Education for Global Citizenship. Oxford, UK.

Paehlke, R. (2004). Rights, Duties and Global Environmental Citizenship. The Annual Meeting of the International Studies Association. Quebec, CA.

_____. (2003). Democracy Dilemma: Environment, Social Equity and the Global Economy. Cambridge: MIT Press.

Reid, A., & W. Scott. (2005). Cross-curricularity in the National Curriculum: Reflections on Metaphor and Pedagogy in Citizenship Education through School Geography. Pedagogy, Culture & Society. 13(2): 181-204.

Roche, M. (1992). Rethinking Citizenship: Welfare, Ideology and Change in Modern Society. Cambridge: Polity.

Rowlands, I. (1992). Environmental Issues in World Politics. In J. Baylis and N. J. Rengger (eds.). Dilemmas of World Politics: International Issues in a Changing World. Oxford: Clarendon Press.

Soysal, Y. (1994). Limits of Citizenship: Migrants and Postnational Membership in Europe. Chicago: Chicage University Press.

Turn, B. (1986). Citizenship and Capitalism: The Debate over Reformism. London: Allen and Unwin.

United Nations Environmental Program. (1997). Our Planet: Global Environmental Citizenship.

van Gunsteren, H. (1978). Notes on a Theory of Citizenship. In P. Birbaum, J. Lively and G. Parry (eds.). Democracy, Consensus and Social Contract. London: Sage.

van Steenbergen, B. (1994). Toward a Global Ecological Citizen. In B. van Steenbergen (ed.). The Condition of Citizenship. London: Sage.

Viola, E., & H. Leis. (2001). Brazil and Global Governance: the Case of Climate Change. In D. J. Hogan and M. T. Tolmasquim (eds.). Human Dimensions of Global Environmental Change. Rio de Janeiro: Academia Brasileira.

Weiss, T. G., & L. Gordenker. (1996). NGOs, the UN, & Global Governance. Boulder: Lynne Rienner Publisher.

World Commission on Environment and Development. (1987). Our Common
    Future. Paris: UNESCO.

europa.eu.int
www.earthcharter.org
www.environmentalcitizenship.net
www.sustainable-development.gov.uk
www.un.org
www.unep.org

지구와 경제: 사회적 시민권

심상용

I. 서론

오랜 계급투쟁의 결과 인류는 근대 복지국가에 이르러 시민권이라는 개념으로 보편적 인권을 확립할 수 있었다. 이 시민권의 개념은 일부 계층 내부의 형평성에 국한했던 이전의 것과는 그의 성격을 달리하는 것이었다(Lenski, 1966:428-429). 전 국민에 대해 자산, 직업, 교육, 기타 자원들의 보상(rewards)과 혜택(benefits)이 공평하게 취득되도록 함으로써 자원의 공평한 분배를 가능하게 했다는 점에서, 비로소 보편적인 시민적 권리로서의 사회적 시민권의 실현이 가능해졌기 때문이다.

시민적 권리의 발전과 사회적 불평등과의 관계에 주목한 마샬(Marshall, 1963:40-46)의 용어를 빌면, 18세기에는 법적 시민권으로서의 공민권이 발전했고 19세기에는 정치적 시민권이 확장됐다면 20세기에는 경제적 복지와 보장, 사회적 유산과 문명화된 삶을 향유할 수 있는 권리인 사회적 시민권이 발전했다. 전통적인 빈민법 시대에는 욕구를 가진 자(needy)만이 공적인 부조의 대상이었지만, 이제는 노동자계급과 전 인구가 보편적인 사회적 시민권을 향유할 수 있게 됐고, 이는 근대 산업 공동체의 핵심적인 규범으로 자리 잡게 되었다. 열렬한 시민권 논자들은 평등주의(egalitarian)적인 스웨덴 모델을 지향하는 세계적인 추세에서 볼 수 있듯이 대부분의 산업사회에서 수십 년 이내에 사회적 시민권의 중요성이 널리 보편화될 것으로 전망했다(Lensky, 1966:430).

그러나 서구 사회에서는 1960년대부터 이미 빈곤이 재발견됐고 1980년대 중반에만 영국에는 1천2백만 명의 빈곤 인구가 있는 것으로 확인됐다(Harris, 1987:2). 시장의 불평등, 조세제도, 사적 기업복지의 역진성을 극복하지 못해 보편적인 사회정책만으로는 빈곤을 퇴치하고 불평등을 완화하는 데 성과를 거두지 못했고, 사회적 서비스의 혜택이 저소득층에게보다는 부유한 계층에게 더 많이 돌아가 시장에서의 불평등을 교정하는 결정적인 역할을 하지 못했기 때문이다(Harris, 1987:164; Le Grand, 1982:129-156).

게다가, 1970년대 이후 진행된 자본주의 사회경제적 환경 변화의 영향으로 유럽 사회가 실업의 만성화, 직업구조의 양극화, 하층계급의 양산 등 새로운 환경에 처하자 신빈곤(new poverty)이 구조적인 현상으로 광범위하게 자리 잡고 있음이 인정되고 있다[1](Room, 1990). 이런 점에서, 사회구조와 제 시민적 권리와의 역동적 관계를 규명하지 못한 마샬의 사회적 시민권의 불가역성(irreversibility)에 대한 진화론적 낙관론은 근거 없음이 입증됐다고 할 수 있다(Mishra, 1977:27).

게다가, 세계화 시대에 서구 복지국가를 중심으로 논의돼 왔던 사

---

1) 그 특징으로는 공적 부조 의존 인구의 증가, 전통적인 사회보험체계의 결함으로 인해 최소한의 급여로 살아가는 인구의 증가, 실업과 고용불안의 광범위한 영향, 빚·임대료·연료 등의 조건 악화, 여성 등 한부모 가족의 복지의존도 증가, 노숙자의 증가, 빈곤 인구 구성에서의 젊은 층의 증가 등이 지적된다.

회적 시민권에 대한 논의를 지구시민권 차원으로 확장하는 데에는 커다란 벽이 가로놓여 있다. 마샬 스스로도 국가를 시민권의 공급자이자 보증자로 간주하며 국가 자체를 정체성의 초점으로 삼았고, 위에서 살펴본 시민권에 대한 갈파와 반비판들은 철저히 서구의 국가중심성(nationality)을 전제로 하는 것이기 때문이다(Delanty, 2000:19-20; Marshall, 1963:46-47).

지금은 시민권과 국가와의 연계가 더 이상 자동적으로 보장되지는 않는 세계화의 환경에 처해 있다. 그런 점에서 각 국가, 지역, 문화의 상호의존성이 증가하는 현재에 있어서 지구시민권에 대한 접근은 공간적인 차원에서의 탈지역화(deterritorialization)를 불가피하게 필요로 한다(Delanty, 2000:81). 특히 사회적 시민권과 관련해 세계화의 진전이 세계적 차원의 경제적 불평등과 빈곤의 극복을 동반하지는 못하고 있다는 전망이 제기되는 상황이다. 세계화가 세계시민주의(cosmopolitanism)와 자동적으로 연결되지 않고 있는 엄연한 현실 앞에서, 우리는 서구 국민국가 중심의 배타적인 시민권 개념을 지구시민권 차원으로 확장해야 하는 시대적 요구에 직면해 있다. 그런 점에서 시민권 개념의 탈지역화는 시민권 개념의 탈(서구)국가화(denationalization)를 필요로 한다고 할 수 있다(Bosniak, 2001:248). 왜냐하면 서구의 국가중심성의 한계에 갇혀 있는 한, 국가공동체 구성원 사이의 책임과 의무의 분배에 기초한 연대성에 대한 관점만으로는 이와 같은 분배기제로부터 체계적으로 배제돼 있거나 자원에 대한 접근조차 보장되지 않는 다른 세계 구성원들에 대한 포용적(inclusive) 접근이 원천적으로 허용되지 않기 때문이다.

이 장(章)은 최근의 세계화의 진전이 시민권[2]에 미치는 영향에 주목

---

2) 시민권의 개념을 공민권, 정치적 시민권, 사회적 시민권으로 분류한 마샬(Marshall)의 분류에 근거해 있으면서, 헬드(Held, 1994)는 이 중 사회적 시민권에 대해 건강에 대한 보장을 의미하는 육체(body)적 권리, 사회적 보장, 육아, 교육에 대한 권리를 의미하는 복지(welfare) 권리, 최소 소득과 노동의 권

해 일국적 시민권운동의 한계를 극복하는 대안적 접근으로서 지구시
민권 운동의 가능성과 방향을 제시하고자 하는 시도의 일환이다. 이
를 위해, 먼저 사회적 시민권과 직결돼 있는 경제적 세계화의 양상과
그 영향에 대해 논의하고, 세계 시민들이 누리는 사회적 시민권의 현
실에 대해 규명한 뒤, 세계적 차원의 사회적 시민권 확립을 위한 대안
적 접근과 지구시민권 운동의 방향에 대해 논의해 보고자 한다.

II. 경제적 세계화의 진전

현대에 있어서 세계는 이전 시기보다 국가 차원의 조정의 비중이
감소하고 초국가적으로 상호 연계된 관계의 그물망의 중요성이 더욱
증가하고 있다. 즉 현대는 세계를 긴밀히 상호 연관된 하나의 전체로
서의 지구적 공간으로 인식하려는 중요한 특징이 있다. 그런 점에서
세계화에 대한 일반적인 정의는 "사회적 · 문화적 조정에 대한 지리적
구속이 점점 더 축소되고 있고 사람들이 실제로 그렇게 느끼고 있는
것"이라고 요약할 수 있다(Waters, 1995:3). 이렇게 본다면 세계화는
이전에도 있어왔지만 최근 들어 그 경향이 심화되고 있는 현상이라고
볼 수 있다.

일반적으로 경제의 세계화는 무역과 자본이동의 확대 등 세계경제
의 통합으로 정의되고 제반 생산요소들이 조세 같은 인위적인 장벽과
지리적 장벽을 뛰어넘어 세계적으로 확산되는 현상을 지칭한다
(Rodric, 1997:7-9). 상품과 자본시장의 통합, 생산의 국제화, 초국적

리의 보장을 의미하는 경제(economy)적 권리로 구분했다. 그런데 이와 같은
분류는 분석적 기준일 뿐이지 인간 생활에 대해 개인이 자율성을 행사할 수
있는 이들 영역들은 하나의 총체를 이루고 있다(Held, 1994:54). 따라서 이 글
에서는 사회적 시민권, 경제적 권리 등을 특별히 구분하지 않고 사용하기로
한다.

〈표 1〉 경제의 개방화에 대한 지표: 발달된 산업국들

	자본통제 자유화 정도		국외 직접 투자 (DFI)		국제 자본 시장에서의 차용		무역 개방	
	1960 -1973[1]	1990 -1994[2]	1960 -1973[3]	1990 -1994[4]	1960 -1973[5]	1990 -1994[6]	1960 -1973[7]	1990 -1994[8]
스웨덴	60	95	0.5	6	0.17	10.54	46	59
노르웨이	37.5	100	0.1	1.9	1.37	5.01	82	72
덴마크	75	100	0.2	1.6	1.01	3.91	60	65
핀란드	25	87.5	0.2	1.5	0.92	9.63	45	54
오스트리아	55	87.5	0.1	0.8	0.39	4.16	53	77
벨기에	75	100	0.3	3	0.35	2.77	77	138
네덜란드	75	100	1.3	6.6	0.41	4.01	92	99
독일	100	100	0.3	1.2	0.05	1.85	40	62
프랑스	72.5	90	0.2	1.9	0.09	2.69	27	44
이탈리아	72.5	90	0.3	0.7	0.42	1.91	31	39
스위스	97.5	100	0	4.4	0.06	2.21	61	69
일본	50	70	0.2	0.7	0.09	1.46	20	18
캐나다	93.75	100	0.3	0.9	1.69	4.91	40	56
아일랜드	50	82.5	0	0.7	0.73	7.15	78	119
영국	46.4	100	1.1	4.5	0.45	4.61	41	51
미국	92.5	100	0.6	1.4	0.1	1.81	10	22
호주	57.5	75	0.2	0.9	0.35	3.7	30	37
뉴질랜드	37.5	87.5	0.1	6.5	0.67	4.12	46	58
평균	65.15	92.50	0.33	2.51	0.52	4.25	48.83	63.28

주 1,2) 자본통제의 자유화. Quinn and Inclan(1997).
주 3,4) GDP에 대한 국외 직접 투자의 비중. Swank(2002)에서 인용.
주 5,6) GDP에 대한 국제 자본시장에서의 차용의 비중. Swank(2002)에서 인용.
주 7,8) GDP에 대한 수출 및 수입의 가치가 차지하는 비중. Huber, Ragin & Stephens (1997)
자료 : Huber & Stephens(2005: 601) 〈Table 30.1〉

자본의 영향력 등의 면에서 1980년대 이후 경제의 세계화는 매우 크게 확산돼 왔다.

〈표 1〉의 발달된 산업국들의 경제의 개방화에 대한 지표를 보면 자

본 이동의 확대가 세계경제로의 통합의 원동력이 되고 있음을 알 수 있다. 자본통제의 자유화 정도는 1960~1973년 기간에는 65.15이었던 것이 1990~1994년 기간에는 92.50로 자유화 정도가 거의 완성되고 있

⟨표 2⟩ 경제의 개방화에 대한 지표: 라틴 및 북아메리카 국가들

	자본통제 자유화 정도		국외 직접 투자(DFI)		무역 개방	
	1960 -1973[1]	1990- -1994[2]	1960 -1973[3]	1990 -1994[4]	1960 -1973[7]	1990 -1994[8]
아르헨티나	71	86	.00	.63	12.69	18.42
브라질	41	47	.02	.27	13.89	17.56
멕시코	80	75	n.d.	n.d.	17.49	47.55
볼리비아	96	89	.00	.03	59.22	48.88
칠레	53	58	.00	1.43	27.09	59.19
콜럼비아	53	59	.04	.36	27.05	34.79
에콰도르	77	89	.00	.00	36.1 ·	57.26
파라과이	76	81	.00	.03	29.96	86.43
페루	77	92	.00	.03	36.5	25.89
우루과이	88	100	.00	.01	26.77	43.42
베네수엘라	90	72	n.d.	.64	41.01	52.78
바바도스			.44	.09	126.85	116.35
코스타리카	92	88	.00	.05	57.43	85.91
도미니카 공화국	46	55	.00	.00	43.87	67.86
엘살바도르	27	84	.00	.00	51.85	54.02
과테말라	71	100	.00	.00	33.78	43.21
자메이카	50	81	.05	1.14	72.54	122.18
니카라과	89	69	.00	.00	57.6	87.2
트리니다드토바고	42	64	.00	.00	102.18	86.71
평균	67.7	77.2	.03	.26	45.99	60.82

* 아르헨티나는 1992-1998년 자료, 자메이카는 1994~1998년 자료임.
주 1,2) 자본통제의 자유화. Quinn(직접 얻음).
주 3,4) GDP에 대한 국외 직접 투자의 비중. IMF ⟨*Balance of Payment Statistics*⟩
　　　에서 코딩.
주 5,6) GDP에 대한 수출 및 수입의 가치가 차지하는 비중. World Bank ⟨*World Development Indicators CD-ROM*⟩(2000)
자료 : 허버와 스테판(Huber & Stephens, 2005:602) ⟨Table 30.2⟩

음을 보여주고 있다. 특히, 노르웨이, 덴마크, 벨기에, 네덜란드, 독일, 스위스, 미국, 영국은 자본통제를 완전히 제거했다. 국외 직접 투자 (Direct Foreign Investment, 이하 DFI)는 0.33에서 2.51로 7배 이상 놀라운 증가를 보였다. 국제 자본시장에 대한 의존 또한 0.52에서 4.25로 8배 이상 증가했다. 한편, 무역개방은 같은 기간에 48.83에서 62.28로 소폭 증가하는 데 그쳤는데, 이는 유럽경제공동체(European Economic Community: EEC)/유럽연합(European Community, 이하 EC)이 1999년 현재에도 여전히 5%의 관세를 부과할 수 있도록 허용하고 있고 발달된 산업국들 전체가 평균 4%의 관세를 부과하고 있는 것과 관련이 있다(Huber & Stephens, 2005:609).

〈표 2〉의 라틴 및 북아메리카 제3세계 국가들의 경제 개방화에 대한 지표들을 보면 발달된 산업국들에 비해 경제의 개방화 정도가 상대적으로 낮고 국가별로 매우 편차가 심한 현상이 발견된다. 자본통제의 자유화는 1990~1994년 기간에는 77.2로 1960~1973년 기간의 67.7에 비해 1.14배 증가하는 데 그쳤다. 그 중에서도 브라질, 멕시코, 콜롬비아 등 주요 국가들은 여전히 자본시장에 대한 통제를 늦추지 않고 있다. DFI는 0.03에서 0.26으로 증가하는 데 그쳤다. 칠레, 자메이카, 베네수엘라, 아르헨티나만이 0.5 수준을 넘어섰을 뿐이다. 이는 발달된 산업국들의 GDP에서 차지하는 비중에 비해 1/10 수준에 불과하고 이들 나라들의 경제 규모가 훨씬 작은 점을 고려할 때 절대적인 차이는 더 크다. 무역 개방은 45.99에서 60.82로 점증했다.

그러나 국가별로 편차가 매우 심해, 주요 국가들 중 아르헨티나, 브라질, 칠레, 콜롬비아, 멕시코, 우루과이 등 내부 지향적인 수입대체산업화모델(Import Substitution Model, 이하 ISP)을 채택한 국가들의 경우 무역장벽이 여전히 매우 높은 수준임을 알 수 있다(Huber & Stephens, 2005:609). 이들 나라들의 관세율은 보통 100%를 넘는다. 주요 생산물의 수출에 의존했던 나머지 국가들 중 최근 ISI을 채택해 국내 소비재 산업을 발전시키기 시작한 국가들 역시 높은 관세율을 부과하고 있다. 반면 ISI를 포기한 국가들에서는 관세율을 현격히 낮추어 무역개방을 확대했는데 이들 나라들의 평균 관세율은 10% 수준으로 알려져 있다.

III. 경제의 세계화와 사회적 시민권

세계화로 인한 초지역적, 초국가적 공간에서의 문명 간 조우의 촉진은 한편으로는 문화 간의 융합과 보편적 문화 형성의 성과를 거둘 수 있다는 점에서 매우 고무적이다. 그런데 세계화가 세계 사회(world society)—혹은 이와 유사한 용어인 지구 사회(global society)—의 자동적인 형성을 의미하는 것은 아니라는 점을 분명히 할 필요가 있다(Delanty, 2000:82-85). 세계 사회란 커뮤니케이션에 기반을 둔 사회이고 통합에 기초한 전통적인 사회로부터 기능적 차별성에 기초한 사회로의 변화에 의해 형성되지만(Beyer, 1994:33-41), 세계화는 그와 같은 세계 사회를 형성할 수 있는 구조나 기관(agency)의 설립을 동반하지 않고 있다. 근대화(modernization), 서구화(westernization), 국제화(internalization)가 국민국가, 문화, 근대 제도에 의해 형성된 세계의 산물이었듯이, 세계화는 각기 다른 국가적 중심성과 문화적 제도의 상호작용의 표현으로 봐야 한다. 이런 관점을 수용한다면 서구화나 미국화(Americanization)가 세계적인 차원의 사회적 변화에서 지배적인 양상으로 나타나고 있는 현상을 이해할 수 있다.

경제적 세계화의 실체를 이해하는 데 있어서, 지리적 경계의 중요성을 약화시키는 세계화가 서구의 주도권을 와해시키지도 않았고 국민국가의 고유한 영역을 뛰어넘는 상호관계의 증진이 근원적인 이해관계의 상충과 갈등 현상을 동반하는 경향이 있다는 점을 인정하는 것은 중요하다. 왜냐하면 경제의 세계화란 세계적 차원에서 자본이 지배하는 시장제도를 확립하는 정치적 경제 논리로 이해될 수 있기

때문이다. 그런 점에서 경제적 세계화는 맥마이클(McMichael, 2000)
의 용어를 빌자면 "신자유주의적 세계화", "기업의 세계화" 혹은 "신
자유주의적, 기업 지배의 세계화"의 다른 표현이다.

세계적 차원의 자본 지배는 초국가적 기업들(Transnational Corpo-
rations, 이하 TNCs)과 초국적 기구들(supranational bodies)의 영향력
증가를 통해 이루어져왔다. 〈표 1〉과 〈표 2〉의 DFI의 지표에서 확인
했듯이 대부분 발달된 산업국들에 의해 TNCs의 영향력이 확대돼 왔
다.[3] 생산의 국제화는 발달된 산업국들에 근거를 두고 있는 기업들의
직접적인 외국 투자를 통해 이루어지고 있다. TNCs는 상품제조와 분
배과정에서 세계 각국의 하위계약자들을 참여시킴으로써 세계적인
상품 체인을 발전시켰지만 여전히 단일한 기업에 의해 조직되고 있다
(Gereffi & Korzeniewicz, 1994).

세계적 차원의 자본 지배를 매개하는 주체는 국제적인 재정기구들
이다. 여기에는 국제통화기금(International Monetary Fund, 이하
IMF), 세계은행(World Bank), 세계무역기구(World Trade Organiza-
tion, 이하 WTO) 같은 초국적 기구들이 속한다. 재정위기를 겪은 개
발도상국들에 대한 이들 국제적인 재정기구들의 영향력 확대는 놀라
울 정도로 확대돼 왔다.[4] 이들 기구들은 국제적 규제에 개별 국가들을
네 가지 경로로 종속시킴으로써 제도화된 세계 시장을 확립한다
(Karagiannis, 2004). 첫째, 탈식민지화와 국제연합(United Nations,

---

3) TNCs과 TNCs의 세계적 체인에 의한 생산의 비중과 그 성장에 대한 정확한 자
   료는 구하기 힘들다. 그러나 많은 사례연구들에 의하면 그와 같은 현상은 실재
   한다고 판단된다(Huber & Stephens, 2005:612). 이런 한계를 고려할 때 〈표
   1〉의 DFI에 대한 지표는 생산의 국제화의 증가를 나타내는 좋은 지표이다.
4) 그런 점에서 Canak(1989)은 기업이 지배하는 경제의 세계화는 두 측면으로
   구성돼 있다고 말한다. 첫째는, 개발도상국들의 경제를 개방경제로 교정시켜
   통화와 상품의 세계적 순환에 개별 국민경제를 종속시키는 것이다. 둘째는, 초
   국가적 재정기구를 설립해 이와 같은 세계적인 시장규칙에 개별 국가들의 재
   정, 무역, 노동 등의 정책들이 따르도록 하는 것이다.

이하 UN) 가입을 통해 자기결정권의 원리를 확립하도록 지원한다. 둘째, 1954년 체결된 브레튼우드 협정(Bretton Woods Conference)을 통해 국제통화기금(IMF)과 세계은행(World Bank)을 설립하고 세계적인 차원에서 통화관계를 규율한다. 셋째, 개별 국가들의 정치경제 체제를 케인즈주의의 거시경제정책과 포드주의 생산 및 소비전략에 맞추도록 조정한다. 넷째, 마샬 플랜(Marshall Plan)과 기타 해외 원조 정책을 통해 군사적, 재정적, 기술적 관계를 확립해 발달된 TNCs가 기업적, 지정학적 이해를 실현시킬 수 있는 세계경제체제를 확립한다.

경제의 세계화는 세계적인 차원의 사회적 시민권에 어떤 영향을 미치는가? 이에 대해서는 두 갈래의 극단적인 주장이 제기돼 있다. 마르크스주의자들이 제기하는 초지구화 가설(hyperglobalization thesis)에 의하면 단일한 세계시장과 세계적인 경쟁의 형성은 국민국가의 정치적 행동반경을 축소시켜 모든 정부에게 신자유주의 정책을 강요하고 따라서 개별 국가들과 그 시민들이 그의 희생양이 될 수밖에 없다(Amin, 1997). 신자유주의자들은 상품 · 자본 · 노동의 개방이 확대되면서 모든 국가들은 점점 더 경쟁에 노출되고 경제에 개입하는 국가는 결국 생산 비용을 증가시켜 자본의 탈출을 야기할 수밖에 없기 때문에 국가는 시장지향적인 '최상의 실천(best practice)'을 추구해 최적의 자원배분을 이룸으로써 경제의 효율화를 이루는 것이 바람직하다고 주장한다(Ohmae, 1995).

그런데 경제의 세계화에 따른 영향을 논하는 데 있어서 경제의 발전단계나 지정학적 요건들을 고려하지 않고 모든 국가들에 일률적으로 적용되는 법칙성을 논구하는 것은 논리적으로 성립되기 어렵다. 따라서 현실적으로는 발달된 산업국들과 개발도상국들을 구분해 경제의 세계화에 따른 영향을 논의하는 것이 불가피하다.

발달된 산업국들에게 있어서 경제의 세계화는 1967년 이후 중심부 포드주의의 생산성 하락과 그로 인한 이윤율 저하로 인해 중심부 자본이 구상과 조직, 숙련 제조과정, 비숙련 조립과정으로 이루어진 포드주의 3단계 직업과정 중 주로 비숙련 조립과정을 주변부로 이전해 수직적인 분업체계를 형성해 TNCs로 전화된 것과 밀접한 관련이 있다(Lipietz, 1986). 이에 따라 세계 포드주의가 확립되자 무역자유화, 자본이동의 자유화 등 경제의 세계화 추세가 확대됐고 그 영향으로 발달된 산업국들은 점점 더 세계시장에 통합돼 왔다(Rodric, 2000).

경제의 세계화에 따른 경제적 영향에 대해서는, 발달된 산업국가 내부에서는 산업구조상 비교우위를 갖고 있고 고숙련 노동에 기반을 둔 교역부문의 경쟁력이 국내부문보다 커지게 돼 산업부문 및 노동력 간의 불평등이 증가하고, 개발도상국들과의 경쟁 때문에 임금하락이나 고용보호 수준의 후퇴가 나타나고, 이민의 유입으로 국내적으로 소득불평등과 빈곤의 확산을 야기할 수 있다는 우려가 제기돼 왔다(Alderson, 1999). 경제의 세계화와 사회정책과의 관계에서는, 이른바 '바닥으로의 경주(race to bottom)' 가설에 의하면 외국자본을 유인하기 위해 정부는 국내 제도를 효율화해야 하기 때문에 사회정책의 전반적인 하향조정(downward harmonization)이 불가피하다는 주장이 강력히 대두됐다(Bowles & Wagman, 1997).

그런데, 최근의 논의에 의하면 경제의 세계화가 발달된 산업국들의 경제정책과 사회정책을 후퇴시키고 있다는 초지구화 가설이나 신자유주의적인 수렴론은 큰 지지를 받지 못하고 있다.[5] 이른바 '유일 최선의 방식(best practice)'에 대한 가정은 자본의 국가적 특이성에 대한 몰이해의 산물이라는 것이다[6](Hall & Soskice, 2001:56-60). 자유주

---

5) 물론 1990년대 이후 자본통제의 자유화와 고정환율제도의 확립은 국가의 재정정책의 자율성을 크게 훼손해 왔다는 점은 부인되지 않는다(Scharf, 2000:315-317). 이제 국제시장이 국내 이자율을 규율하게 되면서 경기조절수단으로서의 재정정책과 투자촉진책으로서의 낮은 이자율을 유지할 수 없게 됐다. 재정적자가 금융시장에 위험요인으로 등장하면서 위험에 대한 추가배당이나 외환보유고 감소의 압력으로 작용하기 시작했다. 따라서 불가피하게 국영기업은 사유화되거나 보조금이 철회되면서 시장원리를 새로이 도입했고 국내 자본에 대한 탈규제화가 이루어졌다.

의적 시장경제(liberal market economies: LMEs)는 시장조정을 선호하기 때문에 값싼 노동력을 찾아 해외로 이전하는 경향이 있다. 그러나 비시장적 조정을 선호하는 조정된 시장경제(coordinated market economies: CMEs)는 고숙련 생산, 장기적으로 인내하는 자본시장, 조정된 노사협상, 직업특수적 교육훈련 및 장기적 고용관계에 기반을 두고 있어 기존의 국가 특수적인 제도의 비교우위(comparative advantage)를 지속적으로 추구하는 경향이 있다.

개발도상국들에 있어서 경제의 세계화는 발달된 산업국들과는 상이한 맥락을 갖고 있다. 제2차 세계대전 이후 대거 신생 독립국가로 합류한 이들 국가들은 집약적인 자본·기술 등의 생산요소의 부족, 자본주의 이전의 전통적인 경제관계의 지배적인 영향력, 근대화된 고용·교육·조세·금융·행정·사회간접자본 등의 결여 같은 구조적인 한계 위에서 근대화 전략을 채택하지 않을 수 없었다. 이들 국가들은 분배의 원천인 경제적 자원을 확보하지 못하고 있음으로 인해 집중화된 성장(concentrated growth) 전략을 채택해 경제성장의 낙리효과(trickle-down effect)를 추구하는 경향을 보여 왔다(Chenery, 1974: xiv-xv). 국민경제에서는 작은 비중을 차지하지만 주요한 역할을 담당하는 근대화된 생산과 산업 부문에 대부분의 투자와 사회적 혜택을 집중해 불합리한 소득분배를 감수하는 성장을 추구하지만 고용의 증가, 교육 투자의 확대 등을 통해 국민경제 전체로 그 파급효과를 확대하는 성장, 고용, 소득분배 전략을 취하지 않을 수 없었기 때문이다.[7]

---

6) 최근 발달된 산업국들의 시민들의 삶의 질 악화는 다양한 측면에서 관찰된다. 특히 LIS(Luxemburg Income Study)의 소득자료에 의하면 1980년대 이후 소득불평등과 상대빈곤율이 점차 확대돼 20년가량 구조화되고 있음을 알 수 있다. 그러나 이는 세계화의 직접적인 영향이라기보다는 경제의 저성장, 서비스 경제화, 한부모가구나 단독가구의 증가 같은 가족구조의 변화, 여성의 경제활동 참여 증가 등의 사회경제적 변화가 복합적으로 영향을 미친 것으로 봐야 한다(Smeeding, 2002).

그런데 1980년대 이후 북부와 남부 즉 발달된 산업국들과 개발도상국들의 세계적인 경제적 융합이 급속도로 확대되고 있는 경제의 세계화 시대에서 이와 같은 일국 특수적인 전략만으로는 바람직한 경제적, 사회적 성과를 거둘 수 없다. 취약한 경제적 여건을 가진 개발도상국들의 국민경제는 세계경제와 융합돼 그로부터 중대한 영향을 받을 수밖에 없게 됐기 때문이다.

경제의 세계화가 개발도상국들의 근대화 전략과 이들 국가 구성원들의 삶의 질에 어떤 영향을 미쳤는지는 논란의 대상이 돼 왔다. 세계경제와 융합된 근대화 전략을 주장하는 논거는 로머(Romer, 1993)의 격차(gap) 논리로 설명된다. 개발도상국들은 발달된 산업국들과의 사이에서 생산요소의 부족(object gap)과 지식기반의 부족(idea gap)의 불리한 처지에 있기 때문에 폐쇄경제체제로는 이와 같은 격차를 극복할 수 없어 도태될 수밖에 없다. 외국자본의 도입과 외국인 직접 투자로 생산요소와 지식기반을 확충하면 기술혁신의 파급효과로 인해 기술진보가 국민들의 삶의 질을 개선하는 경제적 기반을 확립할 수는 있다.

그러나 경제의 세계화에 비판적인 논거에 따르면 국민국가의 발전전략을 저해하고 개발도상국들에게 시장의 힘을 일방적으로 강요한다(Leys, 1996:7). 개별 국가들을 정치적·기술적 관계에 의해 지배되는 국제적 위계질서의 세계적 생산 연쇄에 편입시키려는 이와 같은

---

7) 물론 경제성장의 낙리효과에만 의존해 일부 근대부문에 투자와 사회적 자원 배분을 집중하는 전략은 그 성과를 의심받아왔다. 경제성장의 초기 단계의 과도한 소득분배는 산업화에 필요한 자본을 형성하는 데 부정적인 영향을 미치는 것은 당연하지만, 낙리효과에만 의존해서는 궁극적인 소득분배 효과를 기대할 수 없기 때문이다(Ahluwalia & Chenery, 1974:48-49). 따라서 대안으로 제시되는 전략은 모든 집단들에 대한 경제성장의 혜택 분배, 빈곤계층의 인적 자본에 대한 투자 확대, 국내 소비 진작을 위한 보편적 이전 지출 확대, 과도한 자산집중 억제를 통한 분배갈등 완화 등이다.

시도는 국민경제의 제 경제 부문들, 내생적 자본축적 양식, 부의 재분배 체계 등을 파편화시킨다는 것이다. 그 결과 기존에 확립돼 있던 경제적·사회적 관계는 세계경제와 연관된 금융 및 무역 이익을 중심으로 재편된다. 국가는 민영화, 통화정책의 탈규제, 사회정책의 후퇴 등의 정책을 폄으로써 세계적인 기업관계의 축적에 순응하도록 그 역할이 수정된다(Canak, 1989). 이 때문에 개별 국가의 시민사회와 구성원들의 사회적 시민권의 요구에 부응하기보다는 세계적인 자본의 순환에 봉사하는 시장국가(market state)로 변모하게 된다.

경제의 세계화가 개발도상국들의 성장과 분배에 미친 성과를 긍정적으로 보는 논자들은 1980년대 이후에 경제의 세계화에 밀접하게 결합됐던 국가들(new globalizers)은 경제의 자유화의 성과로 인해 인플레이션의 감소, 재정적자의 축소, 외국자본의 유입 확대, 경제성장의 회복, 빈곤의 감소, 불평등의 점진적 축소 등의 개선이 이루어지고 있다고 평가한다(Dollar, 2004; Bourguignon & Morrisson, 2002). 세계경제에 깊숙이 편입되면 가격의 하락에 의해 근대부문뿐 아니라 전통부문에서도 고비용 생산자들이 자연스럽게 퇴출되고 산업의 생산성 증진과 새로운 기업의 진입이 가능해져 단기간에는 고통이 생길지 모르지만 장기적으로는 국가경제에 이로운 선순환 효과를 발생시킨다는 것이다. 일부 국가들이 선택했던 ISP에 대해서도 경제의 세계화의 혁신 확산 효과를 부정해 저성장을 면치 못했기 때문에 경제적으로 실패한 전략이라고 비판한다.[8]

반면 경제의 세계화가 개발도상국들의 성장과 분배에 영향을 미치지 못하거나 부정적인 영향을 미치고 있다는 주장도 강력하게 제기돼

---

8) 로머(Romer, 1994)의 신경제이론의 추종자들은 ISP 실패의 가장 큰 이유로 생산성과 저생산성 기업이 병존하는 이들 국가들의 환경에서 불충분한 경쟁은 혁신의 확산을 가로막아 시장경제의 원활한 작동을 방해했기 때문이라는 점을 공통적으로 지적한다(Dollar, 2004).

왔다. 먼저, 1980년대 이후의 개발도상국들이 겪고 있는 점진적인 빈곤의 감소가 경제의 세계화로 인한 일관된 영향 때문인지에 대해 동의하지 않고 있다. 세계은행의 논리는 100여 개 국가를 대상으로 한 실증 결과이기 때문에 빈곤에 영향을 미치는 여러 요인들을 무시한 과잉일반화이어서 통계적인 착시현상일 뿐이라는 주장이다[9](Jenkins, 2005). 게다가 이 기간 동안 동아시아와 남아시아는 경제성장과 빈곤 감소의 성과를 거두었지만 아프리카는 저성장과 빈곤 확대를 경험하고 있어 지정학적 요인들도 무시할 수 없다. 요지는 경제의 세계화에도 불구하고 여전히 세계는 국가 간의 불평등이 온존하고 있어 특히 개발도상국들은 저성장, 빈곤, 불평등에 노출돼 있고, 이들 국가의 시민들은 사회적 시민권의 박탈과 사회적·정치적 참여의 제약이라는 악순환의 고리에 처해 있다는 것이다(Newlands, 2002:217-219).

또 경제의 세계화가 개별 국가의 경제와 분배에 미치는 영향[10]은 매

---

9) 세계화와 성장 및 빈곤 감소와의 긍정적 관계를 주장하는 흐름은 주로 World Bank에서 제기되고 있다. 이 주장은 몇 가지로 요약된다(Dallar, 2005; Bourguibnon & Morrisson, 2002; Clark et al., 2001). 첫째, 1980년대 이후 1달러 혹은 2달러 미만으로 생활하는 인구의 숫자가 감소하고 있는데 이는 세계화와 관련이 있다. 둘째, 최초로 1990년대 이후 개발도상국들의 경제성장률이 발달된 산업국들의 성장률을 앞질렀기 때문에 경제의 세계화의 성과가 이들 국가들로 귀속되고 있다. 셋째, 발달된 산업국들에서는 빈곤과 불평등이 증가하지만 세계 전체적으로는 국가 간, 국가 내부, 세계 시민 전체 차원에서 빈곤의 감소와 국가 간, 세계 시민 전체 차원의 불평등의 점진적 축소가 발견된다. 넷째, 세계경제에 통합된 개발도상국은 그렇지 않은 국가들보다 성장과 분배 개선 효과가 크다. 이에 대해서는, 성장과 분배에 영향을 미치는 국가 특수적인 제반 요인들을 무시해 세계화와 경제성장, 분배, 빈곤의 관계를 지나치게 일반화한 오류가 있다는 반론과 함께, 세계 차원의 빈곤과 불평등 개선 효과에서는 중국, 인도 등 인구의 비중이 크고 상대적으로 고성장을 기록한 국가가 차지하고 있는 구성효과를 무시할 수 없다는 비판도 제기돼 왔다.

10) 세계은행과 세계화론자들은 중국, 인도, 베트남, 우간다 등 좋은 경제적 성취를 거둔 나라의 사례를 들어 무역개방과 해외 자본의 직접 투자가 긍정적인

우 다양한데 아프리카 나라들에서는 부정적인 영향이 컸다는 주장도
있다(Jenkins, 2005). 방글라데시, 베트남, 케냐, 남아프리카공화국을
대상으로 TNCs의 영향에 대한 사례연구 결과 아프리카 국가들에서는
교역 부문과 국내부문의 격차 확대, 치열한 국제경쟁으로 인한 교역
부문 내에서의 저임금 및 불완전 고용의 확대와 작업조건의 악화, 국
내 산업 부문 간의 기술파급효과와 소득창출의 연관성 부족으로 인한
내수 감소, 자본철수와 뒤이은 빈곤 노출 등이 나타나고 있어 TNCs의
영향력 확대가 유일 최선(best practice)의 성과로만 나타나지는 않는
다는 것이다.

ISP의 결과에 대해서도 상반된 평가를 내린다(Huber & Stephens,
2005:620-628). 콜럼비아, 과테말라, 멕시코, 파나마, 페루, 베네수엘
라 등 ISP를 채택했던 국가들이 겪은 문제의 원천은 외채문제였고 그
결과 1980년대의 경제위기로 인해 ISP는 성과를 거두지 못한 채 세계
경제에 깊숙이 편입되는 변형을 겪을 수밖에 없었다는 것이다. IMF
등이 제시한 구조조정 프로그램은 민영화, 탈중앙화, 국가의 경제개
입 축소, 외국자본에 대한 의존성 증가, 노동시장개혁, 사회보장의 후
퇴 등이었는데, 그 결과 이들 국가들은 1990년대 이후 저성장, 불평등
확대, 빈곤의 고착화 같은 구조적인 문제들을 겪고 있다는 주장이
다.[11] 결국 이들 국가들이 경제의 세계화에 깊숙이 편입된 결과 국가
는 경제사회정책에 대한 조정기능을 상실한 채 시장국가화를 피할 수
없었고 사회적 시민권 특히 경제적 권리의 심각한 후퇴를 동반했다고
비판한다(McMichael, 2005:599).

성과를 거두었다는 점을 주로 강조한다(Dollar, 2005).

11) 물론 중남미 국가들의 수출 부진, 부와 소득의 집중, 높은 실업률, 낮은 고용,
빈곤, 낮은 조세는 오래된 구조적 문제이지 IMF 개혁 프로그램이 원인이 아
니라는 반론도 있다. 그러나 IMF 개혁 프로그램은 이들 문제들을 해결할 정
책수단들을 포기하게 했고 더 큰 부와 소득의 집중을 야기함으로써 문제를
더욱 심화시켰다는 것은 분명해 보인다(Huber & Stephens, 2005: 626).

IV. 지구시민의 사회적 시민권 현실

20세기 후반부터는 세계적인 차원에서도 법적 시민권과 정치적 시민권의 시대가 시작됐다는 데에 이견이 없다. 시민의 자유, 재판 없는 구금의 금지, 난민에 대한 처우의 개선, 민주적 표현에 대한 억압의 금지 같은 권리들은 '필수불가결한 인간의 기본권'으로 인정받아 왔다. 그러나 사회적·경제적 권리를 상대적으로 더 강조했던 소비에트연방의 해체 이후 세계 시민 차원의 사회적 시민권에 대한 관심은 상대적으로 덜해 왔던 게 사실이다(Dower, 2003:61).

특히 시민권의 제 영역들이 상호의존적이고 통합적으로 고려될 필요가 있다는 점을 상기할 때 경제의 세계화에도 불구하고 여전히 많은 지역과 국가의 시민들이 빈곤과 불평등 같은 사회적 시민권의 박탈에 노출돼 있다는 점은 지금이 세계적인 차원에서의 보편적 시민권의 시대인가에 대해 근본적인 물음을 제기하게 한다.

지구시민의 국가별 빈곤인구 비율을 통일적으로 측정할 수 있는 기

〈그림 1〉 지역별 하루 $1 이하 소득자의 비율

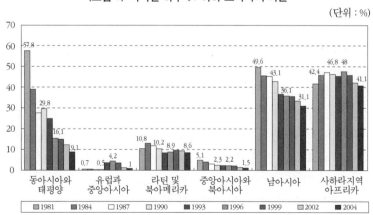

자료: http://iresearch.worldbank.org/PovcalNet/jsp(검색일 2008.1.18)에서 재구성.

준은 현재로서는 없는 상태이다. 최저생계비나 공공부조의 정책적 빈곤선은 국가마다 모두 다르고 OECD 국가들 간의 빈곤율 비교에 사용되는 상대적 빈곤선 역시 국가별 경제수준과 소득분배 양상의 특이성이 반영돼 있는 상대적 개념이어서 경제발전단계가 상이한 개발도상국들을 모두 포함한 비교기준으로 삼기에는 무리가 있기 때문이다(Atkinson, 2002).

따라서 현실 가능한 유일한 방법은 세계은행이 궁핍화의 기준으로 삼는 하루 1달러 이하(월 32.74 달러)의 인구의 비율을 통해 절대적인 빈곤의 수준을 비교하는 것이다. 경제의 세계화가 급속히 진행된 1980년대 이후의 지역별 하루 1달러 이하의 인구 비율을 나타낸 〈그림 1〉을 보면 절대적 빈곤인구의 비율은 지역별로 매우 다양해서 일률적인 평가가 불가능하고 일부 지역은 여전히 고빈곤 수준이 고착화되어 있는 것을 확인할 수 있다(Newlands, 2002).

경제 세계화의 직접적인 영향인지는 판단할 수 없지만 동아시아와 동남아시아 등 태평양 연안지구들은 절대적 빈곤인구가 1981년 57.8%에서 2004년에는 9.1%로 84% 포인트나 감소해 지난 20여 년간 경제성장, 탈빈곤의 혜택을 가장 많이 받았음을 알 수 있다. 유럽과 중앙아시아는 1990년대 이후 빈곤의 확대가 눈에 띄지만 2004년 현재 빈곤인구의 비율이 1% 미만이어서 다른 지역들에 비해 빈곤의 수준이 매우 낮다. 중앙아시아와 북아시아지역도 빈곤인구가 5.1%에서 1.5% 수준으로 감소해 절대적 빈곤의 극복에 관한 한 유럽 수준에 근접하는 실적을 거두었다.

그러나 다른 지역들의 사정은 그리 낙관적이지 못하다. 라틴 및 북아메리카 지역들은 이 기간 동안 세계 경쟁에 깊숙이 노출돼 왔음에도 불구하고 20여 년간 절대적 빈곤인구가 10.8%에서 8.6%로 20% 포인트 가량 감소하는 데 그쳐 여전히 상당수의 인구들이 절대적 궁핍의 수준에 머물러 있다. 남아시아와 아프리카 지역들의 사정은 더욱 좋지 않다. 남아시아 지역에는 이전보다는 낮아졌지만 2004년 현재에도 무려 31.1%의 시민들이 절대적 빈곤에 시달리고 있다. 아프리카지역의 시민들 중 빈곤인구의 비율은 1981년에는 42.4%, 2004년 현재에는 41.1%로 여전히 40%가 넘는 시민들이 절대적 빈곤에 시달리고 있어 지난 20여 년간 전혀 상황이 개선되지 않았음을 나타내고 있다.

다음은 〈그림 2〉에서 개별 국가들을 지역별로 세분해 좀 더 구체적으로 절대적 빈곤의 수준을 살펴보도록 한다. 사회주의체제에서 이탈한 동유럽 국가 가운데 크로아티아, 헝가리 등 일부 국가들은 탈빈곤 실적이 좋지만 러시아, 폴란드, 리투아니아는 2000년대에도 각각 0.73%, 0.1%, 0.62%가 절대적 빈곤에 노출돼 있다. 역시 소비에트 연방에서 분리 독립한 중앙아시아지역에서도 아제르바이잔, 투르크메니스탄은 3.63%, 12.07%의 상당히 높은 절대적 빈곤 수준을 나타내고 있다. 동아시아지역에서는 대만이 0.89%로 비교적 빈곤율이 낮지만 몽골은 10.82%로 1/10 이상의 인구가 절대적 빈곤을 겪고 있고, 중국의 경우 도시 지역의 0.27%의 양호한 실적에 비해 농촌지역의 주민들은 16.81%가 빈곤에 노출돼 있어 경제성장 과정에서 지역 간 양극화가 급속히 확대되고 있다는 것을 보여주고 있다.

동남아시아지역에서도 다양한 양상으로 나타나는데 베트남, 태국은 빈곤이 감소하고 있지만 인도네시아, 인도, 스리랑카는 7.78%, 40.21%, 5.77%의 인구가 절대적 빈곤을 겪고 있다. 라틴 및 북아메리카지역에서도 우루과이나 멕시코는 우수한 성과를 거둔 반면 브라질, 아르헨티나, 베네수엘라는 여전히 7.59%, 6.59%, 18.7%의 시민들이 절대적 빈곤을 겪고 있다. 아프리카지역은 상황이 더욱 심각해 우간다, 남아프리카공화국, 케냐, 가나, 모잠비크 등 비교 대상 국가 모두가 높은 절대적 빈곤율을 보이고 있었고 특히 우간다는 82.28%가 절대적 빈곤을 겪고 있는 것으로 나타났다.

다음으로 개별 국가들의 소득불평등은 지역별로 어떤 양상을 보이는지 살펴보도록 하겠다. 지니계수(Gini Coefficient)로 측정한 소득불평등 수준은 0~1의 분포를 보이고 0에 가까울수록 소득분배가 평등한

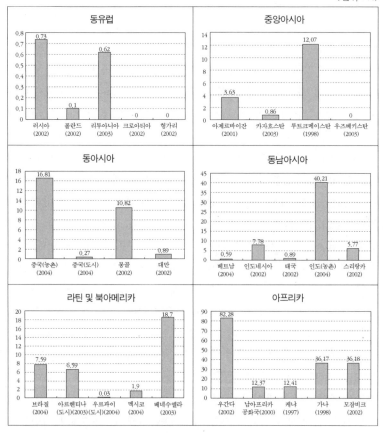

〈그림 2〉국가별 하루 $1 이하 소득자의 비율

(단위 : %)

자료: http://iresearch.worldbank.org/PovcalNet/jsp(검색일 2008.1.18)에서 재구성.

것을 나타낸다(Atkinson, 2002). 여기에서는 비교기준을 설정하기 위해 발달된 산업국들의 지니계수를 정리해 보았는데 복지국가가 덜 발달한 미국과 영국은 각각 0.372와 0.343으로 비교적 높은 수준이지만 독일, 프랑스, 스웨덴은 각각 0.275, 0.278, 0.252로 0.3 미만의 낮은 소득불평등 수준을 나타내고 있다.

<그림 3> 국가별 지니계수 현황

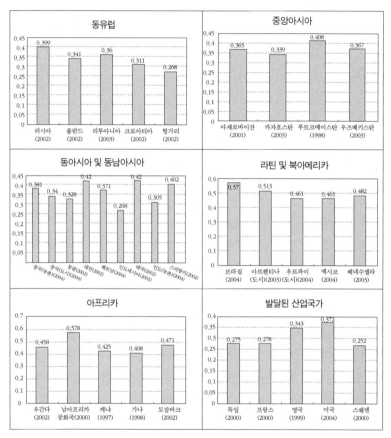

자료: http://iresearch.worldbank.org/PovcalNet/jsp(검색일 2008.1.18) 및 http://www.lisproject.org/keyfigures(검색일 2008.1.18)에서 재구성.

동유럽과 중앙아시아를 보면 0.268 수준을 기록한 헝가리를 제외하고는 0.311~0.408로 발달된 산업국들 중 복지국가들에 비해 비교적 높은 소득불평등 수준을 나타내고 있음을 알 수 있다. 즉 이들 나라들은 절대적 빈곤 수준은 높지 않지만 소득불평등 수준은 비교적 높아

자본주의적 개혁과정에서 불평등을 완화할 수 있는 사회정책이 아직 덜 발달해 있음을 시사하고 있다. 1980년대 이후 경제성장의 혜택을 많이 본 것으로 알려진 동아시아 및 동남아시아도 0.305~0.420의 높은 수준을 나타냈는데, 예외적으로 0.268의 낮은 불평등 수준을 나타낸 인도네시아의 경우는 앞서 절대적 빈곤인구가 7.78%인 점에 비추어 오히려 빈곤의 평등을 겪고 있는 것으로 보인다. 한편 1980년대 이후 급속히 경제의 세계화에 편입된 라틴 및 북아메리카는 0.461~0.570으로 다른 지역에 비해 월등히 높은 소득불평등을 나타내고 있어 경제의 세계화가 소득분배를 악화시키는 데 영향을 미쳤으리라 생각된다. 한편 아프리카지역은 광범위한 빈곤에도 불구하고 소득불평등 수준도 0.408~0.578로 매우 악화돼 있어 저성장 속에 빈곤과 불평등이 높은 수준으로 고착화돼 있음을 나타내 주고 있다.

1990년대 초에 유엔개발계획(UN Development Program)은 세계 시민 53억 명 중에서 14억 명이 빈곤한 시민들이고 그 14억 명 중 12억 명은 개발도상국의 시민이고 나머지 2억 명만이 구사회주의국들과 발달된 산업국들에 살고 있다고 추정한 바 있다(Townsend, 1993:13). 최근 급속한 경제의 세계화 시대에 이르러서 경제의 세계화가 개별 국가들의 경제성장에 원동력으로 작용하고 빈곤과 불평등을 완화시켜 세계 시민의 사회적 시민권 신장에 기여할 수 있으리라는 기대가 없었던 것은 아니다. 그러나 지금까지 20여 년간에 걸친 실적을 추적한 결과, 지역과 국가별로 수많은 편차들이 나타나고 있어 그 성과를 일률적으로 말할 수는 없지만 세계적인 동반성장이나 사회적 시민권의 보편적인 확산 같은 낙관적인 징후는 아직까지 나타나지 않고 있는 것으로 판단된다.[12]

---

12) 물론 개발도상국들 중 상대적으로 우월한 경제성장과 빈곤 개선 효과를 보이고 있는 국가들이 있다는 것을 부인할 수는 없다(Dean, 1996:48-51). 먼저 이른바 유교형 복지국가(confucian welfare state)라 불렸던 홍콩, 싱가포르, 한국, 대만 등의 동아시아 국가들이 그들이다. 이들은 고성장의 경제기적을 이

　게다가 사회적 배제(social exclusion)에 대한 사례 연구들에 의하면 세계경제에 주변적으로 통합(peripheral integration)돼 있는 국가들에서는 상당수의 시민들이 계급, 성, 인종적 요소의 착종으로 인해 교역부문에 대한 접근성 여부를 중심으로 일시적 빈곤 차원을 넘어 구조적으로 사회적 배제에 노출돼 사회적 시민권이 체계적으로 박탈돼 있다는 우려할 만한 현상이 관측돼 왔다[13](Gore, 1995).

　특히 현재 아프리카지역은 서구 유럽화가 아니라 저성장, 빈곤, 불평등이 고착화되는 라틴아메리카주의(Latin Americanization)의 길을 걷는 대표적인 지역이 될 것이라는 우려가 제기되고 있는데, 일부 교역부문을 제외하고는 (발달된 산업국들에서는 일부 시민들에게서 발견되는 것으로 알려져 있는) 체계적인 사회적 배제 구조가 빈곤, 불평등, 고용의 배제, 기술이전의 단절, 사회적 급여의 제한, 사회적 통합의 결여 같은 형태로 광범위하게 자리 잡고 있고, 그 근저에는 계급, 성, 인종적 요소가 중요한 요소로 작동하고 있다는 것이다. 이를테면, 예멘의 경우 걸프 만에서 이주한 난민집단인 아크담(Akhdam)이라는 종족이 불완전 고용, 주거지 격리 같은 하층집단의 처우를 겪고 있고, 탄자니아에서는 구걸, 일시적 및 저임금 고용, 주거 배제 같은 체계적인 특성을 지닌 현저한 집단이 발견되고 있고, 카메룬에서는 인종적

　　루는 가운데 서구의 복지국가 모델을 자신의 브랜드에 맞게 수용하는 데 그쳐 왕성한 교육투자, 주거와 건강보호의 부족, 사회보장시스템의 제약, 개인 사회서비스의 부족, 가족 · 공동체 등 자원 활동(voluntary)에 대한 높은 의존 등을 특징으로 하는 사회경제체제를 만들어 냈다. 다음으로 빼놓을 수 없는 독특한 국가는 중국이다. 중국 시민들이 음식 · 의복 · 연료 · 장례 · 교육 등에 있어서 확실한 사회보장을 이루고 있는 데 대해 정치적 자유의 부재를 이유로 그 한계를 지적하는 사람들이 많지만 반대로 중국인들은 '사회적 유동성의 자유' 보다는 '집합적 성취의 자유' 를 누리고 있다고 주장한다.

13) 이는 이들 지역의 다수 시민들의 빈곤화(impoverishment)가 우연하거나 일시적인 현상이 아니라 세계시장을 매개로 다양한 국가 내부적 요인들이 복합적으로 작용해 체계적으로 발생하는 현상이라는 성격 변화를 알리는 새로운 사회경제적 현상이다.

균열이 존재하고 있는데, 이들 모든 사례들에서 교역부문과의 접근성이 단절된 시민들에게서 성, 인종적 요인으로 인한 배제가 중첩되는 특성이 발견됐다.

한편 지구시민의 사회적 시민권 불안정성은 개발도상국들에만 한정된 문제가 아니어서 구사회주의 국가들의 미래도 불투명하다. 전통적인 사회주의의 복지체제는 경제성장 친화적인 전략 아래 경제와 복지제도가 밀접히 연결돼 있어 직업적 보상, 잔여적(residual) 복지, 대인사회서비스의 가족책임 같은 원리에 의해 재분배보다는 생산 증가를 재분배주의보다는 점증주의를 추구해 왔다(Dixon & Kim, 1992:2-8). 현실적으로 국가가 제공하는 일자리는 비생산적이고 최저임금은 빈곤선 밑으로 떨어졌고 여성은 일과 가정의 이중 부담을 져야 했고 실업과 빈곤의 존재가 부정됐기 때문에 사회보험 혜택의 지수연동제는 실시되지 않았고 실업보험은 부정돼 왔던 게 사실이다(Dean, 1994:53-54).

그런데 개인의 정치적 자유와 서구 수준의 삶의 질을 갈망하며 자유화를 이룬 이들 국가들의 미래는 그리 낙관적이지 않다고 진단된다(Deacon, 1993). 공공복지에 대한 수요와 빈곤 극복을 위해서는 상당한 수준의 공공지출이 필요하지만 세계은행의 충고에 따라 자유 시장 이데올로기로 무장하고 있는 지도층들은 공공복지에 대한 시민들의 과도한(?) 기대를 충족시키려 하지 않고 있고, 게다가 경제의 탈규제로 인해 실업률이 치솟아 있는 등 기존 체제의 붕괴 이후 경제의 어려움을 겪고 있어 이런 사회정책에 소용되는 조세의 기반을 확충하기 어렵기 때문이다. 그 결과 과거의 복지국가주의 대신 복지의 이중주의와 선택주의가 나타나고 있어 국가 서비스의 사유화가 사회적 불평등의 확대와 사회적 시민권의 후퇴로 이어지고 있다는 전망이 지배적이다.

V. 지구시민의 사회적 시민권에 대한 대안적 접근

앞서 언급했듯이 마샬이 제기한 사회적 시민권 개념은 애매모호한 본성을 갖고 있다. 일국적 차원에서 보면 법적·정치적 시민권은 권력의 임의적 남용으로부터 개인으로서의 시민적 권리를 보호하는 안전망의 역할을 한다고 볼 수 있다. 그러나 여러 지역과 국가에 대한 비교 검토에서 확인했듯이, 권리로서의 사회적 시민권의 불안정성은 권리 수급에 있어서 의무나 조건과 밀접히 관련돼 있다는 데에서 발생하기 때문에 보편적인 인간의 권리로 본원적으로 주어져 있기보다는 국가의 성격과 자본주의 시장의 일차적 분배로부터 발생하는 소유권(property right)에 순응하는 제한성이 있다(Dean, 1994:71-72).

그런데 더 나아가 1980년대 이후 지구시민권의 이슈가 부각되면서 기존의 시민권 개념이 계급, 성, 인종 중 계급 하나에만 초점을 맞췄다는 비판이 페미니즘(feminism), 반인종주의(anti-racist) 차원에서 강력하게 제기되고 있다. 페미니스트들의 관점에서 볼 때 산업사회에서의 시민권은 계급 격차의 완화만 지향했을 뿐 성별 격차는 애초부터 고려되지 않아 여성들은 사회적 시민권에 있어서 이등 계급 시민(second-class citizens)이었다는 비판의 목소리가 높다(Dean, 1994:79-82). 사회주의적 혹은 급진적 페미니스트들에 의하면 민주주의 국가에서 여성의 정치적 시민권이 확장됐다고는 하나 기껏해야 정치 영역에서의 평등한 위치라는 자유주의적 고려에 국한됐다. 여성은 남성 부양자(male winner)의 복지적 권리에 복속돼 독자적인 사회적 시민권은 고려되지 않아 사적 및 재생산 영역은 여전히 가부장주의(patriarchy)의 원리가 지배하고 있고 사적 영역에서의 여성의 의존성은 공적 영역의 제약과 상호작용하면서 여성의 불리함(disadvantage)을 체계적으로 재생산해 왔다는 것이다. 나아가 지구적 시민권에 대한 논의에 있어서도, 성 차별에 근거해 있는 일체의 도덕적·정치적 관념을 폐기해야 할 뿐 아니라 국가 중심성을 극복하는 보편적 접근이 필요하고, 발달된 산업국가의 여성 중심의 시민권 논의를 뛰어넘기 위해서는 남성과 여성뿐 아니라 여성 내부의 상대적 차이도 고려하는 더 차별적으로 맥락에 민감한(context sensitive) 접근이 필요하다고 주장한다(Carter, 2006:223; Hutchings, 2002:54-55).

반인종주의자들은 서구 사회의 국가의 형성과 변화는 식민지 경영으로부터 이익을 일방적으로 취득하고 비유럽 식민지들의 내부적인 정체성을 해체시켜온 제국주의의 역사와 궤를 같이하기 때문에 서구의 시민권은 제도화된 인종주의(institutionalized racism)에 다름 아니라고 비판한다(McMichael, 2005:591). 서구 산업국들은 전통적인 유럽 국민국가의 경계성에 기초해 급여 할당에 대한 포괄적인 기준의 확립, 연대성과 정체성의 형성 등 사회적 시민권을 기획했고, 이제는 개발도상국이 된 과거의 식민지들을 체계적으로 배제했다는 것이다. 나아가 제2차 세계대전 이후 구 식민지들의 독립과 근대화 과정에서 서구 산업국들이 제시해온 근대화 프로젝트 또한 (확고히 확립돼 있는 국가들 간의 위계체계로 운영되는) 세계 시장에 순응하도록 유도해 이들 국가들의 자율적 정체성을 훼손시켜온 역사였다고 비판한다. 따라서 인종적 배타주의에 기반을 두고 있는 지구자본주의의 지배력에 맞서기 위해서는 아래로부터의 대안적 세계화를 향한 새로운 기획이 필요하다고 주장한다(Evans, 2005:668).

그렇다면 경제적 세계화에 대한 대안적 접근은 어떻게 가능한가? 우선 개별 국가들은 자국의 정치공동체 내에서 개별 시민들에 대한 시민권을 확립하는 일에만 안주할 것이 아니라 자국 시민들에 대한 사회적 보장이 국제질서의 강화와 지구시민의 보편적 인권 신장과 호혜적이 될 수 있도록 '좋은 국제적 시민권(good international citizenship)'의 행위자가 돼야 한다는 주장이 있다(Williams, 2002:41-46). 현실적으로 국가는 국제무대에서 지배적인 행위자이기 때문에 국가를 개별 행위자로 간주한다면 국가의 권리와 의무는 잘 정의될 수 있고, 무엇보다 세계시민주의(cosmopolitanism)의 시대에 지구시민의 보편적 시민권 확립은 개별 국가들에게도 자국 내 시민들에 대한 국가의 의무만큼이나 포기할 수 없는 중요한 가치를 지니고 있기 때문이다. 국가가 '좋은 국제적 시민권'과 지구시민권을 연계시키는 행위자가 되기 위해서는, UN 같은 다자간 기구에서 자국 시민과 외국 시민들의 삶의 기준을 동일하게 고려하는 급진적 실용주의(radical utilitarianism)를 실현해야 하고 (문화적 제국주의나 자국 중심의 특수한 가치를 강요할 게 아니라) 현행 외교정책이 지구 공동체적인 정치적 윤리에 부합하는지를 면밀히 검토해 지구시민사회의 윤리에 부합하는 국가의 행위규범을 창출하는 성찰이 필요하다고 주장한다.

가장 큰 관심사 가운데 하나는 상위 차원의 국제적 대안으로서 다자간 기구(multilateral body)의 개혁 필요성에 대한 문제제기이다.[14] 먼저, 개별 국가들 간의 혜택의 분배와 비용의 지불이 적절하도록 국제무역과 금융에 대한 관리와 분배에 대한 통제를 지금보다 더욱 효과적으로 설계할 필요가 있다는 주장이 제기돼 왔다(Newland, 2002:219-220). 국제 금융의 안정을 기하고 지배적인 개별 국가의 금융 제도에 대한 의존을 최소화하기 위해 새로운 세계 중앙은행 등 국제통화기금과 세계은행을 대체할 국제무역과 금융에 대한 새로운 국제기구를 설립하자는 것이다. 아니면 최소한 국제통화기금과 세계은행은 채무국

---

14) 한편 EC 같은 지역통합의 흐름이 지구적 시민권으로 확대 발전할 수 있을 것인가에 대해서는 명백하게 낙관적인 전망은 제출되지 않고 있다(Delanty, 2000:112-120). 유럽사회의 관심은 유럽 차원의 정치적 공동체, 문화적 공동체, 시민적 공동체에 대한 논의에 국한돼 있을 뿐 세계시민주의(cosmopolitanism)의 차원에서 지구적 시민권에 기여해야 한다는 공동체적 윤리에 대한 관심은 부재하기 때문이다. 이 때문에 EC의 지역통합의 주된 초점은 유럽 거주민들 중심의 강한 요새를 배타적으로 구축하는 것(Fortress Europe)과 같을 뿐이라는 비판이 제기되고 있다. 오히려 세계적 차원의 제도가 확립되지 않은 상황에서 국가 중심성에 기반을 둔 EC 같은 국제적인 지역통합체가 지구적 시민권에 관심을 갖는 것은 세계 시민들 간의 시민성에 기반을 둔 평등을 침해하는 것이라는 주장이 주로 제출돼 왔다(Follesdal, 2002:80-82).

들의 경제성장에 좀 더 집중하고 고정된 메뉴에 대한 강요를 지양하도록 개혁돼야 한다는 목소리가 높다.[15] 다음으로, '좋은 국제적 시민권'을 구현하는 가장 상위의 제도적 영역인 UN 및 관련 국제기구와 국제 조약들의 민주적 개혁이 필요하다는 주장이 꾸준히 나타나고 있다. 특히 UN에서의 권력의 소재와 그 분배를 개편하지 않는다면 UN은 강대국들의 이익을 추구하는 전위기구(global gangster)의 역할을 계속할 것이고 약소국의 경제적, 정치적 희생이 지속될 수밖에 없기 때문이다(Williams, 2002:47). 현재 60억 세계 시민 중 중국, 인도, 미국, 영국 등 주요 국가들에게 의사결정권한이 과도하게 집중돼 있는 구조를 1국가 1투표권의 차원으로 재편하고 지구시민들이 직접 선출하는 의회를 창설하고 비정부기구들(non-governmental organizations, 이하 NGOs)의 참여를 확대해야 한다는 것이다(Imber, 2002:120-121).

또 하나의 대안적 세계화에 대한 구상은 NGOs의 노력으로 초국가적인 행동주의 차원에서 지구시민권을 해석하려는 경향이다(Newlands, 2002:22). 2000년 축제일 동맹(Jubilee 2000 Coalition)의 행동을 계기로 공정무역(fare trade)의 이슈를 추구하는 집단들이 생겨났다. 이를테면 국제통화기금과 세계은행 50주년을 계기로 생겨난 미국, 동유럽, 개발도상국들을 잇는 행동집단인 '50년이면 충분하다(50 Years Is Enough)'는 개발도상국들에 비해 과대하게 발달된 산업국들의 영향력을 축소시키고 개발도상국들이 개발 계획에 대한 설계에서 자율성을 가질 수 있어야 하고 초국가적인 기구들의 정책을 보다 효과적으로 운영해야 한다고 주장한다. 이들 초국가적 행동주의의 일부는 2000년 시애틀 세계무역기구(WTO) 미팅에서 본 것처럼 적극적

---

15) 이 밖에도 미국의 경제학자 Tobin은 금융투기와 불안정의 억제, 세계화의 혜택에서 소외된 국가에 대한 추가적인 자원 지원 등을 위해 국제 통화 거래에 대해 세금을 부과하자는 주장을 펴기도 했다.

인 반자본주의적인 실천을 지향한다. 일부 사람들은 발달된 산업국들 중심의 국제적 지배체제 운영에 개입해 참여적 항의(attendant violence)의 힘을 발휘하는 이들 NGOs의 지구시민권 운동의 성장을 불편해 하기도 하지만, 이 힘이 지구 차원의 정치적 정체성과 공동체의 형성을 알리는 좋은 신호인 것은 분명하다.

다행히 초국가적 사회운동들은 1973년부터 1983년까지 두 배로 늘어났고 다시 1983년부터 1993년에 두 배로 늘어났다. 거대한 초국가적 사회운동의 대표적인 예로는 흔히 ATTAC(The Association for the Taxation of Financial Transactions for the Aid of Citizens, 금융과세시민연합)과 WSF(World Social Forum, 세계사회포럼)이 거론된다. ATTAC는 프랑스 등 발달된 산업국들의 시민사회가 주로 참여하는 신자유주의적 세계화에 반대하고 국가 기반의 사회적 보호구조의 지속을 주장하는 신좌파적 참여민주주의의 산물이라고 할 수 있다. 반면 WSF는 인간의 존엄성과 경제적 안정이 보장되는 사회적 보호를 위해 매일매일 세계경제와 융합된 경제구조 내부에서 싸워야 하는 개발도상국들의 시민들이 주축이 된 대안적 세계화를 위한 초국가적 운동이다.

나아가 세계의 시민 가운데 자신의 일과 생활과 관련된 경제의 세계화 영역에서 초국가적 NGOs운동을 전개하려는 경향들도 활발히 전개되고 있다(Evans, 2005:660-665). 먼저 세계운동으로서의 노동운동과 NGOs의 연대를 열 가능성을 시험해 보려는 시도들이 생겨나고 있는데, 발달된 산업국가와 개발도상국의 노동자와 시민들이 일자리의 지리적 경계(geography of job)로 인한 제로섬 게임의 갈등을 극복하고 북부와 남부의 연대(North-South solidarity)를 확립하려는 움직임이 있다. 그 예로 미국의 노조와 NGOs가 WRC(Worker' s Rights Consortium, 노동자의 권리에 대한 컨소시엄)를 만들어 객관적인 투자 기준에 미달하는 착취공장(sweatshop)을 운영해 개발도상국 제조업 노동자들을 수탈하는 TNCs에 대항하기 위한 반착취운동(anti-sweatshop movement)을 벌인 예가 있다.

최근 새롭게 주목되는 흐름은 신자유주의의 세계화가 지구차원의 모권의 침해와 여성의 사회적 시민권 악화로 이어지고 있다는 위기의 식에 기초해 있는 국경 없는 여성운동을 건설하려는(building a feminist movement without borders) 노력이다. 여기에는 발달된 산업국가 여성들의 시각에만 한정돼 세계 여성의 문제를 바라보았던 편협한 관점(a single "one size fits all" global agenda)을 지구적인 차원에서 남성과 여성, 나아가 여성 내부의 차별과 불평등도 고려하는 좀 더 복합적인 목표로 발전시켜야 한다는 자각이 밑바탕이 됐다. 여성차별의 제거를 위한 회의(Convention on the Elimination of All Forms of Discrimination Against Women: CEDAW), 베이징 세계여성회의(World Conference on Women) 등을 거치면서 세계 여성들 사이에 서조차 권리를 덜 보장받고 있는 개발도상국 여성들의 참여를 촉진해 지역 여성들의 문제를 적극적으로 제기하고 발달된 산업국가 NGOs의 지배력을 제한하는 초국가적 여성운동이 필요하다는 각성들이 제기돼 왔다. 그 성과의 하나로 나타난 것이 자기고용여성연합(Self-employed Women's Association: SEWA)인데 이 단체에는 인도, 남아프리카, 터키, 라틴아메리카 등의 여성들이 참여해 진정한 국경 없는 여성운동 발전의 계기가 될 것으로 기대되고 있다.

VI. 결론

이제 마지막으로 대안적인 지구시민권 확립을 위한 대안적인 지구 거버넌스(global governance)에 대한 시도는 어디까지 와 있는지 점검해 볼 차례이다. 대안적인 지구 거버넌스가 예측 가능한 시일 안에 만족할 만한 수준에서 확립될 수 있다면, 위에서 언급한 대안적 지구화를 위한 모색들이 결실을 거두고 지구시민들의 사회적 시민권을 지구차원에서 구현할 수 있는 방안을 마련할 수 있을 것이다. 만일 그렇지 않다면 지구시민들이 겪고 있는 사회적 시민권의 비대칭적 편차와 권리 박탈의 현실을 극복하기 위해 우리는 불가피하게 지구 거버넌스 (global governance)를 구현할 수 있는 실제적인 방향을 모색해야 하기 때문이다.

앞서 우리는 세계화가 세계 사회(world society) 혹은 지구 사회 (global society)의 자동적인 형성을 의미하는 것은 아니라는 문제제기를 던진 바 있다. 커뮤니케이션에 기반을 둔 지구 사회(global society)는 적절한 기능적 분화를 달성하는 데 유효한 구조나 기관 (agency)의 설립이 필요하기 때문이다(Delanty, 2000:82-85). 세계시민주의(cosmopolitanism) 혹은 세계적 민주주의(cosmopolitan democracy)에 대한 낙관적인 전망을 제기한 헬드(Held, 2002:97-100)에 의하면 국가구조와 지역적·세계적 차원에서 작동하는 경제제도와의 불일치가 심화되는 지구화 시대에 국민국가 정부의 효과적인 권력 작동은 더 이상 유효하지 않고 이제 정치적 공동체의 운명도 단일 국민국가의 경계로 제한되지 않는다고 한다. 이에 따라 권리와 의무에 대한 민주주의의 정체성도 개별 국가 차원만으로는 작동하지 않기 때문에 세계적·지역적 차원에서 초국가적인 정치적 문화와 제도를 구축할 기회를 제공할 수 있다는 것이다.

그러나 이에 대한 비판도 만만치 않게 제기돼 왔다. 경제의 세계화는 발달된 산업국들과 개발도상국들 간의 불평등을 심화시켰고 주요 국가들에게 부와 권력이 더욱 집중되는 결과를 낳았기 때문에 세계적 민주주의(cosmopolitan democracy)와는 거리가 먼 방향으로 작동하는 게 현실이라는 비판이 그것이다(Axtmann, 2002:105-113). UN, 국제통화기금(IMF), 세계은행, 국제무역기구(WTO) 같은 국제 정부조직들(international government organizations, IGOs) 또한 현실적으로 개별 국가들 간의 조정과 타협에 의해 운영되고 있을 뿐이라는 것이다.

결국 현실적으로 대안적인 지구 거버넌스는 강력한 민주적 시민사

회의 힘에 의해 추동되는 초국가적 영향력들이 정치적으로 잘 작동됐
을 때 생길 수 있는 통제 기제일 것이라는 전망만이 유일하게 실현 가
능한 방향일 것이다. 그렇다면 세계 시민의 사회적 시민권에 대한 대
안적인 전망은 어떻게 형성할 수 있는가?

우리는 여기서 대안적인 지구 거버넌스가 정부들의 상호관계(inter-
governmental relation)에만 국한된 개념이 아니라는 점에 주목할 필
요가 있다(Dower, 2000:104-106). 개별 국가 내부의 사회와 국가 간
의 사회를 구분하지 않고, 더 가난하고 주변화돼 있고 소외된 시민들
에 대해 책임성과 역할을 증진하려는 시민사회가 확장된다면 지구시
민의 사회적 시민권 증진을 위한 공통의 목표를 확립할 수 있을 것이
기 때문이다. 그런 점에서 현실적으로 지구시민사회의 확장은 정부
간 관계와 국제기구에 대한 영향력을 확충해 지구 거버넌스(global
government)를 확립하는 전망을 가능케 할 수 있는 거의 유일한 추동
력이다.

여기에서 우리는 지구 거버넌스 혹은 대안적 지구화(counterhege-
monic globalization)의 가능성은 결국 초국가적 사회운동(transna-
tional social movement)의 전망에 달려 있다는 점을 확인하게 된다
(Evans, 2005:655). 대안적 지구화란 확대되는 세계화 추세에 적극적
으로 작용해 국가 간 관계뿐만 아니라 지구시민 간의 관계에서 부와
권력이 보다 평등하게 분배되도록 노력함으로써 사회적·경제적으로
지속 가능한 공동체를 만들려는 일련의 노력들의 총화라고 할 수 있
는데, 궁극적으로 그 힘은 현재의 신자유주의적 세계화에 반대하는
다면적인 초국가적 네트워크와 이념의 틀로 형성되는 초국가적 사회
운동으로부터 확대될 것이 분명하기 때문이다.

물론 이와 같은 초국가적 NGOs의 운동은 한계와 가능성을 동시에
갖고 있다. 무엇보다 큰 한계는 어떤 운동도 현존하는 세계적 무역과
소유 질서를 바꿀 힘이 없고 그런 점에서 대안적 지구화란 요원한 과
제일 수밖에 없다는 점에서 무기력증에 빠질 수 있다는 점이다. 대안

적 노동운동, 여성운동, NGOs 운동 모두 거시적인 정치적인 구상이 빠져 있는 이슈 중심적이고 실용적인 대응에 머물고 있어 북부와 남부 사이의 현실적인 이해관계의 충돌을 제어할 원칙과 기준을 확립하기 어렵다는 점도 어려움으로 자주 지적된다.

그러나 신자유주의의 세계화가 시장 논리의 지배를 확산하고 있기 때문에 지구시민의 사회적 시민권 확립을 위한 대안적 민주주의의 지구 거버넌스에 대한 전망은 항상 열려 있다는 점을 제대로 인식하고, 이를 도전의 기회로 삼는 노력이 중요하다. 각 국가에서 불리한 위치에 있는 시민들은 지구 및 지역 차원에서의 초국가적인 조직화된 기관의 설립, 개별 국가 NGOs와 초국가적 NGOs의 활발한 연계, 일국적·지역적 지구 실천을 위한 효과적인 민주적 네트워크의 구성, 유연하되 힘의 집중과 확산을 가능하게 할 수 있는 정도의 책임성과 집행력의 공고화, 더 많은 지구시민의 다양한 참여와 질서 있는 실천을 통한 지속가능성 확보, 거대 담론뿐 아니라 부문 차원과 세부적 이슈에 대한 민감한 대응성 확대 등은 신자유주의 세계화에 대항하는 유력한 기능적 등가물(functional equivalence)이기 때문이다.

지난 20여 년간의 경제의 세계화 경험에 의하면, 초국가적 NGOs의 지구적 연대활동은 지구시민사회와 대안적인 지구 거버넌스 확립을 가능케 하는 거의 유일한 원동력이 돼 왔다. 그런 점에서, 지금 우리에게 필요한 과업은 대안적 지구화의 윤리, 정의관, 실천지침에 대한 토론을 활성화해 지구시민의 이러한 노력들이 확대되고 구조화되며 원칙과 효과 면에서 지속가능하도록 하는 일이다. 아마도 그 중요한 테마들은 빈곤, 불평등, 부당한 경제적 처우, 사회적 배제 등 경제의 세계화와 관련이 있는 부정적 현실을 일국적이면서도 세계적으로 해석할 수 있는 맥락에 민감하기 위한 부단한 자기 성찰, 지구시민으로서의 윤리적 자각과 실천적 표준 마련, 소외된 지구시민의 관점에서 (bottom-up) 최소-최대(maximin)를 지향하는 지구적 정의관 확립 등이 될 것이다.

참고문헌

Ahluwalia, Montek S., & H. Chenery. (1974). The Economic Framework. In H. Chenery, Montek S. Ahluwalia, C. L. G. Bell, John H. Duloy & R. Jolly (eds.). Redistribution with Growth: Policies to Improve Income Distribution in Developing Countries, 38-49. Oxford: Oxford University Press.

Alderson, A. S. (1999). Explaining De-industrialization: Globalization, Failure, or Success. American Sociological Review 64: 701-721.

Amin, S. (1997). Capitalism in the Age of Globalization. London: Zed.

Atkinson, T., B., E. Marlier Cantillon, and B. Noian. (2002). Social Indicators: The EU and Social Inclusion. Oxford: Oxford University Press.

Axtmann, R. (2002). What's Wrong with Cosmopolitan Democracy. In N. Dower & J. Williams (eds.). Global Citizenship: A Critical Reader, 101-113. Edinburgh: Edinburgh University Press.

Beyer, P. (1994). Religion and Globalization. London: Sage.

Bosniak, L. (2001). Denationalizing Citizenship. In T. Alexander Aleikoff & D. Klusmeyer (eds.). Citizenship Today: Global Perspectives and Practices, 237-252. Washington: Brookings Institution Press.

Bourguignon, F., & C. Morrisson. (2002). Inequality among World Citizenship: 1820-1992. American Economic Review 92(4): 727-744.

Bowles, P., & B. Wagman. (1997). Globalization and the Welfare State: Four Hypothesis and Some Empirical Evidence. Eastern Economic Journal 23(3): 317-334.

Canak, William L. (1989). Debt, Austerity and latin America in the New International Division of Labor. In L. William (ed.). Lost promises: Debt, Austerity and Development in latin America, 153-169. Canak Boulder CO: Westview.

Carter, A. (2006) The Political Theory of Global Citizenship. London: Routledge.

Chenery, H. (1974). Introduction. In H. Chenery, Montek S. Ahluwalia, C. L.

G. Bell, John H. Duloy & R. Jolly (eds.). Redistribution with Growth: Policies to Improve Income Distribution in Developing Countries, x iii- x x. Oxford: Oxford University Press.

Clark, X., D. Dollar, & A. Kraay. (2001). Decomposing Global Inequality, 1960-99. Washington D. C.: World Bank.

Deacon, B. (1993). Development in East European Social Policy. In C. Jones (ed.). New Perspectives on the Welfare State in Europe. London: Lountledge.

Dean, H. (1996). Welfare, Law and Citizenship. London: Harvester Wheatsheaf.

Delanty, G. (2000). Citizenship in a Global Age: Society, Culture, Politics. Buckingham: Philadelphia.

Dixon, J., & Hyung Shik Kim. (1992). Social Welfare under Socialism. In J. Dixon & D. Macarov (eds.). Social Welfare in Socialist Countries, 1-9. London: Rountledge.

Dollar, D. (2004). Globalization, Poverty, and Inequality since 1980. World Bank Policy Research Working Paper 3333.

Dower. N. (2003). An Introduction to Global Citizenship. Edinburgh: Edinburgh University Press.

Evans, P. (2005). Counterhegemonic Globalization: Transnational Social Movement in the Contemporary Global Political Economy. In T. Janoski, R. Alford, A. Hicks & Mildred A. Schwartz (eds.). The Handbook of Political Sociology, 655-670. Cambridge: Cambridge University Press.

Follesdal, A. (2002). Citizenship: European and Global. In N. Dower & J. Williams (eds.). Global Citizenship: A Critical Reader, 71-83. Edinburgh: Edinburgh University Press.

Gereffi, G., & M. Korzeniewicz (eds.). (1994). Commodity Chains and Global Capitalism. New York: Praeger.

Gore, C. (1995). Introduction: Markets, Citizenship and Social Exclusion, In G. Rodgers, C. Gore and Jose B. Figueiredo (eds.). Social Exclusion: Rhetoric Reality Responses. Geneva: ILO.

Harris, D. (1987). Justifying State Welfare: The New Right versus The Old Left. Oxford: Basil Blackwell Ltd.

Held, D. (2002). The Transformation of Political Community: Rethinking Democracy in the Context of Globalisation. In N. Dower & J. Williams (eds.). Global Citizenship: A Critical Reader, 92-100. Edinburgh: Edinburgh University Press.

_____. (1994). Inequalities of Power, Problems of Democracy. In D. Miliband (ed.). Reinventing the Left. Cambridge: Polity Press.

Hall, Peter A., & D. Soskice. (2001). Introduction. In Peter A. Hall & D. Soskice (eds.). Varieties of Capitalism: The Institutional Foundations of Comparative Advantage, 1-68. Oxford: Oxford University Press.

Huber, E., & John D. Stephens. (2005). State Economic and Social Policy in Global Capitalism. In T. Janoski, R. Alford, A. Hicks & Mildred A. Schwartz (eds.). The Handbook of Political Sociology, 607-629. Cambridge: Cambridge University Press.

Hutchings, K. (2002). Feminism and Global Citizenship. In N. Dower & J. Williams (eds.). Global Citizenship: A Critical Reader, 53-62. Edinburgh: Edinburgh University Press.

Imber, M. (2002). The UN and Global Citizenship. In N. Dower & J. Williams (eds.). Global Citizenship: A Critical Reader, 114-124. Edinburgh: Edinburgh University Press.

Jenkins, R. (2005). Globalization, Production and Poverty. WIDER Research Paper No. 40.

Karagiannis, N. (2004). Avoiding Responsibility: The Politics and Discourse of European Development Policy. London: Pluto Press.

Le Grand, J. (1982). The Strategy of Equality. London: George Allen & Unwin.

Lenski, Gerhard E. (1966). Power and Privilege: A Theory of Social Stratification. New York: McGraw-Hill Book Company.

Leys, C. (1996). The Rise and Fall of Development Theory: Bloomington: Indiana University Press.

Lipietz, A. (1986). Behind the Crisis: The Exhaustion of a Regime of Accumulation. "Regulation School" Perspective on Some French Empirical Works. Review of Radical Political Economics 18(1/2): 13-32.

Marshall, T. H. (1963). Citizenship and Social Class. Cambridge: Cambridge University Press.

McMichael, P. (2005). Globalization. In T. Janoski, R. Alford, A. Hicks & Mildred A. Schwartz (eds.). The Handbook of Political Sociology, 587-606. Cambridge: Cambridge University Press.

_____. (2000). Development and Social Change: A Global Perspective. Thousand Oak CA: Pine Forge.

Mishra, R. (1977). Society and Social Policy: Theoretical Perspectives on Welfare. London: Macmillan.

Newland, D. (2002). Economic Globalization and Global Citizenship. In N. Dower & J. Williams (eds.). Global Citizenship: A Critical Reader, 212-221. Edinburgh: Edinburgh University Press.

Ohmae, K. (1995). The End of the Nation State: The Rise of Regional Economics. New York: Free Press.

Rodric, D. (2000). How Far Will International Economic Integration Go. Journal o Economic Perspective 14(1): 177-186.

_____. (1997). Has Globalization Gone Too Far? Washington: Institution for International Economics.

Romer, P. (1993). Idea Gaps and Object Gaps in Economic Development. Journal of Monetary Economics 32: 543-573.

Room, G. (1990). New Poverty in the Europe Community. New York: St. Martin' s Press.

Scharf, Fritz W. (2000). Conclusion. In Fitz W. Scharf & Vivien A. Schmidt (eds.). Welfare and Work in the Open Economy: From Vulnerability to Competitiveness. 310-336. Oxford: Oxford University Press.

Smeeding, T. M. (2002). Globalization, Inequality and the Rich Countries of the G-20: Evidence from the Luxembourg Income Study. Center for Policy Research Working paper #48. Syracuse New York: Syracuse University.

Townsend, P. (1993). The International Analysis of Poverty. London: Harvester Wheatsheaf.

Waters, M. (1995). Globalization. Cambridge: Polity Press.

Williams, J. (2002). Good International Citizenship. In N. Dower & J. Williams (eds.). Global Citizenship: A Critical Reader, 41-52. Edinburgh: Edinburgh University Press.

색인

| ㄱ |

필자 소개 (가나다 순)

• **곽준혁** (고려대학교 정치외교학과 조교수)

고려대학교 정치외교학과 졸업

미국 시카고대학교(the University of Chicago) 정치학 박사

아세아연구 편집위원장, 볼로냐대학 방문교수, EUI 방문학자

저서 및 논문: "Nondomination and Contestability" (2004), "Democratic Leadership" (2007), "마키아벨리의 침묵" (2008)

• **곽숙희** (한국여성정책연구원 동향분석팀장)

이화여자대학교 독어독문학과 졸업

독일 알버트 루드비히 프라이부르크대학교 사회학 박사

유엔 동티모르 지역발전계획관

유네스코 아시아 태평양 국제이해교육원 교육훈련팀장

저서 및 논문: "지역갈등과 통합에서 언어와 교육정책의 역할—스리랑카 사례를 중심으로" (2004), "Intercultural Education in Vietnam" (2007), "MDG 달성을 위한 ODA정책의 성주류화 전략개발" (연구보고서, 2007)

- **박선영** (동서대학교 사회복지학과 교수)

  명지대학교 청소년지도학과 졸업

  영국 버밍햄대학교(the University of Birmingham) 교육학 박사

  영국 CSV(Community Service Volunteers) 현지 코디네이터

  Asia Society의 Young Leaders Delegate

  경기도 청소년정책 자문위원

  저서 및 논문: "Citizenship Education as Informal Learning and Non-formal Education in England" (2007), "Key Concepts in Citizenship Education in England" (2007), "Issues Surrounding NGO' s Youth Work in England" (2007)

- **박재창** (숙명여자대학교 정치행정학부 교수)

  한국외국어대학교 정치외교학과 졸업

  미국 뉴욕주립대학교 행정학 박사

  아시아 태평양 YMCA 연맹 회장, 한국행정학회 회장, 한국 NGO학회 회장

  저서 및 논문: 『한국의회정치론』(2003), 『한국의회윤리론』(2005), 『지구시민사회와 한국 NGO』(2007)

- **심상용** (상지대학교 사회복지학과 교수)

  경희대학교 경제학과 졸업

  가톨릭대학교 사회복지학 박사

  서울 YMCA 시민사업팀장, 2002·2007년 KBS 대선TV토론위원

  보건복지부 국민연금 옴부즈만

  저서 및 논문: "근로빈곤의 사회구조적 원인 실증연구" (2006), "과거 성장전략의 경로의존성과 과제 연구" (2006), "새로운 사회협약(social pact) 요인 연구" (2007)

- **이동수** (경희대학교 NGO대학원장)

  서울대학교 정치학과 졸업

  미국 밴더빌트대학교 정치학 박사

  KBS 객원해설위원, 행정안전부 지방행정연수원 겸임교수

  (사)한국정치평론학회 총무이사, (사)한국정치사상학회 연구이사

  저서 및 논문: 『가치와 한국정치』(공저, 2005), 『탈20세기 대화록』(공저, 2006), 『미래와의 소통』(편저, 2008), "독립신문과 공론장"(2006), "공존과 배려: 타자와의 관계에 관한 동서양 정치사상 비교"(2006), "민주화 이후 공화민주주의의 재발견"(2007)

- **이상환** (한국외국어대학교 정치외교학과 교수)

  한국외국어대학교 정치외교학과 졸업

  미국 Michigan State University 정치학 박사

  저서 및 논문: "Epidemic Cooperation in Northeast Asia: Focusing on the Cases of SARS and Bird Flu"(2006), 『현대정치학강의』(공저, 2007), "아시아 국가들의 반부패 현황과 전망: 세계화, 민주화, 반부패 간 상관관계에 대한 경험적 분석을 중심으로"(2008)

- **차용진** (강남대학교 행정학과 교수)

  한국외국어대학교 행정학과 졸업

  미국 뉴욕주립대학교 행정학 박사

  한국행정학회 국제협력이사, 한국정책분석평가학회 총무이사

  한국조직학회 대외협력이사

  저서 및 논문: 『한국의 환경지속성』(2004), "2005 환경지속성지수(ESI)에 대한 비판적 고찰"(2005), "위험수용성에 관한 연구"(2006), "위험인식과 위험분석의 정책적 함의"(2007)